Truth In Fantasy 70

プリンセス

稲葉義明とF.E.A.R. 著

新紀元社

プリンセス

目次

はじめに 6

第1章　名高き姫君 9

アルウェン 10

アンドロメダ 16

イサベル1世 23

皇妃エリザベート 30

エルザ 36

グィネヴィア 42

クレオパトラ7世 49

シータ 60

シャハラザード 68

ジョセフィーヌ 74

ネフェルティティ 84

ヘレネ 88

紫の上 98

楊貴妃 105

第2章　悲劇の姫たち 113
　　アナスタシア 114
　　イゾルデ 123
　　お市 132
　　王昭君 138
　　カッサンドラ 143
　　軽大郎女 148
　　ジュリエット 153
　　千姫 158
　　マリー・アントワネット 164

第3章　神秘のプリンセス 179
　　幼ごころの君 180
　　かぐや姫 186
　　木之花佐久夜毘売 194
　　シバの女王 200
　　シンデレラ 206
　　ねむり姫 220
　　虫愛づる姫君 226
　　メリュジーヌ 232

第4章　波瀾万丈の姫

浅井三姉妹 244
エレクトラ 256
夏姫 265
クリームヒルト 272
コーデリア 281
蔡文姫 286
サロメ 292
西施 296
ハプスブルグの姫君 302
ポンパドゥール侯爵夫人 314
ルクレツィア・ボルジア 320

索引 328
参考書籍 332

コラム

エイメ・ジュベク・ド・リベリ 82
オトタチバナ 199
ラプンツェル 240
驪姫 271

はじめに
―― 偶像と人の狭間で

　プリンセス。
　それは王朝の歴史を飾る美しい華。

　高貴なる血統に生まれついた姫君たちは、人々にとって平和と繁栄のシンボルであり、また王朝の命脈を未来に繋ぐ使命を担ったまばゆい存在です。
　幼き日には愛らしさで民の心を和ませ、長じては結婚を通して国の安定を支える。そして子を産み育てることで、高貴な血を次代に伝える……。
　姫君たちの王朝への貢献は、政治の表舞台で活躍した名君や公子たちに匹敵するといえるでしょう。どのような王朝、名家も、姫君たちの存在なくして、次代を担う子供たちを世に送り出すことはできないのですから。
　王家の男たちは政治と戦いを通して王朝の「現在」を守りました。対して美しく気高いプリンセスは、王朝の「未来」を担っていたのです。健やかで見目麗しいプリンセスの姿には、人々に豊かな明日へを予感させる力がありました。姫君は、形を得た未来への希望だったのです。

　それゆえ古来から、人々はプリンセスという存在に憧れ、尊いものとして敬ってきました。
　たとえば多くの神話伝承において、英雄の物語は、彼が偉業にふさわしい姫君を獲得するところで終わります。富でも地位でもない。高貴なプリンセスこそがもっとも貴い褒章とされたのです。これは姫君こそが真に輝ける宝……すなわち幸福な未来を約束する人だったからです。
　また多くの女性は、幼き日に一度は姫君という立場に憧れた経験があるといいます。多くの人々にかしずかれ、愛される身分が魅力的なのはもちろんでしょう。しかしそれ以上に、少女たちはプリンセスの物語の幸福な結末に心惹かれます。いつかは自分にもこんな幸せが……そう考えることで、彼女たちは今日を乗り越え、まだ見ぬ……しかし素晴らしいはずの未来を信じることを学ぶのです。
　当たり前の話ですが、未来は輝かしく、美しくなければなりません。明日不幸になることを望む者など、いるはずもありませんから。

はじめに

だから「未来」の漠然とした象徴であるプリンセスは、人々が好ましいと思われる特徴を寄せ集めて形成されています。すなわち見目麗しく、たおやかで礼儀正しく、気性は穏やかで心優しく、健やかにして清らか……。様々な美徳を一身に集めた彼女には一点の欠点もありません。成熟間近の若さには明日の開花が、純白の衣装には翳りのない幸福が、それぞれ予感されます。

しかし……多くの人々がプリンセスに抱いているこうした画一化されたイメージは、本当に正しいのでしょうか？

むろん、そんなはずはありません。

古代から中世にかけての歴史は男性中心でしたから、神話や伝承、歴史的記録の中で、プリンセスに関する記述は決して多くはありませんでした。しかし、よく調べれば、人それぞれに個性があるように、歴史や物語上の姫君にも、様々な人がいたことがわかります。彼女らの物語は、むしろ人々のイメージとは違い、多くの場合悲劇でした。

簡潔に語られることの多い姫君たちにも、英雄の単なる添え物に留まらない、様々なドラマや葛藤があったのです。

本書は、ひとりひとり違った魅力を持つ様々なプリンセスの物語を、あなたに紹介する目的で書かれました。

取上げる姫君は、できるだけ幅広い媒体から、魅力的なエピソードを備えた人を選びました。史実、神話、文学作品……未来の象徴とされ、国の命運を背負って生きた史実上のプリンセス、人々の理想と願望から生み出された理想のヒロインとしてのプリンセス。歴史上に足跡を残しながらも、人々の願いから偶像化されていった姫君……。

誰もが名前を知りながら、その真実をおぼろげにしか知らない数々のプリンセスの逸話をお楽しみください。

なお本書に登場するプリンセスたちの物語には、その生涯や背景を綿密に研究した伝記や解説書が存在します。もし本書で興味を抱かれましたら、原典やそうした書籍でより深くその女性について調べてみるのも面白いでしょう。

姫君たちの物語が、あなたの明日の希望とならんことを祈ります。

　　　　──執筆者を代表して　稲葉義明

第1章
名高き姫君

PRINCESS

第1章　名高き姫君

永久の命を捨てたエルフ
アルウェン

Arwen

地域：中つ国
時代：第3紀
生没年：第3紀241～第4紀初頭（没年不明）
出典：『指輪物語』

定命の人間の男子に恋し、永久の命を捨てた
エルフの乙女アルウェン。彼女とその恋人
アラゴルンの物語は指輪物語のもうひとつの主軸だった。

指輪物語

　イギリスの言語学者であり、作家でもあったJ.R.R.トールキンが執筆した『指輪物語』は、「一つの指輪」の呪いとそれを葬るために旅立った勇者たちの冒険、そして物語の舞台となった中つ国(ミドルアース)全土で巻き起こった大戦を描いた長大なファンタジーである。
　それはまたトールキンが想像した異世界の、気の遠くなるような世界の一部を記述したものでもあった。『指輪物語』は彼の生み出した数千年あるいは数万年にも及ぶ歴史の、さわりに触れただけともいえる。
　『指輪物語』では冒険や戦い、友情と信頼、誘惑と裏切りなどを巡って、人々の強さと弱さが描かれる。そしてそこにはもちろん、男女の愛も織り込まれている。それが、王家の末裔であるアラゴルンと、エルフの夕星(ゆうづつ)アルウェンの物語なのだ。
　この二人の愛が語られる場面は『指輪物語』においてはさほど多くはない。しかし、彼らの運命は、中つ国の歴史と深く結びついた重要な意味を持っていた。それはエルフと人間という二つの種族の定めを背負った愛だったのだ。

夕星姫

　後にゴンドールの王となり、かつて滅びたアルノール王国をも復活させることになる、ドゥネダインの末裔アラゴルンは、少年時代を半エルフの賢人エルロンドの領地である「裂け谷」で過ごした。
　彼が裂け谷で暮らしていたのには理由がある。有史以来、闇の勢力との戦いに

明け暮れ、存亡の危機に立たされていた人々にとって、いつか訪れる最後の戦いにおいて人々を率いねばならない、王家の血を引くただ一人の生き残りである彼を保護する必要があったのだ。

中つ国には、人間、エルフ、ドワーフ、ホビットといった様々な種族の人々が暮らしていたが、中でもエルフだけは不老不死の命を持ち、長い間中つ国の支配的民族であった。

エルフは戦いによって肉体を滅ぼされない限り死ぬことも病気になることもなかった。だが、気の遠くなる程の時間を中つ国で過ごした彼らは、次第に人生に倦み、闇の勢力との戦いに疲れ、その文明は円熟期を過ぎて衰退に向かっていた。

多くのエルフがすでに中つ国を去り、彼らの安住の地であるヴァリノールという西方の彼方へ旅立っていた。中つ国は人間たちの時代を迎え、しかも闇の勢力によって彼らも滅ぼされるかもしれないという、危うい時代に突入していたのだ。

ドゥネダインとは中つ国に最初にやってきた人間たちの子孫で、普通の人間よりも長寿で力も強かった。中つ国の人間たちはこうしたドゥネダインたちによって率いられ、繁栄してきたのである。

だが、数年に及ぶ闇の勢力との戦いで、ドゥネダインの王朝も衰退あるいは滅亡し、彼らの一族もほんのわずかとなり、さらに王の家系はアラゴルンただ一人となってしまった。

裂け谷の主エルロンドは、そんな彼にドゥネダインに代々伝わる王家の秘宝を授け、大事に育て続けていたのだった。

そんなアラゴルンが20歳の青年に成長したある日、彼は一人の美しいエルフの女性に出会った。銀色の輝きを帯びた青いマントと宝石のついた額の飾り輪という衣装に飾り気はなかったが、それでいて優雅な雰囲気に身を包んだその女性は、かつて人間の男性を恋したと伝えられるエルフの美女ルシアンの、生き写しともいうべき輝く美貌を持っていた。

彼女の名はアルウェン。裂け谷の主エルロンドの娘で、エルフの間では「ウンドーミエル(夕星姫)」と呼ばれていた。

アラゴルンは彼女を一目みた瞬間にその美しさに憧れを抱いた。アルウェンが若く可憐な少女の姿をしていながら、その瞳に深い英知の輝きを宿していたからである。それもそのはず、エルフである彼女は20歳のアラゴルンより、なんと2700歳近くも年上だったのである。

とはいっても、不老不死のエルフの中では、彼女はまだまだうら若き少女であった。彼女が生まれたのはエルフの文明がすでに衰退に入って久しいころで、それゆえ彼女は夕星つまり宵の明星と呼ばれたのだった。

心張り裂ける選択

　アラゴルンが青年期を迎えたその時に彼女と出会ったのは、まさに運命の導きとも呼べる出来事だった。アルウェンはそれまで長いこと、もう一つのエルフの居住地であるロスロリエンで暮らしていたのだが、たまたま父を訪ねて裂け谷に来ていたのである。

　だが、アラゴルンのこの恋には、始めから大きな困難が待ち受けていた。それはもちろん彼が人間で、アルウェンがエルフだったからである。エルフと人間の恋は、かつての歴史の中にも存在したが、いずれも多くの不幸や悲しみを伴う運命、厳しい試練や辛い経験を彼らにもたらしたのだ。

　エルフが人間と結ばれる時、彼らは寿命の短い人間のパートナーと死に別れた時、そのつらさに耐えかねて自ら命を絶つか、あるいはパートナーを捨てて孤独のうちにヴァリノールへと旅立たねばならない。

　アラゴルンはもちろんそのことを知っていた。彼はアルウェンには心の内を告げず、それからしばらくの間は、己一人の胸に、抱き始めた淡い憧れを封じ込め続けた。

　だが、アラゴルンのこの思いに気づき、心を痛めていた人物がもう一人いた。アルウェンの父エルロンドである。彼はアラゴルンが一人思い悩んでいるのが、自分の娘に対する愛ゆえであることを察していた。

　エルロンドは考えた。アラゴルンはやがて王となるかもしれない、あるいは闇の勢力に敗北し破滅するかもしれない。いずれにしても、彼の妻となった者はたとえエルフであろうと彼と生死を共にするであろう。

　だが、エルロンド自身はいつかヴァリノールへと旅立つ身である。つまりエルロンドにとって、アルウェンが人間と結婚するということは、そこにどのような運命が待ち受けていようと彼女が中つ国でその一生を終え、エルロンドは未来永劫、己の娘と再会することができないということを意味するのである。

　しかし、エルロンドは互いに心惹かれ合うアルウェンとアラゴルンを、無理やり引き離すことはしなかった。なぜなら彼自身、人間とエルフの間に生まれた半エルフであり、それゆえに数千年にわたって、エルフだけでなく人間たちの指導者としても信頼を得てきた人物だったからだ。

　エルロンドは、自らの家族が引き裂かれることを恐れて、人間たちをいつか統べるであろう未来の王から花嫁を強引に奪うことなどできなかった。彼はそこで、アラゴルンに告げた。「そなたが自らに流れる王家の血を証明し、闇の王に勝利して真の英雄となるまでは、いかなる女性をも妻に娶ってはならない」と。

アルウェン

第1章　名高き姫君

未来の王、未来の夫

　その後アラゴルンは身分を隠したまま、荒野を疾駆するレンジャーとして幾多の戦いに参加し、偉大な魔法使いであるガンダルフの心強き仲間となって、闇の勢力の動向を探るなど、あまたの冒険を経験した。そんなある日、たまたま彼はエルフの里ロスロリエンを訪れた。そしてアラゴルンは、そこでアルウェンと再会したのである。

　アルウェンの前に再び姿を現したアラゴルンは、かつての20歳の青年ではなく、豊富な経験と英知を獲得した真の勇者となっていた。アルウェンは目の前に立つ勇者が、まさしくドゥネダイン王家の末裔であり、中つ国を覆いつつある闇の王の影を振り払う人物であると悟った。

　二人は、それからしばらくの間共に美しい森を歩き、語らい、微笑みあった。そしてついにアルウェンはアラゴルンに、彼こそが自分が愛を捧げ、妻となり、エルフとしての長き人生を捨てる相手だということを告げた。

　アラゴルンは己の恋がついに実るという時、喜びと共に恐れを抱いた。彼は「わたしの妻になるということは、あなたは永久の命を捨て、父とも別れなければならない、ということですよ」とアルウェンに念を押した。

　もちろんアルウェンはそのことを悲しんではいたが、それでもアラゴルンの瞳をみつめて、こう言った。「私にはあなたが中つ国の影を消し去る人物であることがわかります。そのために戦おうという勇気を持つすべての人々の希望であることがわかります。ならば、わたしも希望を持ちましょう。わたしの夫が勝利を手にし、中つ国に平和が訪れる時、その喜びを分かち合いましょう」と。

　この言葉は、アラゴルンにも勇気を与えた。彼は、かつて闇の王に一度は勝利したものの、彼が残した力の指輪の誘惑に負け自らを滅ぼした王の子孫だった。しかも彼の一族は衰退し、アラゴルンのような人物が生き残っていることを知っている者もほとんどいなくなってしまっている。

　そんな時代に、彼が再び王となることが出来るのか、とアラゴルンは自身の運命に疑いを抱いていた。だが、自分はアルウェンがエルフとしての未来を捨て、父との永劫の別れも覚悟してまで、アラゴルンを未来の王として信頼したのである。

　こうして、アラゴルンはアルウェンの愛情を信じようと誓った。そしてその希望の光を信じ、その愛に応えようと誓った。彼の腰に下がっていた、かつて彼の子孫が栄光と共に携えていたという折れた王剣は鍛え直された。

　そしてアラゴルンは王になるべき者として、力の指輪を葬るという重大な任務を帯びた一行に加わり、人間の各部族を率いて戦場に立ち、そしてついに勝利を得て、復活したドゥネダインの王となったのである。

閉じられた運命の輪

　アラゴルンが中つ国の人間たちすべてを統べる王となった後、彼のもとへ自ら織りあげた王家の旗を携えたアルウェンと、長らく日の目を見ることがなかったドゥネダイン王家の錫を手にした彼女の父エルロンドがやってきた。
　そしてエルフからも正式な王として認められたアラゴルンは、父親や仲間たちが見守る中で、アルウェンを妻に迎えたのであった。
　実はアラゴルンの先祖は、エルロンドの双子の弟エルロスであり、彼は人間としての運命を選んだ半エルフだった。つまりアラゴルンとアルウェンは、エルフと人間とに別れた兄弟それぞれの子孫だったのである。
　二人が結婚したことによって、1万年もの間別の運命を歩んでいた兄弟は、再び一つになったのであった。こうしてかつて別れ別れとなった運命の輪は閉じられた。闇の王が葬られ、アラゴルンによって人間の王の時代が訪れた中つ国から、エルフたちは去っていった。
　それから数10年後、ドゥネダインの血を引くゆえにかなりの長命だったアラゴルンも老い、命の炎が消える時がやってきた。アラゴルンが息を引き取る直前、アルウェンだけが彼の側にいた。
　愛する人の死を目の前にして、アルウェンは改めて、己の選択した死の運命を悲しんだ。アラゴルンは、そんな彼女を「これは、我々が出会った時にすでに定められていたのだ」と慰めた。そして、自分が死んだ後に再びエルフの運命を選び、ヴァリノールへ旅立つことを薦めた。
　だがアルウェンは、「わたしを運ぶ船は、もうないのです」とアラゴルンに告げた。彼女にはすでに覚悟はできていた。ただ、死の宿命にたいする重く、静かな悲しみだけが彼女の心を満たしていたのである。
　そして二人は、世界が死を迎えていた闇の王との戦いに耐えた勇気をもういちど奮い立たせた。アルウェンはアラゴルンの手を握り、ゆっくりと死の国へ旅立つ彼を見送ったのであった。
　その後、アラゴルンの息子が王位を継ぐと、アルウェンはたった一人で、かつてのエルフの里ロスロリエンへ向かった。そこにはエルフはもう一人も残っておらず、彼女が彼の地でどのような最期を遂げたのかを伝える者はいない。

第1章　名高き姫君

永遠のヒロイン
アンドロメダ

Andromeda

地域：古代地中海世界
時代：——
生没年：——
出典：ギリシア神話

怪物メドゥーサを倒した英雄ペルセウスが
出会ったのは、生け贄に捧げられようと海辺の岩に
繋がれた、美しい少女アンドロメダであった。

寄り添う銀河

　北半球の秋の夜空に輝くアンドロメダ星雲は、我々の住む銀河系からおよそ230万光年の彼方に浮かんでいる。その形状や大きさが銀河系に似ていることから「兄弟銀河」のように考えられている。また、この二つの銀河は互いに引き寄せ合っており、その姿は互いに相手を求め合う二人の恋人のようにも見える。

　この星雲がアンドロメダと名付けられたのは、それが我々から見て「アンドロメダ座」という星座の中に位置しているからである。古代ギリシア人が天にあげて星座としたアンドロメダはギリシアの伝説に登場する姫君で、その物語は「怪物に襲われ、勇者に助けられるヒロイン」という、後のヨーロッパに長く続く伝説群の原型ともいうべきものなのだ。

　アンドロメダは産まれたときから死ぬまで不幸な運命に翻弄された。ただ恋人の勇気と優しさ、そして自身の夫への愛だけが人生の救いであった。伝説に語られる彼女の姿は、冷たい虚空の狭間で我々の住む銀河系に寄り添う、あのアンドロメダ星雲のようにも見えてくる。

　かつて古代ギリシア人は、アンドロメダの美しさ、その愛、そして運命を星に託して我々に残した。ではその物語はいったい、彼らの中ではどのように輝いていたのであろうか。

呪われた生誕

　アンドロメダは、今日のリビアが位置する北アフリカに領土を持っていたエチオピア人の王ケペウスとその妻カシオペアとの間に産まれた。カシオペアは絶世の美女と賛美された王妃で、彼女自らもその美貌に自信を持っていた。二人の間ですくすくと育っていたアンドロメダも、母譲りの美少女としてその噂は国中に広く知られていた。
　だが、自愛というものは、えてして高慢という落とし穴へと導かれていくものだ。カシオペアは己の美しさに酔うあまり、周囲の人々に「自分はネーレイド（海神の娘たち）と美しさを争って勝った」と自慢して歩いた。これが不幸の始まりだった。
　カシオペアの自慢が単なる虚言だったのか、あるいは彼女が本当に海の精と張り合ったのか、それは定かではない。しかしいずれにせよ、彼女の一言は侮辱されたネーレイドの父である海神ポセイドンを激怒させた。
　海神の怒りは雨と雷を伴う灰色の海風と猛り押し寄せる荒波となってエチオピアの海岸を襲った。多くの人々が津波に飲みこまれ、家を流され、家族や財産を失った。ケペウス王は自分の国に降りかかった不幸の原因と対策をエジプトの神アモンの神託に求めた。
　神託はケペウスに、海神の怒りは王妃カシオペアによる侮辱ゆえであり、これを収めるには王家の一人娘アンドロメダを、ティアマトという海の怪物に生け贄として捧げねばならないと告げた。美しい少女は、その美しさの源である母の美貌ゆえに、己の命を捧げねばならなくなったのである。

美の代償

　こうしてアンドロメダは両親の手によって海岸へと連れていかれ、巨大な岩場に鎖で手足を繋がれ、来るべき恐ろしい運命のときを待った。少女を置き去りにして海岸を去ったケペウスとカシオペアは、離れた物陰からその様子を絶望と後悔の念に苛まれながら見つめていた。
　海風がアンドロメダの長い金髪を巻きあげ、鉛色の飛沫が彼女の着ている服を濡らしその肌に張りつかせた。ケペウスもカシオペアも、そしてアンドロメダ自身も怪物が潜む波間を見つめ、少女の命を奪う一撃を待った。ところが、そこへやってきたのは怪物ではなく、一人の若き勇者だったのである。
　ギリシアの英雄ペルセウスは、自身の育ての親に命じられた試練である蛇女ゴルゴン3姉妹の一人メデューサを退治し、故郷へ帰還する途中だった。彼は神々から

授けられた盾と帽子、そして空を飛ぶ翼を備えた靴を身につけ、肩から下げた袋にメデューサの首を入れ、地中海の空を疾駆していたのである。

　ペルセウスは嵐の中を飛びつつ、荒波に打たれる眼下の海岸を眺めていた。すると、一体の美しい彫像が岩場に置かれている姿が彼の目に飛び込んできた。ペルセウスはなぜそのような彫刻が浜辺にうち捨てられているのかと怪訝に思い、近づいてみた。

　彼がアンドロメダを生きた人間と思わなかったのも無理はない。嵐が彼女を繋いだ岩場にその身体をたたきつけても、疲れ果てたアンドロメダは悲鳴をあげることもできず、濡れた服が破れて彼女をわずかに覆い隠すばかりになっても、自らの肌を隠す余力も残っていなかったのだ。だが、アンドロメダの美しさはいかに海神の怒りがその身体を襲っても、まるで損なわれてはいなかった。

　ペルセウスは自分が彫像と信じたアンドロメダの美貌に心を奪われ、身につけた翼をはためかすのも忘れる程だった。彼はふらふらと地上へ降り、アンドロメダの近くへとやってきた。そして髪がたなびき瞳から熱い涙が落ちるのを目にしてようやく、彫像と思っていた相手が生身の少女であることに気づいたのである。

　アンドロメダは若き勇者が突然目の前に現われたために、突如として激しい羞恥に襲われた。荒海で一人服もろくに身につけずに鎖に繋がれている自分を見られたことで、いっとき怪物への恐怖も忘れた程だった。彼女は岩陰に必死で縮こまり、勇者の目から己の姿を隠そうと試みた。

　ペルセウスはそんな少女に名前を、そしてなぜこんなところに繋がれているのかを尋ねたが、少女は恥ずかしさのあまりしばらく口をきくこともできなかった。しかし少女はやがて自らの沈黙が「恥ずべき理由でここに繋がれている」からだと勇者に解釈されるのではないかと恐れ始めた。そしてついに自らの名と、母の高慢と海神の怒りゆえに自分は海の怪物に捧げられたのだと告白した。

勇者ペルセウスとの恋

　そのときである。ついに波の間から怪物ティアマトが現われ、彼女に向かって鋭い牙に覆われた巨大な口を開いたのだ。ティアマトは大きい身体を揺らし、鯨(くじら)程もある尾で激しく海面を叩いた。その猪に似た、不格好な鼻と赤く血走った眼球を持つ顔は、今にも少女を飲み込まんばかりに近づいてきた。

　アンドロメダはやっとのことで声を出し、勇者に「お願いです。私を助けて下さい。妻であれ、召使いであれ、たとえ奴隷であっても、あなたの望むものになりますから」と訴えた。彼女の両親はついに自らの過ちによって娘を死地に追いやるときが来

アンドロメダ

第1章　名高き姫君

と察し、悲鳴をあげた。

　ペルセウスは二人が少女の保護者であることに気づくと、まず持っていた剣で美しい手足を繋いでいた鎖を断ち切り、彼女の手を取ってケペウスのもとへと駆け寄った。そして「私はこの美しい娘さんを妻にしたいと思います。もしお父上の許可が得られるのであれば、あの怪物と命をかけて戦いましょう」と申し出た。

　もちろんペルセウスはアンドロメダを召使いにすることも、奴隷にすることもできただろう。勇者にすでに妻があり召使いが足りていたら、彼はもしかしたらそうしたかもしれない。だが彼は父王によって国を追われ、試練の旅を続けているただの若者でしかなかった。そして何よりも、自身が彫像と見違えた程の彼女の美しさは、その身体が波風に打たれ、表情が怪物への恐怖にひきつっていても、ペルセウスの心をとらえて放さなかったのだった。

　ケペウスとカシオペアは若者の勇敢な申し出に一も二もなく応じた。目の前で娘が怪物の餌食になるのは、やはり耐えがたかったのだ。若者が何者かと怪しむ暇などなかった。二人の承諾を得たペルセウスは剣を握り直すと、大地を蹴って再び空へと上がった。

　彼はひらりと怪物の背に舞い降りると、鋭い刃をその鱗の隙間に突き立てた。二度、三度、彼は飛び上がっては降り、怪物の背中に脇腹に、容赦なく攻撃を繰り返した。ティアマトは大きく開けた口から大量の血を吐き、巨大な胴体は水面にもんどり打った。だが、その生命力はなかなか衰えず、そのうちに嵐の中を飛び回った勇者の翼は濡れ、飛び続けることができなくなってしまった。

　そこでペルセウスは、アンドロメダが繋がれていた岩場へと降りると、手近な石を掴んでは怪物の顔面めがけて投げ始めた。この凄まじい戦いぶりに、ケペウスとカシオペアはただ震えるばかりだったが、勇者に恋した少女はそうではなかった。

　アンドロメダは戦うペルセウスの側へさっと駆け寄ると、彼の拳にふさわしい石つぶてを次々と拾いあげ、彼に手渡したのである。もはや死への恐怖も、目の前の勇者や自分の運命に対する恥ずかしさもなかった。それは自分を愛すると言ってくれた勇者への憧れや、共に勝利する喜び、あるいは共に死に至る覚悟といった明確なものではなく、そうした様々な気持ちが混然となった、勇者と共に戦うという一瞬の高揚だったのかもしれない。

　少女の手から差し出される石つぶてを受け取ったペルセウスは、ここぞとばかりにそれを矢継ぎ早に怪物めがけて放った。その素早さは、ティアマトを一瞬も岩場へと近づけさせない程だった。ペルセウスの刃にねばり強く耐えていた海の怪物も、この目の覚めるような速攻についに力尽きた。怪物ティアマトは波間に沈み、ペルセウスと、そしてアンドロメダは勝利を、そして互いの愛を手にしたのである。

勇者の母へ

　こうしてアンドロメダは、勇者ペルセウスと結婚し、彼女の両親はこれを祝福した。ところが愛し合う二人の試練はこれで終わりではなかった。実はアンドロメダは以前、ケペウス王の甥、つまりアンドロメダの従兄弟にあたるピネウスという男と婚約していた。そのピネウスが二人の婚礼の席に、仲間を引き連れて飛び込んできたのだ。

　彼は婚約者である自分からアンドロメダを奪ったとペルセウスを告発し、彼の身体めがけて手にした槍を構えた。アンドロメダは突然の恐怖に震え上がり、たった今契りを結んだばかりの夫に身を寄せた。

　これに対してアンドロメダの父ケペウスは、「そなたと娘の夫君が義兄弟の縁を結ぶこととなったこのめでたい席を、なぜ怒りと恐怖で壊そうとするのか。娘はかつてはそなたの許嫁だったかもしれないが、夫君が娘を見つけたときにはすでに怪物のものとなっており、彼は怪物から娘を取り返したのだ。そなたから奪ったのではない」といい返した。

　さらにケペウスは怒りに顔をこわばらせたピネウスに、「アンドロメダを本当に愛し、取り戻したいと思っていたのなら、なぜそなたから娘を奪った海の怪物から取り返さなかったのだ」と追い打ちをかけた。

　ペルセウスはことの成り行きを黙って見つめていたが、父王の非難がピネウスの誇りを傷つけたことに気づき、戦いが始まることを察した。彼は妻アンドロメダの心中を案じ、彼女の肉親と戦うことになるのを避けたいと思っていたが、それはどうやら無理な相談であろうと感じていた。

　そして怒りに我を忘れたピネウスが放った槍が、ついに婚礼の席を修羅場へと変えた。アンドロメダの家族は敵と味方に分かれ、互いに殺し合い、白いドレスを紅く染めた。ペルセウスの敵は多かった。列席者の多くは、どこのだれかも分からないような新郎よりも、身内であるピネウスに同情していたのである。アンドロメダはどこを見回しても知り合いばかりのこの戦いに混乱し、ただただ夫ペルセウスの無事を祈るばかりだった。

　ペルセウスは多数の敵に囲まれながら必死で自身の身を、そして妻アンドロメダを守っていたが、いくら戦いをやめよと叫んでもらちが明かないのを悟ると、ついに意を決して持っていた袋からメデューサの首を取りだし、「私に味方するものは目をつぶれ」と叫んだ。

　彼が退治したメデューサの首は、死してなおその魔力を失っていなかった。その姿を目にした者はすべて、冷たい石になってしまうのである。戦場は不気味な静けさに包まれた。ペルセウスの敵はみな、一瞬で大理石の彫像に変わってしまったので

第1章　名高き姫君

ある。

　アンドロメダは肉親の多くを失ったことを悲しんだが、夫の愛情と優しさに癒され、生まれ故郷を離れてペルセウスと共にギリシアへと渡った。だがここでも二人には悲劇が待っていたのだ。

　ペルセウスの母に恋をしたためペルセウスを疎ましく思っていた、彼の育ての親の一人は、怪物の餌食となったはずの義理の息子が英雄となって帰ってきたことを快く思わず、ペルセウスに「怪物を倒したという証拠を見せよ」と言ったのである。ペルセウスは言われた通りに証拠を見せるしかなかった。側にいたアンドロメダは、またしても大理石の彫像を目にすることとなった。

　このように婚礼の儀式も、夫の故郷への旅も、アンドロメダにとっては決して祝福された幸せなものではなかった。ただ愛するペルセウスだけは常にアンドロメダに対してよき夫であった。産まれたときから争いばかりに囲まれていた彼女にとって、ペルセウスは唯一の安らぎの場であった。

　二人はその後幸せに暮らし、彼らの間には何人もの男の子と、一人の女の子が誕生した。息子の内の二人は英雄ヘラクレスの祖父となり、ゴルゴポネという娘は後のアルゴス王の先祖となった。アンドロメダは英雄たちの母として、さらなる伝説にその名を刻むこととなったのだった。

　だが、彼女の生涯は最後まで不幸から逃れることはできなかった。夫ペルセウスはふとした偶然から祖父を殺害してしまい、その親類の復讐によって命を失ったのである。運命はアンドロメダに勇者を使わしてその命を救ったが、その代償として多くの人々の血を求め、最後には夫をもその手から奪い去ってしまったのである。

　母の高慢に始まったアンドロメダの悲劇は、夫の死によって終わった。その後の彼女の運命は伝説では語られてはない。典型的な悲劇のヒロインという役目を与えられたアンドロメダに、物語は幸せな結末を用意してはくれなかったのであった。

近代スペインの祖

イサベル1世

Isabel

地域：スペイン
時代：紀元15世紀ごろ
生没年：1451〜1504年
出典：──

早くに父を失い、不遇の幼年期を過ごすイサベル。
内気だった少女は、内乱に巻き込まれる中で変わり、
やがてひとりの男性との運命的な出会いを果たす。

近世の幕開け

　疫病と戦禍と政争で荒廃しきった中世末期から、輝かしい黄金世紀への架け橋となる光と影が、イサベル統治下のカスティリャにはある。

　聖王フェルナンド3世の時代以降、2世紀半に渡ってほとんど停滞していたレコンキスタの完遂。大航海時代の転機となる、クリストバル・コロンの西インド諸島到達。あるいは、悪名高き異端審問所の設立や、ユダヤ教徒の国外追放。

　近世の胎動となるこれらの歴史的事象を牽引していたのが、夫フェルナンドとの共同統治による複合王政を執った、カスティリャ女王イサベルであった。

　白皙の美貌を持つ聡明な女性であったイサベルは、1474年の戴冠時から民衆に熱狂的な歓待で迎えられた。鳶色の髪と宝石のような瞳、色白の肌を持つ小柄な女王の誕生に、民衆は内乱で疲弊した国の復興を期待したのである。功罪共に後世へ影響を及ぼすその政治は、強硬に王権強化と秩序回復を図る荒療治であった。

　イサベルは清楚で純潔な印象をもたれる一方、無口で勤勉、自分にも他人にも厳格な女性であったという。彼女を後世に名だたる女王とならしめたのは、その謹厳な性格から生じる明確な目的意識である。潔癖なまでに敬虔なキリスト教徒として、イサベルは多くの鮮血と哀傷を伴いながらも、スペインの領土的統一と宗教的統一を断行した。

　そうしたイサベルの性質は、幼少期の生活にその端緒を見ることができよう。偉大な女王もまた、幼きころは多感で純情な少女であった。

　ここでは本書のテーマに則り、そのイサベルの少女時代、姫であった時代を主眼に話を進めることにしよう。

第1章　名高き姫君

イサベルの幼年期

　1451年、カスティリャ地方の小さな宮殿で、女王となる運命の女子が産声をあげた。父はカスティリャ王ファン2世。母は、王の二人目の妃であるイサベル。生まれた子には、母と同じイサベルの名がつけられた。この娘が、のちのカスティリャ女王イサベル1世である。

　待望された男子ではなかったものの、王女誕生の知らせはたちまち国中に聞こえ祝福された。しかし、イサベルが3歳の時に、父ファン2世は早々と病死。その後、幼少の王女イサベルに待っていたのは、宮殿での華やかな生活ではなく、田舎城での質素な生活であった。

　父の跡を継いだのはエンリケ4世。イサベルにとっては異母兄にあたり、年齢は26歳も離れていた。この兄と母イサベルとの折り合いが悪かったことから、イサベルは母や生後間もない弟アルフォンソと共に、田舎へと遠ざけられたのである。

　母イサベルは情緒不安定で、感情が昂ぶるとたびたび奇行に走った記録が残されている。それは侍女を衣装箱に閉じ込めて餓死寸前に追い込むなど、しばしば常軌を逸していた。表向きはそれが、イサベル母娘が辺境へ遠ざけられた要因である。さらに、前王の時代、母イサベルはその気性の激しさをもって政治介入した前例もあった。すなわち、現王やその寵臣らにとって、母イサベルは邪魔な存在であった。前王の妃を擁立した反王勢力の勃興が怖れられていたのである。

　中央から遠ざけられた幼少のイサベルの記録は、明確には残されていない。ただ、何の娯楽もない辺鄙な土地で、癲癇持ちの母親と過ごす生活は、さぞかし陰鬱なものであったとみえる。イサベルは、無口で内省的な子どもに育った。女王としてのイサベルは非常に聞き上手な女性として知られるが、その能力は母親の顔を窺い続けた幼少期に培ったものとも想像される。もっとも、他人の意見をよく聞きこそすれ、決断を他人の意志に委ねるようなことはまれであった女性である。このころから、内に秘めた強い自我があったことは明らかであろう。

　また、イサベルは当時としても敬虔なキリスト教徒として知られる。これも幼きころの境遇に起因すると考えられる。父を早くに失い、兄にも見捨てられ、精神的に不安定な母と暮らす毎日の中で、少女の唯一の安息が信仰であったとしても不思議ではない。後年のイサベルにみえる強固なキリスト教信仰と高い道徳観は、この時期から確かに培われていた。

　中世末期にあたるこの時代、前世紀の黒死病の流行、あるいはイサベルが2歳の時に起きたコンスタンティノープルの陥落などが原因となって、欧州全土に神に救いを求める風潮が高まっていた。イサベルが信仰に深く帰依することも自然であった

イサベル1世

し、敬虔な少女を暖かく見守る大人も周囲には多くいた。少女時代から結婚の時期まで、たびたびイサベルに味方していたのはトレドの大司教であったし、若きイサベルの聴聞僧を務めたのは、後年"大審問官"を名乗り狂的に異端審問を牽引するトマス・デ・トルケマーダである。

　だれが具体的にどう影響を与えたかは明確でないにせよ、幼少期の境遇と周囲の人間が、厳格で高潔であったイサベルの人格の基盤となったことは感じられる。もっともイサベルは、トルケマーダ程狂信的な宗教観に捕らわれたわけではない。彼女にあったのは宗教家の器ではなく、あくまでも王家に生まれた女王の器であった。

歴史の表舞台へ

　兄エンリケ4世は、対外的には虚勢を張るものの、肝心のところでは優柔不断で意志薄弱という、端的に言って暗愚な王であった。また"不能王"のあだ名が示す通り、最初に迎えた妃とは子どもができず破局した。二人目の妃としてポルトガルから迎えたファナとも長い間うまくいかず、ようやく娘が生まれた時には、ファナ王妃とベルトラン卿の間に生まれた不義の子であるという噂が囁かれた。母と同じファナと名づけられたこの娘は、ベルトラネーハ（ベルトランの娘）の蔑称でも知られる。当時の慣習に従って11歳のイサベルが代母を務めた娘であり、イサベル戴冠時には王位継承権を謳ってイサベルと争うことになる娘である。

　王女誕生後、目に見えてベルトラン卿が重用されたことも臣下の不信を煽った。結局、現王に不安を抱く者たちの中に、イサベルの弟アルフォンソを立てようとする者が現われ内乱が始まる。暗愚な王と幼き王子を旗印にした貴族間抗争であった。

　この出来事は、次第にイサベルに統治者としての自覚を与えることになる。

　原則として男子が王位を継承する観念があったため、当初からイサベルの存在が重要視されていたわけではない。イサベルもまた、中立の立場で沈黙を守っていた。幾度か訪れた政略結婚の話も、波風が立たぬようことごとく避け続けている。

　しかし、争いのさなかアルフォンソが急死。アルフォンソ側についていた貴族が、次に掲げる傀儡としてイサベルに白羽の矢を立てる。イサベルはこの時、16歳。

　イサベルはこの動きに対して慎重に接する。このころイサベルは、王妃の娘ファナの代母として王城にあがっていた。利発な彼女は、宮廷内に渦巻く抗争の影を感じ取っていたのだろう。エンリケに逆らわないことを表明し、無用な争いを避ける態度に出る。イサベルが容易にアルフォンソと同じ轍を踏まなかったことにより、次第に国王と反王派は和解の方向へ傾いていく。

しかしこのころの王城での生活や、イサベルを利用して現王の失脚をもくろむ貴族らの度重なる接触は、イサベルに確かな政治意識を芽生えさせたはずである。

不遇な幼年期を共に過ごした弟の死も、イサベルに何らかの心境の変化を及ぼしただろうか。唐突過ぎて死因も判然としないアルフォンソ王子の死には、毒殺の疑いもかけられている。それも同盟都市トレドの反発に際して旅立った道中の出来事である。殺害であるとすれば、犯人は成熟するにつれ王子が御しがたくなったと感じる、味方の貴族の仕業であった可能性が高い。

ここ数世紀、国内の情勢は万事この調子であった。無益な貴族同士の抗争を収め、一刻も早く国土統一を果たし安定させる必要がある。その決意が、兄弟間の醜い争いの中で板ばさみになっていたイサベルの中に固まっていったことだろう。

王位継承と縁談

ところで、不遇な少女時代を黙然と過ごしていたイサベルにも、少女らしい願望があった。結婚に関することである。当時の結婚適齢期である15歳のころから、しばしば持ち上がる縁談を袖にし続けたことから、結婚に対しては高い理想を持ち妥協しなかったことが窺える。

しかし、1468年にエンリケ側と反王同盟軍との和解が成立してからは、内紛の混乱を理由に結婚を先延ばしにすることは難しくなった。和解時の条約で、イサベルを後押ししてのし上がろうとする反王勢力が、王妃が生んだファナ王女から王位継承権をもぎ取り、次期継承者をイサベルとする条約を取り交わしたのである。

"不能王"と称される兄には、不義の子であるという噂が公然と語られる娘が一人きり。イサベルにもすでに、いずれは自分が玉座に昇る可能性が高いことは覚悟できていた。

王位継承者としての立場を明確にしたイサベルの許には、次々と縁談が舞い込んでくる。イサベルは17歳になっていた。当時としては、すでに出遅れた感さえ漂う年齢である。いよいよ、真剣に婿選びをする時がやってきていた。

イサベルが目を留めたのは、隣国アラゴンの王子フェルナンドであった。情報収集のため送った密偵からもたらされる声が、イサベルにとって好ましいものばかりだったのである。イサベルより一つ年下のフェルナンドは、若き日より内乱を収めるために馬を駆り、勇猛で名を馳せていた。血縁的にも同じ王家の出であった。

結婚によってカスティリャが隣国アラゴンと結ぶのは、政治的にも上策といえる。あるいは、イサベルの乙女心につけこんだ情報操作が行われた疑いもあるが、ともかくイサベルは、まだ見ぬ隣国の王子に淡い恋心を抱いた。

第1章　名高き姫君

イサベルの恋

　しかしイサベルの想いと裏腹に、兄王エンリケは、妻の出身であるポルトガルとの婚姻を望んでいた。イサベルの気持ちも確かめぬまま、ポルトガルとの縁談を進めてしまう。

　王の権威を振りかざした強引な縁談に、イサベルの恋心はもろくも崩れ去ってしまうところである。しかし、ここでイサベルの隠れた意志の強さが発揮された。

　イサベルは王の持ち込んだ縁談を拒否し、脱走を図ったのである。この行為は王の怒りを買った。たちまち追っ手がかかり、イサベルは自分を支持してくれるバリャドリドの町で、隠棲に近い生活を余儀なくされた。

　しかし、イサベルに決断を覆す意志はなかった。彼女は、自分の結婚が今後の国を左右することをよく理解していた。荒廃した国を建て直すには、遠く離れた異国の地よりも、文化的背景も似た隣国との団結の方が、より強固な力を蓄えることが出来る。たとえイサベルを利用しようとする力が裏で働いていたとしても、その意志はイサベルの意向と合致するものであった。

　利用される振りをして逆に利用する。そんな意気がイサベルにはあったかもしれない。そのくらいでなければ、各地で力を振るう貴族勢力に振り回され、今までと何も変わらない未来を迎えることになる。やるからには、自分の理想を実現させる。イサベルは物静かで思慮深い一方、そういう強い意志を心に秘めた女性であった。

　四面楚歌の中、イサベルは一縷の望みをアラゴンにいる未来の夫へと賭けた。

　フェルナンドは、イサベルの想いに応えた。もとよりアラゴン側にしても、イベリア半島随一の国土と兵力を有するカスティリャとの団結は、破談にするには惜し過ぎる話である。

　自国の反乱平定のため軍隊が出せない中、フェルナンドはわずかな供を引き連れて自ら国境を渡り、イサベルの許へと走った。エンリケ王側はイサベルが無断で抜け駆けする事態を防ぐため、軍隊を派遣してまで見張りにあたらせている。緊迫した空気が国境線には漲っていた。万が一捕らえられようものなら、結婚話が立ち消えになるどころか、うやむやのまま命までも取られかねない。

　そんな中、フェルナンドは果敢にも自ら直々に決死の旅路を往くことを選んだのである。エンリーケ王の包囲網を潜り抜けて駆けつけたフェルナンドは、まるで御伽話に登場する白馬の王子のようにイサベルには映ったことだろう。

　1469年、イサベル18歳の時、バリャドリドの町でイサベルとフェルナンドの駆け落ち同然の結婚式はささやかに行なわれた。

戴冠とその後

　結婚後しばらくは兄との軋轢が続き、貧しい門出に甘んじたイサベルであったが、1474年にエンリケが死亡すると、先に交わされた条約に従って、王位を継承する時がやってきた。戴冠式はセゴヴィアで行われた。イサベルはカスティリャ女王イサベル1世に、フェルナンドは共同統治者としてフェルナンド5世となる。

　ファナ王女を援護したポルトガルが割って入り継承戦争が勃発するものの、どうにかこれを収めてからは、本格的な統治に乗り出すことができた。

　1479年にはフェルナンドがアラゴン王フェルナンド2世として王位に就き、カスティリャとアラゴンは連合王国を名乗ることになる。

　法や税制などは、依然おのおのの慣習に従って運営されていたものの、現在のスペイン（正式名称エスパーニャ王国）の基盤となる国土は、確かにこの時形成された。

　プライベートではフェルナンドの女癖の悪さに、潔癖なイサベルが閉口するような一幕はあったものの、共同統治者としての二人は、おおむねよきパートナーであった。司法や警察権の整備を始め、王権強化を軸とした内政に力を注ぎ、国の地盤を固めていった。クリストバル・コロン（クリストファー・コロンブス）への資金援助を行い、西インド諸島の利益を独占せしめたのも、イサベル治世下のカスティリャである。

　領邦君主の台頭とそれに伴う小競り合いで荒廃した時代に生まれたイサベルは、平和を求め、半島内の統一にこだわった。宗教的な高潔さとあいまって、それは異教徒弾圧の容認など暗黒面となる行動もあったが、当時の世相としては歓迎されるものであった。

　1496年には、日ごろの敬虔さやイベリア半島からイスラム教国を駆逐した功績などが称えられ、二人はローマ教皇から「カトリック両王」の称号を授与された。イサベルとフェルナンドは偉大な統治者として後世に名を残すことになる。

　すべては、18歳の少女であったイサベルの、果敢な決断力と行動力の賜物であった。

　イサベルは、30年の在位を果たし、ルネッサンスの足音が忍び寄る1504年に、53歳の生涯を閉じる。その間、4人の娘と一人の息子に恵まれた。うち、次女ファナが王位を継承し、その息子カルロス1世の時代には、スペインは黄金時代と呼ばれる治世を迎えることになるのである。

第1章　名高き姫君

美しき旅の皇妃
皇妃エリザベート

Elisabeth

地域：オーストリア
時代：19世紀
生没年：1837～1898年
出典：――

絶世の美貌に恵まれ、欧州最大の帝国に嫁入った天真爛漫な少女。だがそのシンデレラ・ストーリーは、彼女を悲劇へと追いやったのである。

漂白の皇妃の数奇なる生涯

　生涯の大半の期間を、旅に次ぐ旅で終えた皇妃がいた。
　といっても、定まる場所を持たぬ亡国の姫君ではない。それどころか19世紀の欧州屈指の大国であったハプスブルク帝国。その首都ウィーンが彼女の留まるべきの住処。そして皇帝フランツ・ヨーゼフが彼女の夫であった。
　彼女の名はエリザベート。愛称はシシィ。
　すらりとした長身に磨きあげられた美を宿した彼女は、ハプスブルク家の歴史の中で、文句なく一番美しい皇妃であった。エリザベートはオーストリア＝ハンガリー帝国の皇后という身分でありながら、生涯気ままに好きな旅を続けた。夫にも愛され続けた。これだけ聞くと、彼女は世界中の女性の羨望を一身に集める自由気ままな人生を楽しんだかのようにも見える。
　だが真実は逆だった。
　「籠の中の鳥」。エリザベートはこの言葉を地で行く、悲劇の皇妃だったのである。

クリスマス・イブに生まれたエリザベート

　エリザベートは、1837年12月24日のクリスマス・イヴに、バイエルン公爵マクシミリアンの第3子として誕生した。生家たるヴィッテルスバッハ家は、神聖ローマ帝国の王族の血をひく700年の歴史を数える名家であり、優秀な君主と美的センスに優れ精神的に不安定な人々をも輩出した血統である。
　エリザベートの父マクシミリアンもその例に漏れず、ずいぶんな変わり者だった。

宮廷を嫌った彼は、夏には自分の家族を連れて南ドイツの湖の湖畔に住んだ。芸術家気質の公爵は、音楽を愛し、民族楽器を巧みに演奏し、詩作を好む人物で、同時に狩猟や乗馬に長じたスポーツマンでもあった。束縛を嫌う人柄であったため、子供たち……特にマクシミリアンのお気に入りであったエリザベートは放任主義によって育てられた。南アルプスの大自然に抱かれて、動物との交流や乗馬、山登りを好む、感性豊かな自然児として成長したのだ。(後年有名になる乗馬術の基礎はこの時代に磨かれた)。その気性ははつらつとして天真爛漫。父親からの芸術家気質を強く受け継いでおり、作文や詩作には強い興味を抱いていた。しかし貴族令嬢の当然のたしなみとされる礼儀作法には全く興味を示さなかったという。

この二人には、親子して平民に変装して町に出て、父は流しの音楽家としてバイオリンを奏で、エリザベートがエプロンを広げて投げられる硬貨を受け取ったなどという突拍子もない逸話が残っている。このように自由奔放に育てられた少女時代は、彼女にとって人生最上の時期だったのかもしれない。

運命の一瞥

時は流れて1853年8月16日。オーストリア皇帝フランツ・ヨーゼフ(エリザベートにとっては従兄弟にあたる)と、姉のヘレーナとのお見合いに同行した15歳のエリザベートに、運命の出会いが訪れた。

ヘレーナとフランツのお見合いの席で、彼女はなんと姉を差し置いて、23歳の青年皇帝に見初められたのだ。おおらかで天真爛漫に振舞うエリザベートの可憐は、礼儀作法に通じた大人しい姉よりも強く皇帝にアピールしたのだ。

まだ幼い少女に一目ぼれした皇帝は、晩餐会で幾度も彼女をダンスに誘い、その翌日には宿を訪れて正式に結婚を申し込んだ。むろん見合いを整えた人々、特に絶大な権力を握る実母ゾフィー大公妃は仰天し、反対した。だが生真面目と規律が服を着て歩いているような青年であったフランツが、この時ばかりは恋の力を借りて、別人のように自分の意思を押し通したのである。

美男の青年皇帝の求愛を受けたエリザベートは、当然ながら驚き恐れ、「ただあの方が皇帝でさえなければ……」と呟いた。また「どうしてこの人を好きにならずにいられましょうか?」と語ったともいう。フランツの求愛を戸惑いつつも喜び受けたエリザベート。思いもよらぬ玉の輿だが……彼女は皇帝との結婚という行為の意味を、この時ほとんど理解していなかった。また当時の政略結婚の常として、実は選択の余地がなかったことも。

「もちろん……皇帝を愛しています」

結婚に漂う暗雲

　諸々の煩雑な、しかしハプスブルク王家の威厳を保つには必要と考えられていた手順を経て、結婚式は1854年4月24日に行われた。だが贅と威厳を凝らして行われた盛大な式の堅苦しさは、自由奔放に育てられた多感な少女にとっては拷問に等しい苦行だった。果てしなく続くお披露目、晩餐会、そして儀式。首都ウィーンは可憐な公女と美男の皇帝の婚儀に沸いていた。けれど、移動のための馬車の中で、エリザベートは重圧と束縛に耐えかねて泣いていたのだ。

　新婚初夜もうまくいかず、皇帝が本当に新妻と結ばれたのは3日目の夜だった。前途の多難さを暗示する事件が起こったのは、その翌朝のことだ。乙女から女になったエリザベートは、厳格な宮廷儀礼に従って家族全員が揃うこととされていた朝食の席を、欠席したいと申し出た。恥じらいからだ。だが姑のゾフィー大公妃は断固として出席を命じた。夫フランツは、母の意思には逆らえない人だった。結局、エリザベートは涙ながらに食卓につくしかなかったのである。

　そしてこれ以後、エリザベートを伝統と権威に満ちたハプスブルク家の嫁としては躾が足りないと敵視するゾフィー大公妃による、厳しい教育が開始された。彼女のスケジュールは大公妃によって決められ、身辺の女官は大公妃の息のかかったスパイまがいの女性で占められた。生活のあらゆる場面に定められた手順と規則が存在する生活に、正反対の自由な環境で伸び伸び育ってきた繊細なエリザベートが耐えられようはずもない。

　萎縮していたエリザベートも、やがて反抗を試みる。だがそれは、母に支配されている夫の前では無意味に終わった。やがて生まれた愛の結晶たる子どもたちですら、生後すぐに姑に奪われ、会えるのは1日1時間と限定された。快活で天真爛漫だった彼女は、陰鬱な自閉状態に落ち込み、健康を害していった。

闇の底に見た光明

　皇帝フランツ・ヨーゼフとエリザベートの夫婦仲は、悪かったわけではない。フランツは生涯を通して妻を愛し続けた。ただこの生真面目な皇帝は、母親に対して強く出ることができないよう育てられていたのである。

　唯一エリザベートが生彩を取り戻し、別人のように快活かつ魅力的に振舞うのは、国外に旅をしている間だけだった。それ以外の、ウィーンに住んでいる期間は彼女にとって苦痛でしかなく、数少ない娯楽である乗馬に没頭していることが長くなった。

　エリザベートが自分の美に傾倒し、磨きをかけることに執着するようになったのも、

皇妃エリザベート

第1章　名高き姫君

こうした環境のせいである。彼女は自らの美を維持しようと熱中するようになり、極端な絶食療法、激しい肉体トレーニングやウォーキング運動で常人離れしたスタイル(とりわけ自慢のウエストの細さ)を保った。また自ら「私は髪の奴隷よ」と語るほど入念に、1日3時間もかけて長い金髪の手入れをした(踵(かかと)に届く程の長さであったという)。エリザベートはナルシストだったともいわれるが、彼女の美が特に外交分野において有効に働いた場面は決して少なくなかった。なんら拠って立つ権力を持たない彼女が唯一自分の意思を通すための力となったのが、天与の美貌だったのだ。

やがて牢獄同然の宮廷生活と姑ゾフィーとの戦いに疲れ果てたエリザベートは、1860年に本格的に病床に伏し、面会謝絶の状況に陥った。この危険な状態から、彼女を奇跡的に回復させたものこそ、転地療養を勧める医師の一言だった。

旅こそわが人生

療養の地としてエリザベートが選んだのは、大西洋上のわびしい孤島マデイラだった。ウィーンを嬉々として離れた彼女は、半年にわたってその地で英気を養い、健康を回復した。そしてすぐには戻りたくなかったのだろう。地中海各地を渡り歩いてから、1861年5月に帰国した。しかしその直後に再度発病。今度はギリシアのコルフ島で療養することになった。そしてまた回復……。病が心の病であるのはもはや明白だった。それは、取り返しのつかない程彼女の心を蝕んでいたのだ。

こうして、エリザベートの伝説的な旅の日々が始まった。宮廷のあるウィーンにはほとんど戻らず、ヨーロッパ各地を放浪する毎日。彼女は皇妃としての勤めを出来るだけ放棄し、母親としての責務も投げ出し、気ままな旅路を続けた。解き放たれた籠(かご)の中の鳥は、もう二度と檻の中に戻ろうとはしなかったのだ。

エリザベートの相次ぐ旅には、莫大な費用がかかった。だが妻を愛する皇帝は、彼女が時折ウィーンに帰ることを条件に費用を送金し、律儀に旅先に手紙を書いた。皇妃はそんな夫に感謝し、愛しつつも、やはりウィーンには数日以上留まることができず、すぐにまた旅に出てしまうのであった。

美の化身であるエリザベートの評判は旅先では高く、その姿を一目見ようと大勢が押しかける程だったが、オーストリア内での評判は芳しくなかったようだ。ゾフィー大公妃はこのころになると、彼女のことは諦めて放任していたし、国民は国民で莫大な富を投じて豪勢な旅を続ける皇妃の所業には眉をひそめていた。贅を尽くして製造された御召列車、金持ちの道楽である乗馬の趣味(当時最高の女性騎手の一人だった)は、わかりやすい非難対象だった。もっとも乗馬に熱中したおかげで、病弱だった体が健康を取り戻したのだが。

連続する悲劇。そして死に向かって

　1872年、18年にわたってエリザベートと対立を続けたゾフィー大公妃が死亡した。これはエリザベートがウィーンに留まり、オーストリア＝ハンガリー二重帝国に確固たる地歩を得て君臨する絶好の機会だったのだが、彼女は一年間皇后の座に留まっただけで、またさすらい人に戻ってしまった。旅は、もはやエリザベートが不安定な心を維持するために欠かせない行動になってしまっていたのだ。

　その結果、1889年に悲劇が起こる。フランツとエリザベートの間に生まれた唯一の男子で、帝国の後継者である皇太子ルドルフが、若い男爵令嬢と心中死してしまったのだ。このマイヤリンク事件は、彼女の心に深い傷痕を残した。ルドルフは父ではなく、母に似た繊細な心を持つ青年だった。だが幼き日に手元から引き離された我が子が成長しても、自分の心を守ろうとするエリザベートは唯一の息子と深く接しようとしなかった。そのあげくがこの事件である。

　悲嘆と後悔、そして絶望に打ちのめされた彼女は、以後いかなる時も喪服を着て人前に姿を現わすようになった。さらに深まる旅への没頭。だがそれはゆるやかに死に向かう、孤独な旅路であった。当時のエリザベートは、生に絶望し、死を切望する言葉を手記や会話に残している。忍び寄った老いも、彼女のこの感情に拍車をかける一要因だったかもしれない。美の化身とあがめられた容色もさすがに衰え、エリザベートは老いた顔を隠すため、人前では常に黒い扇子で顔を覆うようになっていた。彼女の己の美への誇り高きこだわりは、老境にあっても変わらなかった。それゆえに、憂いは深かったはずだ。

　そして待望の安らぎの日は、1898年9月10日に、唐突にやってきた。スイス、ジュネーヴのレマン湖畔で蒸気船に乗ろうとした際、突如駆け寄ってきた暴漢に心臓を刺し貫かれ、皇妃エリザベートは61歳の生涯を終えたのだ。犯人はルイジ・ルッケーニというイタリア人テロリストで、「高位高官の人物ならだれでもよかった」とうそぶいたという。ドラマチックな死であった。

　こうして、天真爛漫で夢想家、そして野生的な魅力にあふれた少女エリザベートの生涯にわたる長い孤独な旅は、ようやく終着点に着いた。旅を終えた時、彼女は打ちのめされ、疲れ果て、もはやかつての面影はどこにもなかった。その生涯は、傍目からは想像もつかない程過酷で、幸薄いものだったといえるだろう。大国の皇后でありながら、最後に求めた安息が死……。だがその悲劇性ゆえに、エリザベートの美と生涯は伝説化され、今日でも崇拝者が絶えないのである。

第1章　名高き姫君

沈黙の花嫁

エルザ

Elsa

地域：ドイツ
時代：中世
生没年：――
出典：『ローエングリン』他

弟殺しの罪を着せられたブラバンドの姫エルザを
助けたのは、白鳥の船に乗って現れた一人の騎士だったが、
彼女はその正体を知ることを許されなかった。

白鳥騎士伝説

　ワーグナーの楽劇『ローエングリン』は、紀元10世紀ごろの中世ヨーロッパの歴史と、「白鳥騎士伝説」と呼ばれる民間伝承を組み合わせた物語で、これから紹介するエルザは、この作品にヒロインとして登場する。

　白鳥騎士伝説というのは、危機に瀕したときに何処からか白鳥の化身である騎士が現われ人々を救うが、その騎士は自身の正体が明らかになると魔力が失せ現世を去らねばならないという逸話で、日本の「鶴の恩返し」にも似たお伽話の形態の一つである。

　『ローエングリン』では、窮地に陥ったエルザを救うため、白鳥の曳く船に乗って騎士ローエングリンが現われ、自らの正体を隠したままエルザと結婚する。しかし、二人の敵による陰謀と彼女自身の心の揺らぎが、エルザの運命を悲しいものへと変えてしまうことになる。

ブラバントの公女

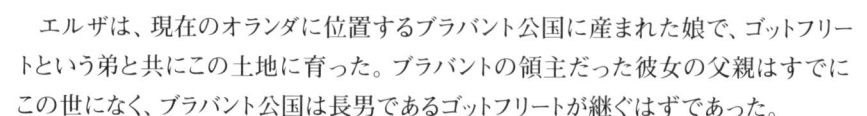

　エルザは、現在のオランダに位置するブラバント公国に産まれた娘で、ゴットフリートという弟と共にこの土地に育った。ブラバントの領主だった彼女の父親はすでにこの世になく、ブラバント公国は長男であるゴットフリートが継ぐはずであった。

　ところが、ある日ゴットフリートはエルザと共に森へ散策に出かけたとき、知らぬうちに彼女の前から姿を消し、行方不明となってしまったのである。

　弟が失踪したことに胸を痛めていたエルザだったが、彼女にはさらに冷たい追い

打ちがかけられた。彼女の父親に仕えていたテルラムントという家臣が、ゴットフリート失踪の原因は、姉であるエルザがブラバントの支配権を握るために弟を殺したからだと、彼女を告発したのである。

実は、テルラムントはかつてエルザに求婚したことがあった。だが、エルザはテルラムントの瞳の奥に、自分への愛ではなくブラバント公爵の椅子を求める眼差しを見出し、これを拒絶していたのだった。

以来、テルラムントはエルザに対して憎しみとも呼べる感情を抱いていた。そしてさらに、この暗い情念につけいる人物がいた。テルラムントの現在の妻オルトルートである。

オルトルートは森に住み、ゲルマンの神ヴォータンを信仰する魔女で、ブラバントの混乱に乗じてこの国を手に入れようと考えた。彼女は失意のテルラムントに巧みに言い寄って彼の妻となり、夫のエルザへの恨みを利用しようと考えた。

実はエルザの弟ゴットフリートの姿を消し去ったのは、魔女オルトルートの魔法だったのである。彼女によってゴットフリートは白鳥に姿を変えられてしまっていたのだ。

こうして跡継ぎを厄介払いしたオルトルートは、残されたエルザに弟殺しの罪をなすりつけ、その地位を奪おうとしていたのだった。オルトルートに後押しされたテルラムントに告発されたエルザには、このいわれなき罪を逃れる手だては何一つ思いつかなかった。

そして事件はさらに大きなものとなる。折しもドイツに東方の騎馬民族が襲撃を繰り返していたころであり、当時のドイツ王ハインリッヒ1世が戦いへの参加を呼びかけるべくブラバントへやってきていたのである。エルザの弟殺しの容疑はドイツ国王の耳に届き、彼女はどうにか身の潔白を証明せねば、国王の名の下に死刑に処せられることとなった。

彼女はテルラムントがなぜ自分を告発したのかも、弟がなぜいなくなったのかも、そしてオルトルートが実は魔女であることも、何一つ知らず、国王ハインリッヒの詰問にただただうろたえるばかりだった。だが、そこに白鳥の騎士ローエングリンが現われたのである。

沈黙の誓い

テルラムントの告発と国王の詰問に答える術を知らなかったエルザは、ある夜不思議な夢を見た。一人の白銀の鎧に身を包んだ騎士が彼女の前に姿を現し、悲しむエルザを慰めてくれたのだ。

エルザは国王にこの夢の物語を聞かせ、自身の潔白はきっとこの騎士が証明し

第1章　名高き姫君

てくれるでしょうと告げた。国王ハインリッヒはこの突拍子もない言葉に首をかしげたが、告発者であるテルラムントは、姫の言う白銀の騎士など現われるはずはないとたかをくくり、「自身の正義は自らの剣で証明してみせる」と豪語した。

　これを聞いた国王は、エルザのいう騎士を召喚すべしと命令し、ブラバント中にかの騎士の出頭を求める角笛が鳴り響いた。しかし、エルザの最後の頼みの綱は一向に現われる気配もなく、人々は嘲笑と同情の入り交じった顔でエルザを見つめ、テルラムントとオルトルートは勝利を確信し、ハインリッヒは彼女の処刑を決心しようとしていた。ただ一人、エルザだけが奇跡を信じて祈り続けていた。

　そのときである。ブラバントの城壁を臨む河の向こうから、一艘の小舟が近づいてきた。川面の霧の中から姿を現したその小舟は美しい白鳥に曳かれ、そしてその上にはエルザが夢に見た白銀の騎士が立っていたのである。

　その騎士は「いわれなき罪を着せられた乙女に成り代わり、正義を証明するためにやってきた」と告げた。さらにこの騎士はエルザに向かって、自分が彼女の身の証を立てたあかつきには、エルザと結婚してブラバントの領主となることを認めてもらいたいと願い出た。

　この突然の求婚にエルザは動転したが、絶体絶命の窮地に立ち、しかも身に覚えのない罪によって名を汚された姫にとって、自身の救世主である騎士の愛に応えぬことなど考えられなかった。

　しかし、彼女をさらに驚かせたのは、騎士が次に発した言葉だった。彼はエルザに対して彼自身の名前とその正体を、決してたずねてはならないと告げたのである。

　夫の正体も知らず、その名を呼ぶこともできないということに不安を覚えたエルザだったが、騎士はそれができなければ、自分は彼女を救うことができないという。窮地にある彼女は従うしかなかった。エルザは自身の不安を胸の奥に押し込み、そのことを深く考えず、今は騎士の勝利だけを願おうと己に言い聞かせた。

　こうして謎の騎士とテルラムントの一騎打ちが始まった。オルトルートの陰謀を知らぬテルラムントは自分の正義を信じて戦ったが、真の正義を背に剣を振るう白銀の騎士の敵ではなかった。彼は重傷を負って地面に倒れ、この戦いを見守っていた国王ハインリッヒは白銀の騎士の勝利を宣言し、エルザの無実を認めた。

　人々は彼女を祝福し白銀の騎士を讃えた。救われたエルザは安堵に胸をなで下ろし、潔白を証明した白銀の騎士に憧れの眼差しを向けた。ただ魔女オルトルートだけが、白銀の騎士を憎しみと疑いの目で見つめ続けていた。

エルザ

第1章　名高き姫君

オルトルートの復讐

　それからしばらくの後、エルザと白銀の騎士の結婚式が執り行われることとなった。エルザは喜びに包まれ、彼女を告発したテルラムントを許し、無実の者を告発した罪により国王によって追放を命じられていた彼と、その妻オルトルートにも式への参列を求めた。

　オルトルートはこのエルザの優しさにつけ込み、まだ陰謀は潰えてはおらず、白銀の騎士に対して復讐のチャンスもあると思った。彼女はエルザに「幸せなときは、心が闇雲に浮かれてしまうもの、そこが悪のつけいる隙なのです」と言葉巧みにエルザが心に秘めていた不安を煽った。

　さらにオルトルートは、「白銀の騎士は何か邪悪な魔法で守られているのです。自身の正体を明かさないのがその何よりの証拠」とテルラムントを煽り、彼の騎士に対する恨みを復讐の炎へと変えていった。

　そしていよいよ結婚式の朝、白銀の騎士とエルザは互いに寄り添い、祝福する人々に囲まれて式場へと進んでいった[註1]。エルザは隣にいる騎士の名も、その素性も知らないままだったが、彼の勇気と信念、そして自身への愛を疑う理由はなかった。二人は幸福に包まれつつ、誓いの壇上へと向かっていた。

　だが、そのときだった。二人の前にやにわに魔女オルトルートとテルラムントが現われ、白銀の騎士を「邪悪な魔法使い」だと告発したのである。

　オルトルートは「神の判決であるはずの一騎打ちが魔術によってねじ曲げられた」と、テルラムントは「氏素性のしれぬ輩がブラバントの君主となることは肯んじ得ない」と口々に叫んだ。

　人々の間に動揺が広がった。だが白銀の騎士は「自分は正義の裁きによって勝利を得たのであり、我が妻も、そして国王陛下もそれを認められた」と二人を一喝、一瞬どよめいた周囲の者たちもあらためて騎士の正義を信じた。

　オルトルートとテルラムントは、冷たい視線を浴びながらすごすごと引き下がるほかなかった。しかし去り際にオルトルートが見たエルザの表情には、隠しきれぬ不安と疑いがはっきりと表れていたのである。

　実は、エルザの心中ではじわじわと不安や恐れがふくらみつつあった。結婚の儀式でも夫の名を呼ぶことができない不安、自分が本当はだれの妻となったのかを知ることも、訊ねることもできない恐怖に。

　彼女は、もしかしたら目の前の騎士は自分の夢に過ぎず、いつしか彼が自分の元

註1：ワーグナーの作品中のこの場面で流れる楽曲は、『ワーグナーの結婚行進曲』として今日でも結婚式において頻繁に聞くことが出来る。

を去ってしまうのではないかと感じていた。そんな不安を打ち消す心のよりどころは自身の夫の正体を知ることであり、それは彼女には与えられていなかったのだった。

そしてその夜、二人だけの寝室で白銀の騎士に「そなたは幸福か」と訪ねられたエルザは、ついに己を攻める不安に負け、心の内を明かしてしまった。彼女は禁止の命令に背き、彼が隠している正体をついに問いただしてしまったのである。

彼女は、自分の窮地を救ってくれた騎士が今、正体を隠さねばならないような窮地にあるのだと考え、その痛みを少しでも和らげ救いたいのだと己に言い聞かせ、騎士にも訴えた。

だが、それはやはり発してはならない質問だった。騎士は涙に濡れるエルザの瞳を悲しげに見つめ続けた。

白鳥の帰還

翌朝、騎士は「妻に尋ねられた以上は答えねばならない」と城の人々や滞在していた国王ハインリッヒを前に己の正体を告げた。彼の名はローエングリンといい、キリストの聖杯を守る「聖杯騎士団」の一人として、ブラバントの姫エルザを救うために遣わされたのだ、と。

さらに彼は続けた。こうして自身の正体を明かしたならば、自分は聖杯によってもたらされた力を失い、もときたところへ帰らねばならないのだと。これを聞いたエルザは、ついに自身の不安が現実となったこと、しかもその原因が己自身のしてはならない問いであることを知り、その場に倒れてしまった。

川面に再び、白銀の騎士を乗せてきた白鳥の曳く小舟が姿を現した。ローエングリンが船に乗り、エルザに別れを告げると、そこへもう一羽の美しい白鳥が舞い降りてきた。その白鳥はエルザの前に立つと、一人の人間に姿を変えた。それは行方不明になっていた彼女の弟ゴットフリートであった。

こうしてブラバントには本来の領主となるべきゴットフリートが帰還し、白銀の騎士ローエングリンは聖杯の元へと去っていった。

だが、愛する夫を永遠に失った悲しみと、それが自身の罪ゆえのことであるという事実から、エルザは立ち直ることができなかった。

すべてを失い、もはや生きる望みをもなくした彼女は、去りゆくローエングリンの姿を見送りながら、ひっそりと息を引き取ったのである。

聖なる杯が奉られた城へと帰るローエングリンと共に、エルザもまた神の待つ天国へと旅立っていったのであった。

第1章　名高き姫君

許されぬ悲劇の愛
グィネヴィア

Guinevere

地域：イギリス
時代：中世
生没年：――
出典：『アーサーの死』他

王妃としてアーサー王の妻となった少女は、
いつしか王の親友でもある騎士ランスロットとの恋に落ちた。
だがそれは王国を崩壊させる禁じられた恋だった。

騎士物語の中心

　中世ヨーロッパの騎士物語には様々なエピソードがあるが、一般的には主人公である勇者が憧れの美女を見出し、数多くの試練を経て成長することでその女性の愛を獲得するが、女性は悪漢に強奪されてしまう。勇者はさらなる試練を経て悪漢に勝利し、女性と結ばれる、というストーリーをなぞる。これは現代の007映画に連なる黄金のパターンであり、騎士物語では中心に存在する女性の周りを、主人公たちが近づいたり離れたりして巡り続けることになるのである。

　騎士物語の代表ともいえる中世イギリスのアーサー王伝説において、その中心に存在するのはアーサー王の妻グィネヴィアである。グィネヴィアはアーサーの妻となった後に幾度となく誘拐され、救出される。彼女のこのような運命は、その後の騎士物語に模倣され、いつしか黄金のパターンとなっていったのだ。つまり彼女は、騎士物語に登場する女性像のモデルともいえる存在なのである。

　ところで騎士物語にはもう一つ、「許されぬ恋」と呼ばれるパターンがある。主人公である勇者は血縁だったり、身分が違っていたり、すでに夫や婚約者のある女性を愛してしまい、愛と正義との狭間で苦しむことになる。

　グィネヴィアの物語はこの第2のパターンにも当てはまる。アーサー王伝説において彼女は、アーサーに最も忠実で、最も親しい騎士であるランスロット卿との恋に落ち、二人の関係は王国の崩壊をもたらした。

　こうして、グィネヴィアは一人の女性ではなく騎士物語に登場する女性像の典型となり、悲劇の王女の代名詞となった。では、そんな彼女の物語はどのようなものだったのであろうか。

アーサー王の花嫁

　初期のアーサー王伝説におけるグィネヴィアはブリテンを支配していたローマ貴族の生まれで、カドール伯という人物に育てられ、15歳でブリテンの王となったアーサーの許へ嫁いだとされていた。
　後の物語では、彼女はアーサー王に忠誠を誓うカメリアド地方の王レオデグランスの娘として登場する。当時、ブリテンを統一する戦いに勝利したばかりのアーサーが、彼女の美貌に惚れ込んで父であるレオデグランス王に結婚を申し込み、レオデグランスは快くこれを承諾、結婚の祝いとして、後にアーサーの騎士たちが集うことになる円卓を贈ったことになっている。
　アーサーと結ばれた時に彼女が何歳であったかは伝説では描かれていないが、いずれにしてもグィネヴィアはブリテン全土で最も美しく、魅力的な女性だった。まだ若く、勝利の喜びに包まれていたアーサー王が一目でグィネヴィアに恋心を抱いたのであるから、おそらくまだ10代前半の若さであったのだろう。
　もちろんグィネヴィアもまた、少年でありながら全ブリテンを治める王となったアーサーに淡い恋心を抱いた。二人はまだ幼い心で将来の幸福を夢みて、大勢の家臣や騎士、貴婦人たちに祝福されて夫婦となったのであった。
　ところが、王妃となったグィネヴィアを待っていたのは想像したこともないような試練だった。彼女が嫁いだのは一人の少年ではなく王だった。そのことがもたらす苦痛など、彼女は考えたこともなかったのだ。
　グィネヴィアは夫と二人だけで一緒に過ごすことがほとんどできなかった。アーサーは夫である以前に王であり、彼女のものである以上に騎士たちのものだった。王は毎日のように円卓に列席してはそこに集う騎士たちと歓談し、戦だ、馬上槍試合だ、冒険だといっては彼女を置き去りにして城を何ヶ月も留守にした。
　円卓の席ではグィネヴィアは王の隣に座っていたが、そこでの彼女は王妃としてすべての貴婦人の手本とならねばならず、一人の女性として王を見つめることなど許されなかった。何しろそこにいるすべての騎士と貴婦人が彼女を見ているのである。グィネヴィアはこうした憧れや羨望をすべて受け止め、威厳を持って対処せねばならなかったのだった。
　彼女は必死で「王妃」という立場に相応しい女性を目指そうと努力した。騎士たちにはあくまで優しく、時には厳しく接し、忠誠には褒美を、騎士にあるまじき行為に対しては断固とした態度で叱責した。彼女の口から甘い恋のささやきが発せられることはなかった。
　だが、こうした生活はいつしかグィネヴィアの心に小さな穴を開け、そこには「寂しさ」

という風が吹き込んでいた。そしてその隙間に彼女自身が気づいた時、彼女はそれを埋めてくれる何かを探し始めたのだった。

強奪

　グィネヴィアの寂しさをまぎらわせたのは、アーサー王に仕える最も優れた騎士といわれたランスロット卿であった。ランスロットは己のすべてをアーサーに捧げ、武勇だけでなく忠誠心においても、騎士たちのだれよりも優れていた。そんな彼であるから、アーサー王の妻グィネヴィアに対しても他のだれよりも尊敬と忠誠を捧げ、「女性に尽くすことが愛だというなら、私は王妃さまに己のすべての愛情を捧げましょう」と、アーサー王に対する揺るがぬ忠誠と同じように、グィネヴィアに揺るがぬ愛を誓った。

　もちろんこの「愛」とは、王の騎士が王の妻に対して抱く愛であり、それは忠誠ゆえの行為であるはずだった。ところがグィネヴィアにとってランスロットの愛は、夫であるアーサーが与えてくれない、暖かく心地良い愛だったのである。

　しかしグィネヴィアに愛情を抱いたのは、実はランスロットだけではなかった。他の騎士たちも多かれ少なかれ王妃に憧れており、中には彼女に対する邪な気持ちを隠しきれないふとどき者もいたのだ。そんな騎士の一人メレアガンス卿は、ある時グィネヴィアを宮廷から強奪し、己の城へと誘拐してしまった。

　アーサー王は配下の騎士の裏切りに激怒したが、王という立場は単身敵地に乗りこむことを許さなかった。そこで彼女の救出に向かったのが、彼女を愛し、王に忠誠を誓っていたランスロットだった。彼はメレアガンスが仕掛けたいくつもの罠で瀕死の重傷を負い、そのためにメレアガンスとの戦いで苦戦を強いられたが、彼の勝利を祈るグィネヴィアの姿に勇気を振り絞って戦い続けた。

　ランスロットとメレアガンスの戦いは、時と場所を変えては何度も何度も繰り返された。そんなランスロットの死闘を見つめ続けたグィネヴィアは、次第に彼に対する愛情が高まってゆくのを感じていた。だがそこには同時に、その愛が自分が抱いてはならないものであるという苦しみもまた生まれていたのである。

　ランスロットは幾度目かの戦いでようやくメレアガンスを打ち倒し、王妃を取り戻してアーサー王のもとへと届けた。しかし、死の危険を乗り越えた二人の間には、もはや消すことのできない愛の絆があった。ランスロットは必死で、この愛情は主君への忠誠そのものなのだと己に言い聞かせ、一方のグィネヴィアはランスロットの愛を王妃に対する当然の態度だと思いこむことで、自分自身の彼に対する恋心を忘れようとした。

　だが、アーサーの王位を快く思わない者は常に王権のほころびを探し続け、ほん

グィネヴィア

のわずかなスキャンダルにも耳目をそばだてていた。そんな彼らにとって、二人の隠された愛情は、王位攻撃の格好の餌となってしまうのだった。

愛と苦しみと

　それからしばらくの間、グィネヴィアはランスロットと会うたびに、彼に対して冷たい態度を見せ続けた。彼が別の女性から贈られたものを身につけているのを見つけると「裏切り者」と罵り、約束の時間に待ち合わせ場所に現われなければ、宮廷への出入りを禁止する程激怒した。

　ランスロットは、女性からの贈り物を断るのは騎士道に反することだと考え、王妃とあまりに親しくしてはアーサー王に迷惑をかけると思ってのことだった。だが、ランスロットの愛情を主君への当然の忠誠と思わねばいられなかったグィネヴィアには、彼を許すことも、彼への理解を表に出すこともできなかった。

　グィネヴィアは、己の怒りのためにランスロットが宮廷を去る度に一人床に突っ伏して涙を流した。彼女はランスロットの思いやりを自分が拒絶しているということに苦しんだ。さらに、王妃であるがゆえに自分にはなかなか許されないランスロットへの贈り物を他の女性が贈り、ランスロットがそれを受け入れるのが我慢ならなかった。そしてそんな苦しみは、自分がアーサー王の妻だから受けねばならないのだと思うようになったが、そうした気持ちを抱いてしまう自分に腹が立った。

　こうした苦しみは彼女自身の態度に出るようになり、彼女はランスロットに対してさらに冷たく接し、それが再びグィネヴィアを苦しめる、という悪循環が生まれていた。ランスロットはそれでも王への忠誠と王妃への愛に揺らぐことなく、グィネヴィアに尽くし続けた。だがそのランスロットの忍耐もまた、同じように自分を律することのできないグィネヴィアを苦しめていたのである。

　そしてその緊張に耐えられなくなった時、二人の愛も、グィネヴィアとアーサー王の王国も滅亡への道を歩み始めることになるのだった。

破滅

　初期の伝説では、アーサー王がローマ帝国征服の旅に出てブリテンにいない間、留守を預かっていたアーサー王の甥であるモードレッドが反乱を起こし、グィネヴィアはモードレッドに捕われてしまうという物語が描かれている。しかも彼女はモードレッドに誘惑され、彼と床を共にして、子どもまで身籠もってしまった。激怒したアーサーはブリテンへとって返し、彼とモードレッドは最後の決戦で相打ちとなって倒れ

た。残されたグィネヴィアは国を捨てて修道院に入ったとされている。

このモードレッドとアーサーが対決する物語は後の伝説でも語られているが、そこではグィネヴィアの役割は変化している。初期の伝説には登場しないランスロットが存在するからである。

グィネヴィアが冷たくあたっていたにも関わらず、彼女とランスロットが互いに愛情を抱いていることは、次第に周囲の知るところとなっていた。そしてその中に、二人の不倫を暴いてアーサーに断罪させようとたくらむ者が現われたのだ。最も優れた騎士と王妃を失えば、アーサーの力も彼の威厳も失われるであろうと考えたからである。

彼らはランスロットに「王妃が寝室で呼んでいる」と、そしてグィネヴィアには「ランスロットがどうしても会いたいと望んでいる」と嘘をつき、二人を深夜の宮廷で会わせようと企んだ。ランスロットはいつもは冷酷な王妃がついに自分を許してくれたのだと信じ、グィネヴィアはやっと彼がすべてをなげうって自分のもとへ来てくれるのだと信じた。

こうして何も知らないランスロットとグィネヴィアは、およそ夫婦でもない男女が二人きりでいてはいけない時間と場所へと導かれていった。その瞬間を待ちかまえていた騎士たちがいるとも知らずに。

二人きりで見つめ合うランスロットとグィネヴィアは、ようやく長年耐えてきた心のカギを開く時がきたと感じていた。時間は止まり、ただ待ち望んでいたふれあいだけが、二人を結んでいた。

ところが、いきなり帳(とばり)が開かれ、そこへ反乱の騎士たちが踏み込んできたのである。ランスロットは即座に、自分が罠にかかったのだと悟った。彼はとっさに目の前の騎士を斬り殺し、夜の闇へと逃げた。だが、罠であろうとなかろうと、王妃とランスロットの深夜の密会という事実が消え去るわけではなかった。

アーサー王は、周囲の騎士に煽られ、また王としての立場からもランスロットを責めないわけにはいかなかった。ランスロットは忠誠を誓うアーサー王とは戦いたくないと、彼の故郷であるフランスへと逃れた。

不倫の汚名を着せられたグィネヴィアには、もはや居場所がなかった。アーサーへの罪の意識を抱き、窮地に陥っている夫の力となってあげたいと思っても、その窮地をもたらしたのは自分なのだ。グィネヴィアは、罠を罠でなく望んだこととし、偽りを偽りではなく真実として、己の心の導くままにランスロットの城へと向かった。そして、今度こそ何一つ隠すことなく、彼の胸へと飛び込もうと決心した。

だが、自らの過ちによってアーサー王と決裂してしまったランスロットにとって、望んでいたはずのグィネヴィアの愛を、今ここで受け入れることなど出来るはずもなかった。彼はグィネヴィアに指一本触れることなく、アーサーに彼女を返すから矛を収めて

くれと願い出るしかなかったのである。そして、そんな争いが生じている間に、アーサー王への謀反を企むモードレッドが軍を起こし、物語は最期の戦いへとなだれ込んでいくことになる。

永遠の三角関係

　アーサーの愛を得ることができなかったグィネヴィア、ランスロットの愛を受けいれることができなかったグィネヴィアは、最期までほんとうの幸せを手に入れることなく、男たちが滅びていくさまを見つめ続けるしかなかった。アーサー王はモードレッドと相打ちとなり、生き残ったランスロットは、己の罪と至らなさに苦しみ、いずこかへと姿を消した。一人残されたグィネヴィアには、もはや神以外に愛を捧げる相手がいなくなってしまった。

　こうしてグィネヴィアとアーサー王、そして騎士ランスロットの物語は終わった。グィネヴィアは夫とも、夫の親友とも真に結ばれることはなく、3人の関係は彼らの世界を破滅させた。だが、この三角関係は解き放たれることも消え去ることもなく、今も語り続けられている。そして男女の悲劇の典型として、人を変え、時を、場所を変え、新たな物語を生み出し続けているのである。

　物語の始まりの時、一人の少女でしかなかったグィネヴィアは、物語が終わったとき騎士物語の典型的女性像となり、永遠の三角関係の一角としてその名を語り継がれることになったのだった。

伝説となった古代エジプト最後の女王
クレオパトラ7世

Cleopatra

地域：北アフリカ（エジプト）
時代：前1世紀
生没年：前69～前30年
出典：――

ローマから東洋の魔女と誹謗されたエジプトの女王クレオパトラ。祖国に栄光を取り戻さんと願い、志半ばで散った偉大なるプリンセスであった。

創作された"妖婦クレオパトラ"のイメージ

「クレオパトラの鼻がもう少し低ければ、世界の歴史は一変していただろう」

哲学者パスカルに語らしめた古代エジプトの女王クレオパトラは、類まれな美貌とドラマチックな生涯とで、歴史に消えない足跡を刻んだ。その死から2千年以上が経過した現代においてなお、彼女の名は美の代名詞である。

だがクレオパトラに対する評価は、必ずしも彼女に好意的とはいえない。いわく"魔女"。いわく"淫蕩で不道徳"。いわく"驕慢にして残忍"。絶世の美女として名高い女王クレオパトラは、同時に美貌を武器にローマの英雄を二人も篭絡した、老いたる大国エジプトの妖婦として記録されている。

けれどこの偏った評価は、実は元々彼女が敵対したローマ人たちが残したものだ。公平な視点から見れば、クレオパトラは機知に富んだ才女であり、生涯に二人の最高の男しか愛さなかった貞淑な妻であり、そして子の将来を心から案じた母でもあった偉大な女王なのだ。

プトレマイオス朝と地中海最大の都市アレクサンドリア

クレオパトラは、紀元前69年の暮れ、地中海最大の都市アレクサンドリアで、プトレマイオス王朝の王女として世に生を受けた。クレオパトラ（"父の栄光"という意味）という名は、この王家が女子の名として慣習的に使用した名だ。この章の主人公であるクレオパトラは7世にあたる。

プトレマイオス王家は、生粋のエジプト人ではない。アレクサンドリアの建設者、か

第1章　名高き姫君

のアレクサンドロス大王の幕僚であったプトレマイオス(1世)が、大王の死後に開いたマケドニア系ギリシア人の王朝である。プトレマイオス王家は、優秀な官僚制度を敷き、ナイルがもたらす豊かな実りに恵まれ、およそ300年に渡って国を繁栄させることに成功した。

このプトレマイオス朝が王宮を置いていたアレクサンドリアは、地中海貿易の拠点として、クレオパトラのころには世界最大の国際都市として繁栄していた。沖合いのファロス島には世界七不思議の一つに数えられた巨大な「ファロスの大灯台」(高さは130メートルもあり、その光は55km先まで届いたという)がそびえ立ち、貿易都市としてのこの町を象徴していた。

またアレクサンドリアは、名高い「アレクサンドリアの大図書館」を誇る学芸の都でもあった。クレオパトラが7ヶ国語を巧みに操る才女だったのは、アレクサンドリアで育ったことと無縁ではないだろう。

だが彼女の時代、爛熟した大国エジプトは新興のローマの勢いに圧倒されつつあったのだ。女王の父、プトレマイオス12世(プトレマイオス・アウレテース)が辿った運命を見ても、歴史の趨勢は明白だった。

クレオパトラの即位

プトレマイオス12世は、ローマの属州化しつつあるエジプトを象徴するかのような人物であった。アレクサンドリア市民から"笛吹き王"と揶揄され、侮られた王は、権力を維持するためにローマに元老院議員に莫大な賄賂を払い続けねばならなかった。既に当時、プトレマイオス王家は、ローマの支持なくしては王権を維持できない、傀儡政権一歩手前の状況にあったのだ。

アウレテースは紀元前51年に没した。生き残っている子供の中で、一番の年長は17歳の3女、クレオパトラ7世。プトレマイオス王朝は王と女王が共同統治者として国家に君臨する形式を取っていたため、王座は彼女と10歳の弟であるプトレマイオス13世が結婚して継いだ。オシリス神とイシス神を模した王と女王の近親婚は、エジプト人の宗教観上、即位に必要な儀礼だったのだ。

女王として即位したクレオパトラには、飾り物に甘んじる気は毛頭なかった。アレクサンドリアにおいて高度な教育を受け、明晰な頭脳と支配者としての才能に恵まれていた彼女は、17歳にして自分なりの統治のビジョンを暖めていたのだ。だが傀儡の13世を担ぎ、思いのままに操ろうと画策していた後見人たち(宰相や王の扶育官ら)にとって、これは面白からぬ成り行きであった。

若き女王クレオパトラの意欲と挫折

　人種的にはギリシア系であったが、クレオパトラの魂はエジプトの女王としての自覚と誇りに満ちていた。それまでのプトレマイオス王とは違い、古代エジプト語に精通し、古代の偉大なファラオの後継者たらんと志した。生涯を通してエジプト女王の座にこだわり、4千年の歴史を持つ老国に古代の繁栄を取り戻させようと熱意を燃やしたのである。この理想と誇り高さゆえに、クレオパトラは現代においてもエジプトで敬愛され続けている。

　即位後、クレオパトラは宗教政策を改め、輸出を振興し、意欲的に政治を行おうと試みた。だが取り巻く状況は厳しかった。前50年、49年と続けざまに飢饉が起こり、プトレマイオス13世の後見人たち、さらに妹アルシノエ4世が、隙あらば女王を陥れようと謀略の牙を研いでいた。そして前48年、陰謀人は失政の責任をクレオパトラ一人に押し付け、気の荒いアレクサンドリアの暴徒が女王を追放するように仕向けたのである。

　シリアに亡命したクレオパトラは、兵を集めてエジプトへの帰還を図った。13世側が、復権を許さずと軍司令官アキラスを迎撃に派遣したので、両軍はペルシウム近辺で対峙することになった。

　だがこの対決は、遠いローマの政変によって水を注された。第一次三頭政治の雄である二人、ユリウス・カエサルとポンペイウスが激突し、カエサルが決定的な勝利を収めたのだ。親エジプトであったポンペイウスは、その縁から亡命先にエジプトを選んだのだが、後難を恐れたプトレマイオス13世派は、愚かにも受け入れると見せかけて彼を暗殺してしまった。

　ポンペイウスを追撃してきたカエサルは、手勢と共にそのままアレクサンドリアに入城した。彼は裏切られて死んだ政敵の首を前に涙したというから、13世の忘恩行為を必ずしも快くは思わなかったのだろう。そのためかどうかは分からないが、カエサルはローマの執政官として、王位をめぐるエジプトの内紛を調停すると宣言した。

　そして当事者であるプトレマイオス13世とクレオパトラを、アレクサンドリアに召喚したのである。だがこれは、クレオパトラには難問だった。

ユリウス・カエサルとクレオパトラの恋

　前線で姉と対峙していたプトレマイオス13世は、すぐさまアレクサンドリアに舞い戻った。だがクレオパトラにとって、今やアレクサンドリアは敵地である。軍は足止めされていて動かせない。

そこで彼女は、だれも予想だにしなかった冒険に出た。側近のアポロドロスに絨毯を運ばせ、自分はそれにくるまった状態で王宮に潜入したのである。広げられた絨毯の中から、エジプトの若く美しい女王が現われた時のカエサルの驚きは想像するに余りある。伝説は、クレオパトラの機知に感心しカエサルが、すぐにプトレマイオス13世を呼び出し、共同でエジプトを治めるよう通達したと語る。憤懣やるかたない13世は、王冠を床に叩きつけて悔しがった。

さてカエサルを一目で魅了したといわれるクレオパトラの美貌だが、実際のところどれ程のものだったのだろう？

意外なことに、クレオパトラについて多くのことを書き残した1～2世紀のギリシア人歴史家プルタルコス（彼の家族は王室の専属医師と交流があった）は「彼女の美しさはそれ程並外れたものではなく、見る人に衝撃を与えるという質のものではなかった」と『英雄伝』に記している。プルタルコスに従えば、機知に富んだ会話、行動の端々に示される高い教養と知性、くつろいでいる時に発揮される生来の優しさが醸し出す人間的魅力こそがクレオパトラを抗いがたい存在とした源だったという。むろん彼女が美女であったのは言うまでもないが、観賞する美ではなく、接して分かるカリスマ的な磁力こそが、彼女の魅力の秘密だったのだろう。

52歳の老雄カエサルは、生涯をかけて目指した権力の頂点を目前にして、21歳の若き女王に心惹かれた。クレオパトラもまた、政治的打算を超えてカエサルを尊敬し、愛した。カエサルは、異国の宮廷で苦境にある新しい愛人に軍と助言を授け、彼女を再び権力の座に返り咲かせた。名目上は弟王との共同統治だったが、13世は事実上王宮に幽閉されていたため、これは実質的に権力をクレオパトラに集中させる処置だった。しかし、冷静で冷酷な権謀家カエサルとしては軽率なこの行動は、大きな波紋を招いた。

アレクサンドリア戦争

少年王である13世を支えていた宰相ポティノスは、権力の座が奪われる気配を敏感に察知した。幸いなことに、カエサルがアレクサンドリアに率いてきた手勢はわずか4千に過ぎない。さらにアレクサンドリア市民は、ローマの干渉に民族主義的な憤りをたぎらせていた。

そこでポティノスは軍司令官アキラスを2万の軍勢と共に呼び戻し、同時に市民を煽動してカエサルに対して蜂起させたのだ。

カエサルは優勢な敵を前に苦戦を強いられ、王宮の一角を占拠して防戦にあたった。この時の戦闘のあおりを受け、貴重な文献を収めたアレクサンドリアの大図書

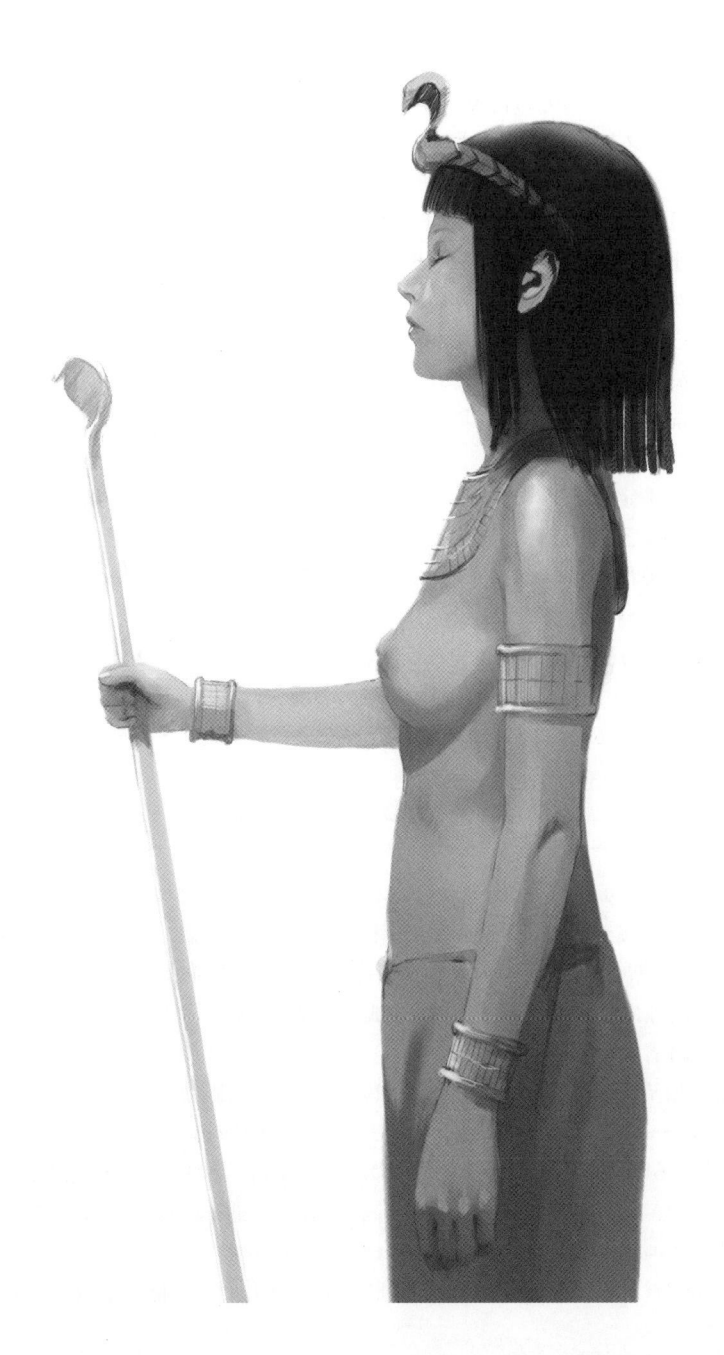

クレオパトラ7世

第1章　名高き姫君

館は焼亡したと伝えられている。

アレクサンドリア戦争は4ヶ月に渡って続き、ヘプタスタディオンの海戦ではカエサル自身の生命が危ぶまれる場面さえあった。迅速果断にして冷静、かつ計算高いカエサルにしては、らしからぬ苦境だった。

だがエジプト軍が内紛のせいでもたつき、やがてシリアからローマの援軍が到着するに及んで、ようやく戦闘の旗色は鮮明になった。

前47年3月、ローマ軍とエジプト軍の決戦が行われ、幽閉から解放された後に反乱軍を率いていたプトレマイオス13世は敗北。ナイル川で溺死した。

13世の死を確認したカエサルは、11歳のプトレマイオス14世を、クレオパトラの夫として王位につけた。戦時中とはいえカエサルと蜜月の時を過ごした彼女には意外だったかも知れないが、これはエジプトの慣習から考えて必要な処置だった。カエサルは荒々しいアレクサンドリア市民の神経を逆なでする過ちを、二度は犯さなかったのである。

反乱を平定したカエサルは、愛人のクレオパトラに誘われて豪勢なナイル川の船旅を楽しんだ。事実上のハネムーンである。この旅の途上でエジプトの雄大な歴史と文化に触れたカエサルの胸中にはローマ・エジプト帝国を建国する壮大な夢が浮かんだといわれている。

初夏になると、カエサルは自らの野望を完成させるため、ローマへの帰途についた。そしてエジプトに残ったクレオパトラのお腹には、彼の子であるカエサリオン（カエサル）が宿っていた。

カエサル暗殺

無事にカエサリオンを出産したクレオパトラは、自分をイシス神、カエサルをアメン＝ラー神、そして愛の結晶たるカエサリオンをホルス神に擬して祝ったと記録されている。この神聖化はエジプトの王座を望むには不可欠な儀式である。クレオパトラもカエサル同様にローマ・エジプト帝国の成立を夢見、そして叶うことならカエサリオンをその後継者にと望んだのだろう。

その願望どおり、エジプトを離れた後もカエサルは破竹の活躍を続け、前46年の夏にはローマにクレオパトラ母子を呼び寄せた。ガリア、エジプト、ポントス、北アフリカにおける戦勝を祝賀する凱旋式への出席を要請したのだ。盛大な凱旋式は4日に渡って続き、エジプトは属州ではなく同盟国として遇された。そしてカエサリオンは、正式にカエサルの子であると認知された。だがクレオパトラにとって、すべて薔薇色というわけにはいかなかった。共和制ローマの市民は、王権の象徴たるエジプト女

王を冷たく迎え、反感を示したのだ。

それでもクレオパトラがローマに長逗留する間に、カエサルは着々と権力の階段を上っていった。前46年には独裁官と執政官、前44年には終身独裁官に就任し、事実上の絶対権力者の地位を固めた。けれどこの圧倒的な権力の集中が、共和制維持派の警戒心を煽ったのである。

前44年3月15日、カエサルの庶子ともされるブルトゥスを含めた暗殺者たちの凶刃が彼に襲いかかった。稀代の英雄ユリウス・カエサルは、その覇業達成を目前にしながら、ポンペイウス像の前でめった刺しにされる非業の最期を遂げた。それは彼の夢だけでなく、クレオパトラの夢が潰えた瞬間でもあった。

公表されたカエサルの遺言状には、3歳のカエサリオンではなく、19歳の甥オクタヴィアヌスが後継者として指名されていた。失意の25歳の女王には、故国に戻るより他に術はなかった。

カエサリオンの即位と東方の覇者アントニウス

クレオパトラの帰国後、彼女の共同統治者で名目上の夫であったプトレマイオス14世が急死した（クレオパトラによる謀殺説がある。プトレマイオス朝ではありがちな処置であった）。その跡を継ぎ、プトレマイオス15世となったのはカエサリオンだった。アレクサンドリア市民はローマの血を引く王の即位に動揺したが、女王はそれを全力で押さえ込んだ。カエサルの死後、ローマの政情がどう動くか、予断を許さない。しかしカエサルの子であるカエサリオンが王位にあれば、エジプトを属州化しようとする動きへの牽制になるのは間違いなかったからだ。

クレオパトラはエジプトを掌握しながら、壮絶なローマの内紛をじっと静観した。数年の滞在からローマの恐るべきを知った彼女は、慎重に同盟相手を見定めていたのだ。

混沌とした主導権争いの中から頭角を現したのは、カエサルの甥のオクタヴィアヌスと、カエサルの幕僚にして股肱の友アントニウスだった。

クレオパトラには、オクタヴィアヌスに対する反感があった。本来なら実子カエサリオンの権利であったカエサル後継者の座をかすめとった相手だったからだろう。そこで彼女は東方の覇者となったアントニウスからの会見の申し出を受け、タルソスに赴くことにした。前41年のことだ。

アントニウスとクレオパトラ

　このマルクス・アントニウスという男。実はクレオパトラとは因縁浅からぬ仲であった。まだ彼女が少女の時代、父王プトレマイオス12世を護衛してきたローマの騎兵隊長こそアントニウスだったのだ。
　その二人が、今度はかたや東方の支配者、かたやエジプトの女王として会談する。状況は昔とは違う。クレオパトラは、エジプトと愛息のために、強力な後ろ盾を欲していた。一方ローマ掌握を望むアントニウスは、エジプトの富と力を切実に要していた。双方が双方を必要としていたのだ。
　未来を決定づける重要な再会を、クレオパトラはきらびやかな演出で飾った。金で飾られ、紫の帆を立て、銀の艫を備えた豪華絢爛たる女王船に乗り、自らはアフロディテに扮して優雅にキュドノス川を遡ったのだ。船上ではフルートが吹かれ、漂う香の匂いが川岸まで達した。
　クレオパトラは驚くアントニウスを自分の船での宴会に招いた。素直に出かけていった将軍は、宴席で示されたエジプトの贅と財、クレオパトラの美と才知に度肝を抜かれてしまった。翌日彼は、返礼として女王を招き返し、負けない程優雅な宴席を開こうとしたが、無惨な失敗に終わった。
　だが軍人肌で気さく、人の良いアントニウスは、その失敗を笑い飛ばして話の種にする度量を備えていた。これはどうやらクレオパトラにとって好ましい気性であったようで、二人はすぐ親密な関係となった。
　アントニウス41歳、クレオパトラ28歳。会談はどちらにとっても上首尾に終わった。アントニウスのクレオパトラへの熱のあげっぷりは相当なもので、会談が終わった後も女王を追いかけてアレクサンドリアに赴き、酒と快楽の日々を過ごした程だった。
　この甘い生活は、前40年にアントニウスがパルティア遠征に出発するまで続いた。そして彼がエジプトを離れた時、クレオパトラはアレクサンドラ＝ヘリオス、クレオパトラ＝セレネというアントニウスの双子を宿していた。

アントニウス対オクタヴィアヌス

　だがクレオパトラの期待はまたも挫かれる。彼女の元を離れたアントニウスが、仇敵との政治的対立を解消するために、オクタヴィアヌスの姉と政略結婚してしまったのだ。だがクレオパトラは待った。いずれ必ず、アントニウスが彼女とエジプトの力を必要とするとを信じて。
　そして3年後、クレオパトラの忍耐が実る。アントニウスが突然妻を捨ててアテネを

離れ、東へ向かったのだ。そしてシリアに到着すると、クレオパトラを呼び寄せた。

3年も放っておいたクレオパトラの怒りをなだめるため、アントニウスは空前の贈り物を用意していた。かつてプルタルコス王朝が失ったフェニキア、コイレ・シリア、キプロス、キリキアなどの土地をエジプトに返還し、そして彼女と正式な結婚を結んだのである。エジプトの偉大な女王でありながら、愛する男には愛人という日陰の身に留められていた彼女にとって、これはようやく掴んだ念願の正妻の座であった。それだけではない。彼女がカエサルと見たローマ・エジプト帝国……若き日の夢もまた、同時に息を吹き返したのだ。

クレオパトラの決意は固まった。彼女は積極的にアントニウスの支援に乗り出し、結果としてローマの政治に直接影響を及ぼし始めた。彼女は彼女のルビコン川を越えたのだ。

その愛情に応え、アントニウスはアルメニア征伐の凱旋式をアレクサンドリアで挙行し、クレオパトラとその子たちにローマの東方領土の大半を委譲するという驚天動地の宣言を行った。さらに女王には「諸王の女王」、カエサリオンには「諸王の王」という伝統的な称号を与えた。クレオパトラにとっては、正に夢のような日々……念願の世界帝国建設も目前と思われたかもしれない。

だがローマにとって、クレオパトラは自国の権益をベッドで寝取る危険な悪女であった。彼女に篭絡されたアントニウスは、本国で決定的に人心を失った。

その機を見逃すオクタヴィアヌスではない。主導権を握った彼は、悪はアントニウス将軍を誑(たぶら)かしたエジプト女王であると非難し、前31年にエジプトに対し宣戦を布告したのである。ローマとの対決が迫っていた。

アクティウムの海戦

オクタヴィアヌスとアントニウスの両雄は、アンブラキア湾において対峙した。アントニウス＝クレオパトラ連合軍は歩兵10万、騎兵1万2千、軍船5百。クレオパトラ自身も、アントニウス号と名付けた旗艦に乗り込み、60隻の艦隊を率いて参陣した。対するオクタヴィアヌス軍は歩兵7万、騎兵1万2千、軍船4百。数の上では大きくアントニウス軍が優勢だった。

だが巧みに補給路を封鎖され、疫病にも悩まされ、アントニウス軍は弱体化した。そこで膠着状態を打破すべく、アントニウス軍は海上突破に踏み切った。

前31年9月2日、巨船以外を焼き捨てたアントニウス軍は、封鎖された湾の出口に向けて出撃し、封鎖の突破を図った。そして一進一退の激突が続けられているさなか、突如アントニウス艦隊の一部が封鎖網をすり抜け、南……エジプトへ離脱した。

それはクレオパトラの艦隊だった。

続いてアントニウスも、快速の小型船に乗り移り、恋人の後を追って戦場を離れた。司令官に見放された艦隊は降伏した。決定的な敗戦だった。この戦闘で、アントニウスの覇業への道は完全に断たれた。

戦場を離脱した二人の意図は、昔から様々にいわれている。ローマの立場に立つ者は、アントニウスは恋に溺れて武将としての矜持(きょうじ)も分別も見失ったのだと書き残した。いや、そもそも旗色が悪い場合は封鎖を突破してエジプトにて再起を期すことが本来の作戦であったのだが、残りの艦隊は離脱できなかったのだという説もある。真相は分からない。

クレオパトラの死

なんとか生きてアレクサンドリアにたどり着いたものの、アントニウスは完全に失意の底に沈み、半ば隠者のような生活を始めてしまった。

だがクレオパトラはそう簡単に諦めてしまうような弱い女性ではない。帝国の夢は破れたが、いまだ彼女はエジプトの女王なのだ。ローマがエジプト遠征に着手出来るまでには一年足らずの時間があったので、その間にインドへの移住を計画し、それが叶わぬと知るとオクタヴィアヌスに賄賂を贈り、子供の王位継承を認めてくれるなら自分は退位しようと申し出た。アントニウスの方も、失意から立ち直ると仇敵にすべての権利放棄と引き換えの赦免を願い出た。女王が助かるのなら自分の命を捨ててもいい、とまでいったという。

オクタヴィアヌスはクレオパトラにだけ、「アントニウスを殺すか追放すれば、すべての願いをかなえよう」との返答した。オクタヴィアヌスの本当の狙い……エジプトの権益、女王の財宝と身柄……は明白だったが、彼女にはこの条件を受け入れることも可能だった。だがクレオパトラは、たとえ自分が死ぬと分かっていても、アントニウスと共に散る方を選んだ。権謀家であり、政治家であり、野望の女ではあったが、同時にクレオパトラは愛した男にすべてを捧げる人でもあったのだ。

アレクサンドリアの城門に、ついにローマ軍が迫った。前30年8月1日、敗戦から戻ったアントニウスが聞かされたのは、女王がすでに自害したという話だった。もはやこれまでと己の腹に剣を突き立てるアントニウス。だが悲惨にも、女王自害の報は誤りだったのだ。霊廟に篭っていたクレオパトラは、瀕死のアントニウスを封鎖した霊廟内に窓から引き込み、血で汚れるのも構わず寝台に乗せて看病したという。アントニウスは、自分の死は不名誉なものではないのだから嘆かないでくれ、と告げ、彼女の腕の中で息を引き取った。

アレクサンドリアに入城したオクタヴィアヌスは、エジプト王家の財宝と女王の身柄を確保するため、なんとかして霊廟内のクレオパトラを懐柔しようと試みた。女王にも、子供たちの行く末という弱みがあるので、交渉には応じた。そうして話している隙に、アントニウスを引き入れた窓が開いているのを見つけた兵が、密かに霊廟内に潜入してきた。クレオパトラはとっさに短剣での自害を試みたが、取り押さえられた。
　捕らわれのクレオパトラは、生命に未練がありそうな様子を見せてオクタヴィアヌスを安心させた。しかしそれは芝居に過ぎなかったのだ。彼女は夫の埋葬を済ませた後で、果物籠の中に隠して差し入れられた毒蛇にその身を噛ませ、自害して果てた。忠誠心豊かな侍女のカルミオンも後を追った。
　兵士たちが駆けつけた時、まだカルミオンには息があった。「カルミオン。これで満足というわけか！」怒気をはらんで問う兵に、侍女は微笑みながら答え、息絶えたという。「大変に満足でございます。由緒ある王家の王女にふさわしい最期でございましょう」
　カルミオンの言葉は正しかった。死して己の名誉を守ったクレオパトラは、数々の誹謗にも輝きを失わず、最も美しく気高い女王の名として、現代まで記憶されているのだから。

第1章　名高き姫君

揺るがぬ愛と忠誠

シータ

Sita

地域：インド
時代：――
生没年：――
出典：『ラーマーヤナ』

インドの神ヴィシュヌの化身ラーマの妻となった
王女シータ。しかし、愛する二人の前には
悪魔の誘惑と誘拐、そして戦争が待ち受けていたのである。

インド神話の姫

　数あるインド神話の中でも『マハーバーラタ』と『ラーマーヤナ』の二つは最もよく知られた物語で、インド及び東南アジア諸国において、今日でも影絵芝居や舞台などで盛んに上演され続けている。

　これから紹介するシータはこの二つのうちの『ラーマーヤナ』に登場する姫君であり、主人公ラーマ王子の花嫁でもある。また伝説によっては彼女はラクシュミーという女神[註1]の化身であるとするものもある。

　シータの父はジャナカといい、ヴィディーハという国を治める王であったが、母親はいなかった。ある日ジャナカ王が豊作と子宝の祈願に田んぼを訪れ、大地の女神に祈りを捧げたところ、「畦(あぜ)」と呼ばれる田と田の境目から一人の女の子が生まれてきた。

　ジャナカ王はこの子は女神の恵みだと考えて、「田の畦」を意味する「シータ」と名付け、自ら父となってその子供を育てることにした。

　シータは王女としてすくすくと、そして美しく成長した。彼女のその美貌に、インド中の若者が結婚相手として名乗りをあげ、各地の宮廷からは結婚の申し込みがひきもきらずやってくるようになった。

　ジャナカ王は自分の本当の娘のように育ててきたシータを、いったいどの青年に嫁がせたものか、頭を悩ませた。彼自身も世界で一番美しいと信じていたシータには、出来ることなら世界で一番すばらしい夫を迎えさせてやりたい。王はそう考えた。

註1：ラクシュミーは日本では吉祥天女と呼ばれる豊穣神で、インド神話ではヴィシュヌ神の妻とされている。

そこで彼が思いついたのが、王宮の宝物庫に眠っている「神の弓」と呼ばれる巨大な弓を引かせるという方法だった。

この弓は古来より王家に伝わっていた逸品で、運ぶのに何台もの荷車が必要な程大きく、重かった。ヴィディーハでは長年、祝祭日にこの弓を展示し、だれでも引いてみることができたのだが、これまで一人として成功した者がいなかったのである。

ジャナカ王はさっそく、次の祝祭日にこの弓を引くことができた青年に、娘を与えると宣言した。

ラーマ、神の化身

シータは父王のこの決定に胸を躍らせた。生まれた時から王女として宮廷に暮らし、世間のことを何も知らない彼女にとって、自分の結婚相手を父親が選ぶということに疑問を抱いたことなどなかったし、そもそも国中の若者が自分に憧れて求婚してきているのだ。彼女にとってはただ、選ばれるであろう青年が高潔で優しい人物であるように願うだけだった。

そして予定されていた祝祭の日がやってきた。広場には巨大な弓が現われ、多くの挑戦者がわれこそはと弓に手をかけ、あるものはこれをぴくりとも動かすことができず、またあるものは弓の重さに自らが押しつぶされてしまった。

シータは花嫁候補が次々に脱落していくのを目にして、少しずつ不安になってきた。父が私に相応しいと考える勇者など、どこにもいないのかもしれない、と。

ところがである。ふと彼女が挑戦者の列を眺めていると、その中に一人、やはり自分を見ている男子をみつけたのだ。挑戦者たちがみな、これから挑もうとしている試練の大きさに圧倒され、その太い弦を張った弓に釘付けになっている時、その若者だけは弓などどうということもないという風情で、じっとシータを見つめていたのであった。

シータは確信した。彼こそ私の夫になる人物に違いない。とても自信ありげだし、それに彼とは初対面なのにもかかわらず、いつかどこかで会ったことがあるような、漠然とした親近感を抱かせる。彼女はいよいよ順番が彼に回ると、固唾をのんでその挑戦を見守った。

コラサ国の王子ラーマと名乗ったその青年は、ゆっくりとした動作で弓を握り、そっと弦に指をはわせた。そして一呼吸おくと、おもむろに弓を引いた。するとどうであろう。いきなり大地が裂けるかと思う程の衝撃が走り雷のような轟音が耳をつんざいたかと思うと、弓はラーマの力に負けて、まっぷたつに折れてしまったのである。

そこにいた一同は、これまでだれも成功しなかった試練を見事に成し遂げたラー

第1章　名高き姫君

マに驚愕し、そして喝采を送った。ラーマは人々の賞賛に応えつつ、優しい眼差しをシータへと向けた。シータもまた、その瞳に深い愛情を込めてラーマの視線に応えた。

　ラーマが見事にこの試練を乗り越えたのも無理はない。彼こそはヴィシュヌというインドの神の化身だったのである。彼はある使命を帯びて大地に転生していたのだ。彼にとって神の弓を引くことなど、わけもないことだったのだ。

　こうしてシータは神の化身であるラーマの妻となった。彼女は夫との幸せな生活を夢見て微笑んだ。だがこの結婚、実は彼女の愛と勇気を試されることになる波乱の人生の始まりだったのである。

誘拐と誘惑

　最初の試練は、結婚の直後にやってきた。ラーマはコラサ国王の跡継ぎと定められ、シータはゆくゆくはコラサ国の王妃となるはずだった。だが、宮廷にはラーマ以外にも王位継承者がおり、幾人かの王子たちの母親は、自分の息子をこそ次の王にと望んで、様々な陰謀や画策を巡らせていた。

　そしてある日、かつて国王の命を助けたことがあるという后の一人が、王が「なんでも望みを叶えてやろう」と誓ったという古い証文を持ち出し、ラーマ王の宮廷からの14年間の追放を願い出た。

　国王はこの理不尽な願いを無視しようとしたが、ラーマ自身は約束は約束であり、守らねばならないと、自ら城を出て森で暮らすと宣言した。しかし彼は妻であるシータには荒野での生活などできまいと、彼女を宮廷に残そうと考えていた。

　ところがシータは「わたしは常に夫であるあなたと共にいます。もしあなたが宮廷に住むのであれば、わたしは宮廷に残ります。でも、あなたが森に住むというのなら、わたしも森に行きましょう」と強く主張した。

　ラーマはこの訴えを聞き入れ、彼女を守るために自分の弟を一人連れて、森へと移り住んだのである。

　始めのうち、森での暮らしにはラーマが心配したような危険はなかった。動物たちはシータの美しさにみとれ、彼女に襲いかかるどころか優しく近づき、守ろうとした。時おり現われる獰猛な獣は、ラーマとラーマの弟がすぐに退治してしまった。こうして幸福な時が過ぎた。だが、そこには思いもよらない試練が待ち受けていたのだ。

　そのころ、インド南方のランカという地[註2]にはラーヴァナという悪魔が住んでいた。

註2：これは現在のスリランカのことであるといわれている。

62

シータ

第1章　名高き姫君

　この悪魔は怪力の持ち主であり、その力で神々を従え、人々を苦しめていた。

　ある時、ラーマとシータが住む森を、ラーヴァナの妹シュルパナカが通りかかった。彼女はラーマを一目見ると恋に落ちてしまい、彼に自分の夫となるよう乞うた。もちろんシータを妻としているラーマはこれを拒絶、怒ったシュルパナカはシータを殺そうと襲いかかったが、ラーマは己の剣でシュルパナカの耳と鼻を切り落としてしまった。

　ランカへ逃げ帰ったシュルパナカは、兄ラーヴァナに自分がラーマから傷を受けたことを訴え、美しい彼の妻シータをラーマから奪ってくれと頼んだ。ラーヴァナはそんな美しい娘なら一つこの目でみてみようと、二人が住む森へと天翔る馬車でやってきた。

　ラーヴァナはシータの姿を見た瞬間恋に落ちた。世界中の若者を夢中にさせたその美貌と、神々しいばかりの凛々しさは、悪魔をも虜にする程魅力的だったのである。

　ラーヴァナはどうにかしてシータを奪い去ろうと、己の手下を金色の鹿に化けさせ、森へと送り込んだ。美しく光る鹿を見たシータは、ぜひともその動物をつかまえてほしいと夫に告げた。ラーマは何か計略の臭いを嗅ぎとったが、妻の願いをむげに断れず、またその正体を暴いてやろうという気持ちから、妻の護衛に弟を残して、逃げる鹿を追って森の奥へと入っていった。

　だが、これはラーヴァナが仕掛けた罠だった。シータから十分離れたころ、金色の鹿は突然ラーマそっくりの声で「弟よ、助けが必要だ」と叫んだのである。遠くにラーマの声を聞いたシータは、側にいる弟に夫を助けに行くよう頼んだ。

　シータを守ることを引き受けていたラーマの弟は、兄を助けに行くべきか、ここに残るべきか悩んだ。だが、シータは「あなたはわたしの夫が死ぬべきだというのですか」と涙を流して彼を非難し、どうしても助けに行けと訴え続けた。

　ラーマの弟はしかたなしに、シータの周囲に彼女を守る魔法をかけ、その結界から絶対に出ないよう念を押し、その場を離れた。

　だがラーヴァナの罠はまだまだ続く。今度は彼自身が病気の老人になりすまし、一人ぼっちになったシータの側へ近づいてきた。そして「どうか哀れな老人を助けてはくれまいか」と言葉巧みにシータを結界の外へと誘い出したのである。

　心優しいシータは自分の身を守るために、この老人を見捨てることなどできなかった。こうして彼女は、まんまと悪魔ラーヴァナの懐へ飛び込んでしまった。彼女は自分のことよりも夫の安全を優先し、そして道行く老人を哀れんだばかりに、囚われの身となってしまったのであった。

救出

　ラーヴァナは天翔る馬車にシータを乗せると、ものすごい速さでランカへと飛び戻った。騙されたと知ったシータは、自分の愚かしさを嘆き、これから自分の身に降りかかることを考えて恐怖におののいた。
　それでも彼女は必死で夫ラーマの名を叫び、身につけていた指輪や肩掛けを大地に向けて投げ捨て、だれかが自分が連れて行かれる場所を見つけてくれるように願った。シータは夫の愛を信じ、居所さえわかれば、必ず自分を救いに来てくれると信じていた。
　生き物たちはそんなシータの味方だった。森に住む鷹はラーヴァナからシータを助け出そうと試み、瀕死の重傷を負いながらも彼女の指輪をラーマのもとへ届けた。
　猿の王ハヌマーンは、彼女の肩掛けを拾ってラーマにシータの行き先を告げた。ハヌマーンはさらに自らランカの要塞へ忍び込んで、シータにラーマが救出に向かっていることを知らせ、猿の軍団を召集してラーマを助けたのであった。
　一方、ランカに連れてこられたシータを待ち受けていたのは、誘惑と脅迫、そして拷問の日々だった。ラーヴァナは彼女を力ずくで手に入れることはできなかった。どんな非道なことでもしでかす悪魔であっても、シータの美しい姿と共に、その美しい心をも手に入れたいと思えば、どうあっても彼女が自分から彼に従わなければ意味がないのである。
　そこで昼の間、ラーヴァナは自分の持っている力と魅力を、そして自分の妻となればどのようなすばらしい人生が送れるかを彼女に話した。そして自分の妻にならないのであれば、殺してしまうぞと脅した。だがシータの答えは「たとえ命を奪われようと、ラーマさまへの愛は変わりません」であった。
　シータは夫の助けを信じてはいたが、それ以上にラーマへの愛情そのものが彼女の心を支えていた。もとはといえば、己の過ちによって生じた悲劇である。夫の助けをあてにするなど許されない。彼女はそう感じていた。もし自分が死ぬのであれば、それは自身の愚かさゆえのことだ。自分に出来ることはどんな状況でも夫への愛を守り続けることだけだった。
　だから、たとえラーヴァナが、自分のいいなりにならないのなら殺すぞと脅しても、彼女はラーマが自分を救出することに失敗したのなら、あるいは助けに来なかったのであれば、やはり生きていてもしかたがないと思っていた。
　そんな覚悟があればこそ、彼女はラーヴァナが床に入った夜に訪れる試練にも耐えることができた。悪魔は手下に、彼女を夜通し痛めつけ、その気力を挫けさせようと試みたからである。

朝になると再びラーヴァナが現われ、へとへとになったシータに優しく「おれの妻になれ、そうすれば楽になる」と告げた。だがシータは「なんといわれようとラーマさまへの愛は変わりません」と、前日と変わらない気丈さで拒絶を続けたのであった。

こうして脅迫と拷問が繰り返される毎日は、14年間続いた。その間、ラーマとハヌマーンの猿軍団はインドとランカの間を隔てる海に橋を架け、それまでラーヴァナに虐（しいた）げられた人々を集めて、悪魔の国に攻め込む準備をしていた。

苦しみの日々が続く中、シータにとってラーマは、単なる夫ではなくなっていった。彼女は毎晩ラーマの名を唱えて祈り、拷問に痛みに耐え、正気を保ち続けた。自分がラーマを愛しているという、ただそれだけが彼女の人生の目的であり、彼女の命を支えていたのである。

ついにラーマ軍のランカへの侵攻が始まっても、彼女は戦いの行方も、どちらが優勢なのかも分からず、ただ祈り続けていた。大勢の人間や猿や森の動物が、そして悪魔の眷属（けんぞく）が討ち死にし、インド洋が真っ赤に染まった。

シータ救出のために始まった戦いは、いつしか悪魔と悪魔に対抗する人々の一大戦争になっていた。だが、この巨大な戦の嵐の中でシータだけは、ただ一人夫への愛のためだけに生き続けていた。

そしてついにラーマが魔王ラーヴァナを倒してシータを救い出した時、彼女の試練は終わったかに見えた。ラーマは妻を救い出すと14年間の追放の期限が切れた祖国へと帰還し、王として玉座についた。シータには、ようやく王妃としてのあるべき日々が戻ってきたかにみえた。

だがしかし、彼女にはまだ、乗り越えねばならない試練が残されていたのだ。14年の時を経ても、シータのラーマへの愛は変わっていなかった。変わっていたのはラーマの心だったのである。

疑われた操

妻を取り戻したラーマは、囚われの身であった14年の間に、シータがもしかしたらラーヴァナに強引に奪われるか、あるいはシータ自ら身を許したのではあるまいかと疑いを抱いていた。

そんなラーマは彼女に向かって、悪魔の国の住人となり、その膝（ひざ）に座り、ラーヴァナやその手下たちの好色の眼差しにさらされ続けた女を、このまま妻にしておくことはできない、と告げたのだ。

不自由なく育てられ、ラーマとの結婚後どんなに苦しい目に遭おうとそれに耐えてきたシータは、ラーマのこの仕打ちによって人生で最初の絶望を味わうこととなった。

長年それだけを人生の支えとして、どんな時も揺らぐことのなかった愛を、ラーマ本人に疑われたのである。

シータは、自分の唯一の生きる力を否定されたと思った。彼女は「私の潔白を信じて頂けないのであれば、もはやこの世に生きる意味はありません」と言うと、王の面前に薪(まき)を積みあげ、炎を点じてその中に身を投じた。

ところが、シータが燃えさかる炎の中を歩いても彼女の衣も髪も熱せられることはなく、それどころか凛として立ちつくす彼女に、炎が自ら道を譲ったのである。ラーマは火の神がシータの潔白を証明したのだと考え、彼女を許した。

こうしてシータにとって、本当の幸せがやってきたと思われた。しかしそれからしばらくの後にシータが子どもを産むと、ラーマの心にはまたしても疑いの暗い炎がわき起こってしまった。彼は妻に対し、それは本当に自分の子どもなのかと問いただした。

かつて火の神によって身の証をたてたシータは、今度は自分を生んだ大地の女神に己の潔白を訴えた。彼女は言った。「母なる大地よ、もし自分がラーマ以外の男に身を委ねたことがないのであれば、その腕を開きたまえ」と。

すると、シータの足下から女神が姿を現し、彼女をその腕に包んでそのまま大地の底へと姿を消してしまった。ラーマは今度こそ妻の潔白を心から信じたのであるが、彼がいくらそのことを訴えても、シータは二度と地上には姿を現さなかった[註3]。

シータは地上に現われてから、こうして大地に消え去るまで一人の男を愛し続け、その愛を奪われ、疑われ、それでも己の愛だけを信じ続けた。

後の人々は『ラーマーヤナ』で語られるこのシータの姿を、貞節の鑑として賞賛した。だが、シータにとってラーマへの愛とは、彼女が自分自身であろうとする信念だった。彼女にとって人生とは、あの祝祭の日に見つめ合ったその時、これが運命だと信じたラーマとの絆そのものだったのである。

註3：最後の物語は『ラーマーヤナ』の初期の原典にはなく、後世に追加されたものだといわれている。

第1章　名高き姫君

神秘なる夜の語り部
シャハラザード
Schahrazade

地域：ペルシャ
時代：9世紀頃？
生没年：――
出典：『アラビアンナイト』（千一夜物語）

アラビアに伝わる様々な神秘を知る博覧強記の美姫。
彼女が紡ぐ多くの言霊は、千と一つの夜を越え、
やがてかたくなだった暴君の心をも蕩けさせる……。

絢爛豪華なる夜話

　船乗りシンドバッドは世界の驚異を体験し、ランプの魔神はいかなる願いもたちどころに叶え、魔法のじゅうたんが空を舞う。偉大なるアッラーに祝福されし、神秘と不可思議の物語。その名も高き『アルフ・ライラ・ワ・ライラ』！　それはアラビア語で「千の夜、一つの夜」を意味し、本邦においては『アラビアン・ナイト』『千一夜物語』として知られる一大物語集である。その成立起源には謎が多く、ササン朝ペルシャのころに編まれた「千の夜」という物語集が原型になっているのではないかとされているが、「千の夜」自体が現存していないこともあり、真実は歴史の霧の彼方にある。冒頭にあげた「シンドバッド航海記」や「アラジンと魔法のランプ」「空飛ぶじゅうたん」といった物語も、元々は独立した別個の物語だったという学説も有力ですらある。

　アラビアンナイトは、近世に入るころには、生まれ故郷ですら、すっかり忘れ去られていた。だが、一人のヨーロッパ人の尽力によって、この物語集は復活を遂げることとなった。その人物の名は、アントワーヌ・ガラン。時は18世紀初頭、"太陽王"ルイ14世が絶対君主としてフランスに君臨していたころのことであった。東方の事物に通じた学者であったガランは、アラビアンナイトを訳し、『Mille et une nuits（千一夜）』の名でヨーロッパ世界にもたらした。それは瞬く間にベストセラーとなり、人々のイスラム世界への好奇心を大いにかきたてることとなった。

裏切られた王の物語

　アラビアンナイトは、王の臥所にて美姫が語る夜伽話という体裁をとっている。その王の名はシャハリヤール。強大な権力を誇るササン朝の王であった。
　シャハリヤールには、シャハザマーンという仲の良い弟がいた。シャハザマーンもまたサマルカンドを治める王であった。兄弟二王は、善く国を治め、多くの臣民たちから慕われていた。しかし、ある時、兄弟はそれぞれの妃が奴隷の男と密通していることを知ってしまう。失意の兄弟は宮廷を抜け出し、一緒の旅に出た。兄弟が、とある泉のほとりに辿りついた時、頭に櫃を載せた恐ろしげな魔神が現われた。これはいかんと慌てふためいた兄弟は、近くの立ち木に身を潜めた。幸いにして、魔神は兄弟に気づくこともなく、いそいそと櫃の蓋を開けた。するとどうだろう、中からきらめくばかりに美しい娘が姿を現したのだ。魔神は、娘に語りかけた。
「なあ、美しいおまえ。おれは、この場所で一休みしたい。その後は、いつものようにたっぷり可愛がってやるからな」
　娘に膝枕をさせた魔神は、その感触を楽しみつつ、眠りの世界に落ちていった。しばらくすると、娘は膝枕を外し、魔神の頭を地面に横たえた。そして、兄弟が隠れる立ち木の方に目をやり———
「出てきなさいませ。そして、早く私を抱くのです」
「はぁ？」
「出てこないと、魔神を起こしますよ」
「分かった分かった！　言う通りにします！」
　娘の申し出はあまりにも唐突だったが、魔神をタテに脅迫されては否も応もない。だが、愛を交わすというにはなんとも情緒のないシチュエーションである。乗り気のしない兄弟は、互いに譲りあった。
「弟よ、まずはおまえから彼女の望みに応えてやりなさい」
「嫌ですよ兄上。それに、ほら、ここは一つ年上が手本を示すべきでは？」
　この様子を見ていた娘は、焦れたように言った。
「……魔神を起こしちゃおうかしら」
「はい！　やりますやります！！」
　娘が満足するころには、兄弟は精気を搾り取られてしまっていた。娘は、その様子を見ながら自らの浮気体験を誇らしげに語った。その数、なんと570人。兄弟を含めると572人である。
「女というのは、望めばなんだってやってのけるのよ。魔神の力だって、怖くなんかないの」

第1章　名高き姫君

「⋯⋯⋯⋯⋯⋯」

娘と別れた兄弟は、とぼとぼと帰路についた。話すことといえば、女の怖さ、信用の置けなさについてばかり。妻の裏切り、そして魔神程の者であっても女の奸智には敵わないという事実に直面した二人の心は、すっかり荒みきってしまっていた。

シャハリヤールは、王宮に帰り着くなり妻の首を刎ね、ただちに新たな妃を迎えた。だが、それも一夜限りのこと。夜が明けるや否や、その首を刎ねてしまったのだ。幾度も、幾度も、清らかな乙女を妃を迎えては、夜に肉体を貪り、朝に命を奪うということを繰り返す。彼の心は、深刻な女性不信⋯⋯いや「憎悪」に支配されていた。

シャハラザードとドニアザード

3年が経った。都は荒廃していた。人々は、乱心した王を恐れ、また、娘の命を守るために都から逃げ去った。しかし、王は容赦なく大臣に新しい生け贄の娘を連れてくるようにと命じていた。

大臣の苦しむ様子を見て、彼の二人の娘は心を痛めた。姉の名をシャハラザード／Schahrazade（都市の娘）、妹の名をドニアザード／Doniazade（世界の娘）といい、いずれ劣らぬ美人姉妹であった[註1]。ことにシャハラザードは万巻の書に通じた博覧強記の才媛で、また、それらの事物を巧みに語ることを得意としていた。シャハラザードは、父に問いかけた。

「ああお父様、そのように悲しみと憂いの重荷をお担いのように見えるのはどうしたわけでございましょう？　詩人も言っていますわ。『汝、悲しむ者よ、安んぜよ。何事も永くは続くまじ。喜びもなべて消え去り、悲しみもなべて忘れ去らるるなり』と」

大臣は、娘にすべてを打ち明けた。これを聞いたシャハラザードは、決意を宿した瞳で、父に言った。

「アッラーにかけて！　お父様、私を王様と結婚させて下さいませ。あるいは生きながらえるかもしれませんし、あるいは、他の娘の身代わりとなれるかもしれません」

大臣にとっては、とんでもない話である。王に娶（め）わせれば、娘は確実に命を失うのだ。だが、懸命な説得も虚しく、シャハラザードの決心は翻らなかった。

もちろん、聡明な娘であるシャハラザードのこと、むざむざ身代わりとして命を落とすつもりはなかった。身代わりとなったところで、他の娘の命を1日かそこら延ばすことしかできない。根本から変えない限り、悲劇は止まらないのだ。秘めた腹案をドニアザードに打ち明け、シャハラザードは王の元へと嫁いでいった。

註1：シャハラザードとドニアザードの名については、シェヘラザード／Scheherazade（月の娘）、ディニアザード／Dinarzade（黄金の如き貴き娘）を始めとして、訳によって諸説ある。

シャハラザード

第1章　名高き姫君

夜の始まり

　これまでの妃と同じく、シャハラザードはシャハリヤール王の臥所に呼ばれた。シャハリヤールは、抱き寄せたシャハラザードが泣いていることに気づいた。涙の理由を問われたシャハラザードは、こう答えた。
「王様、私には一人の妹がおります。かなうものならば、妹に別れを告げたいのでございます」
　朝には死なねばならぬ者の頼みである。王は快く聞き届け、妹もまた臥所へと召し出された。姉妹の別れを見届けた後、シャハリヤールはシャハラザードの純潔を奪った。さて、情事が終わった後も、朝までには時間があるということで、3人で話をすることになった。ドニアザードは、姉に言った。
「姉さま姉さま。今夜を楽しく過ごせるように、何かお話を聞かせて」
「ええ、いいですともドニアザード。ただし、この立派な王様のお許しをいただかなければなりませんよ」
　美しい姉妹の懇願である。不眠に悩まされていたこともあり、シャハリヤールはシャハラザードの話を聞くことにした。もちろん、このなりゆきはシャハラザードとドニアザードの企図した通りであった。かくしてシャハラザードは話を始めた。これが、永い永い、千と一つの夜話の始まりである。
　シャハラザードの話は滅法面白く、それまでシャハリヤールが聞いたいかなる物語よりも驚きと神秘に満ちたものであった。シャハリヤールは我知らず、ぐいぐいと話に引き込まれていったが、無情にも時は流れ、朝の光が部屋に差し込んできた。本来ならば、花嫁が殺されるべき時刻である。シャハラザードも心得たもので、話を途中で打ち切り、口をつぐんだ。ドニアザードは、感嘆の声をあげ、姉を褒め称えた。
「姉さまのお話は、なんて心地よく、楽しく、良い味わいがするのかしら！」
「ありがとう、ドニアザード。でもね、もし王様が後幾ばくかの命を私にお与えくださるならば、これまでとは比べ物にならない程面白いお話が出来るのですよ」
　声こそ出さぬものの、シャハリヤールもドニアザードと同じ心境であった。彼は、とりあえず物語を聞き終えるまではシャハラザードを殺さずにおこうと心に誓った。これが第一夜のことである。
　その後も、第二夜、第三夜と話は続いた。一つの物語が終わっても、シャハラザードは、まだまだ面白い物語を語ることが出来るという。シャハリヤールは、すっかりシャハラザードと、彼女の物語に魅入られてしまっていた。すべては、もはやシャハラザードの思うがままであった。

千と一つの夜が明けて……

　100の夜を越え、200の朝を迎え、そしてついに千と一つの夜が過ぎた。最後の物語を語り終えた彼女は、いつものように、慎ましく口をつぐんだ。シャハリヤールは、感極まった様子で叫んだ。それは、シャハラザードを褒め称え、祝福する言葉であった。ドニアザードはシャハラザードに抱きつき、賞賛の言葉を発した。シャハラザードは妹の耳に口を寄せ、何事かを囁いた。すると、妹はそそくさと寝所から姿を消した。

　二人きりになった寝所で、シャハリヤールはシャハラザードを抱き寄せようとした。その時、臥所を覆う垂れ幕が開き、再びドニアザードが姿を現した。彼女の後ろには、乳母に抱えられた二人の赤子と、這い這いをする幼児がいた。
「ああ、王様。ご覧下さいませ。この3年の間に、アッラーが私を通じて王様にお授けくださった大切な子どもたちにございます」

　深く感動し、何事も喋れないでいるシャハリヤールに、ドニアザードが詰め寄った。
「王さま王さま。あなたは、わたしの姉シャハラザードの命をお奪いになり、この3人の王子さまを母のない子になさるのですか？　どんな人も、姉さま以外には、子どもたちの母親にはなれないのに！」

　ドニアザードの悲痛な叫びは、シャハリヤールの心を打った。もっとも、彼の心は、ずっと以前に決まっていた。いや、シャハラザードが変えたのだ。シャハリヤールの心に巣食っていた女性不信と憎悪とは消え去り、代わりに父親としての愛情が芽生えていた。彼は深く前非を悔い、すべての臣民に詫びた。都は、人々の歓声で満たされた。

　そして、サマルカンドに急使が遣わされ、シャハザマーンが呼び出された。兄と同じく乱行に耽っていたシャハザマーンであったが、シャハリヤールからことの顛末を聞くと大いに感動し、改心した。シャハザマーンはドニアザードを妃に迎えることとなり、兄弟の結束はこれまで以上に固いものとなった。サマルカンドの王位は大臣へと譲られ、都はシャハリヤールとシャハザマーンが交互に治めることとなった。シャハリヤールは、有能な書記を集め、自分とシャハラザードの間に起こったすべてのことを記録することを命じた。完成した書は「千一夜の書」と名づけられ、領土の隅々にまで写本が配られることとなった。

　かくして、危機に瀕した国は、一人の姫によって救われた。物語の力が、人を信じられなくなった一人の男を、ひいては世界を変革したのだ。そして、シャハリヤール、シャハラザード、シャハザマーン、ドニアザード、そして3人の王子は、天寿をまっとうし、アッラーの御手に委ねられるその日まで幸せと歓喜のうちに過ごしたという。

ジョセフィーヌ

ナポレオンの幸運の女神

Joséphine

地域：フランス
時代：18世紀
生没年：1763～1814年
出典：――

ナポレオンの年上の妻であったジョセフィーヌ。
夫に幸運をもたらした彼女は、
実はフランス皇妃たることを恐れた。愛ゆえに。

ナポレオンの同床異夢

「(前略)さようなら、ジョセフィーヌ。君は僕にとっての説明のつかない世界だ。それでも僕は、日々にますます君を愛している。不在は、小さな情熱をいやし、大きな情熱を増大させる。君の口に口づけを一つ、心臓にもう一つ。(中略)手紙を書いてくれ、早く来てくれ。その日は本当にすばらしい日になるだろう……君がアルプス山脈を越える日は。これこそが、僕の苦労と数々の勝利に対する最高の報酬だ」

　この火傷しそうな程熱い愛の言葉が綴られた手紙の一節は、革命の嵐の中に彗星のように現われ、フランス皇帝の座までのぼり詰める英雄、若きナポレオン・ボナパルトが、新妻のジョセフィーヌに向けてイタリアの戦場から書き送ったものだ。この手紙が特別ではない。彼は遠征の途上にあっても、同様に熱烈な手紙を、連戦の合間をぬって、時には1日に4、5通も書き綴った。

　革命将軍ナポレオンは、新婚当時6歳年上のジョセフィーヌに、手紙の文面に恥じない熱烈な愛情と勝利を捧げた。だがジョセフィーヌのほうは、どうだっただろうか。なんと彼女は夫を侮って浮気を重ね、「ボナパルトって変なひとね」と手紙をサロンで見せびらかしていたのである。

　しかし両者の立場は、時を経るに従って逆転してゆく。ナポレオンが浮気を重ね、ジョセフィーヌが夫の愛をつなぎとめようと腐心するようになるのだ。

　やがてジョセフィーヌは、ナポレオンの手からフランス皇后――憧れのマリー・アントワネットの座を引き継ぐ――の冠を授けられる。しかし実は彼女は、この栄誉に輝くことを恐れ、なんとか避けようと努力したのだ。ナポレオンを愛するようになっていたゆえに……。

「お前は将来、王妃以上の女になる」

　ジョセフィーヌは、カリブ海に浮かぶフランスの植民地、マルティニック島の農場主の娘として、1763年6月23日に誕生した。目立つ美人に成長した彼女に、島の占い師マリアは「お前は将来、王妃以上の女になる」と予言したという。それを聞いた多感な乙女は、未来への期待に胸を膨らませただろう。

　16歳の時、彼女は叔母のルノーダン夫人によってフランス本土に呼び寄せられる。アレクサンドル・ド・ボアルネ子爵という3歳年上のハンサムな青年貴族との結婚のためだった。ジョセフィーヌは、自分の華やかで幸福に満ちた新生活はこれからと思ったはずだ。けれど、結婚生活はみじめなものだった。19歳にしてすでに女性遍歴を重ねていたアレクサンドルは、無教養な田舎娘にすぎないジョセフィーヌにほとんど興味を示さず、愛人たちとの関係を続けた。1男1女の二人の子供（ウージェーヌとオルタンス。後に養子としてナポレオンに愛される）が生まれたが、結婚は4年の歳月の末に破綻。ジョセフィーヌは傷心を抱えて、パンテモン修道院に入った。

　この修道院時代が、おっとりとした気性と善良さだけが取り得のジョセフィーヌを、一人の貴婦人へと成長させた。当時こうした修道院——とりわけ彼女が身を寄せた規律のゆるい場所——には、多くの社交界の淑女が身を寄せていたのだ。夫との間に協議別居が成立し、この修道院を出るまでの1年10ヶ月の間に、こうした先輩に学んだジョセフィーヌは、いつしかしたたかに世を渡る貴婦人としての修行を終えていた。田舎娘は、けだるげで柔和な雰囲気を湛えた、親しみやすい人の良さげなレディーに変貌していた。

陽気な未亡人

　やがて運命のフランス革命が勃発した。前夫のアレクサンドルは開明派貴族として革命に参加して時の人となり、その余禄に与（あずか）ったジョセフィーヌも注目を集めた。だがこうした時代において、衆に優れて目立つことには大変な危険も伴っていたのである。ライン軍最高司令官としての失策の責任を問われたアレクサンドルが恐怖政治期に処刑されると、前夫の釈放を働きかけていたジョセフィーヌも投獄され、同じ運命を目前にした。タイミングよく熱月（テルミドール）の政変が起こらねば、彼女も断頭台の露と消えていただろう。

　だが釈放されたとはいえ、一文無しの境遇である。二人の子供も養わねばならない。そこで彼女が武器としたのが、女の魅力だった。

　"恋多き女"ジョセフィーヌは、出獄後は熱月の政変の指導者バラスを始めとする

第1章　名高き姫君

数々の有力者と愛人関係を結び、彼らから金を引き出した。革命政府内の人脈を通して各種の便宜を得たり、あるいは闇取引まがいの商売に手を染めもした。彼女は水を得た魚のようにパリのサロンを舞台とした華やかなる生活を楽しんだのだが——その内実は借金まみれの危うい綱渡りだった。

ナポレオンの恋

　ジョセフィーヌがナポレオンと出会ったのがこの時期である。
　バラスに抜擢され、王党派の反乱を1日で鎮圧する戦功をあげたナポレオンは、「ヴァンデミエール将軍」と綽名されて出世の端緒を摑もうとしていた。
　その彼が、国内副司令官として手がけた仕事の一つがパリ市民の武装解除である。ある日、ナポレオンが参謀本部で指揮を執っていると、一人の少年がやってきた。「共和国の将軍だった父の形見の剣を返してほしい」と、涙ながらに訴える少年に感動したナポレオンは、徴収した剣を返してやった。実は、この少年こそジョセフィーヌの長男のウージェーヌ・ド・ボアルネであったのだ。ことの成り行きを聞いたジョセフィーヌは、翌日になると自らナポレオンの所にお礼に出向いた。もちろん、この期に新しい有力者とお近付きになっておこうという計算があったのは間違いない。そしてさらに翌日、今度はナポレオンが答礼のためボアルネ夫人の家を訪問した。
　この相互訪問で、ナポレオンは魔法にかけられたようにジョセフィーヌの魅力の虜となってしまった。軍人としては才能を存分に開花させつつあったナポレオンだが、女性についてはまだ経験不足でうぶな青年も同然だった。対するジョセフィーヌは、色恋沙汰には慣れきったパリ紳士さえも翻弄する、まさに百戦錬磨の恋の達人。役者が違いすぎる。
　ナポレオンは見事に籠絡され、ジョセフィーヌを上流階級の貴婦人と信じきって心底惚れ込んでしまった。住んでいる館が借家なことも、実は借金まみれなことも、多くの有力者の愛人としてようやく生計を立てていることにも、世間知らずのボナパルトは気付かなかったのだ。
　ジョセフィーヌにとって誤算があったとするなら、舞い上がってしまったナポレオンが、6歳も年上の自分に性急に結婚を申し込んできたということだった。結婚にはあまり気乗りがしなかったようだが、32歳という年齢と、14歳と12歳の連れ子が二人もいることを考えれば、条件面で贅沢はいっていられない。1796年3月、ナポレオンとジョセフィーヌは簡素な結婚式をあげた。面白いことに、ジョセフィーヌは4歳も年齢を若く偽り、貫禄をつけるためかナポレオンも実際よりも1歳半程年長として届け出たため、書類上二人はほぼ同い年の夫婦になったそうだ。

ジョセフィーヌ

第1章　名高き姫君

「レースと柔らかい布でできた」女

　念願叶ってジョセフィーヌと結婚できたものの、ナポレオンには新婚生活を楽しむ猶予は与えられなかった。イタリア方面軍総司令官に任じられていたため、式のわずか3日後には戦場に旅立たねばならなかったのだ。

　ほぼ無名に等しかったナポレオンは、このイタリア戦線において軍人としての才能を存分に開花させ、連戦連勝を果たして英雄としての名声を確立する。兵員も物資も足りない悪条件をものともせず、ナポレオンは破竹の進撃を続けた。そして同時に恋の情熱にも身を焦がし、暇さえあれば戦場から新妻に熱烈なラブレターを書き綴ったのである。イタリア戦線は、彼にとって恋と野心を燃やした青春の戦場であったといっていいだろう。

　だが肝心の新妻の反応は、冒頭に記した通りだ。元々偽装結婚ぐらいの心積もりでいたジョセフィーヌにとっては、ナポレオンが示す熱烈な愛の表現はわずらわしいばかりだった。イタリア方面軍の大戦果によって、ジョセフィーヌはパリにおいて"勝利の聖母"と称えられ、人々にちやほやされた。彼女はこの待遇を満喫しており、夫が要望するようにイタリアに行くなど真っ平御免だった。なにしろ、ジョセフィーヌは、新婚早々からイポリット・シャルルという23歳のハンサムな陸軍中尉に熱をあげていたのだから。

　いよいよ言い訳も尽き、夫の待つイタリアに出向かねばならなくなったジョセフィーヌは、図々しくもイポリットを同伴してナポレオンの元に出向いた。だが悲しいかな愛情に盲目となっているナポレオンは、恋焦がれた妻を抱きしめられたことに満足し、すべてを許し、見逃してしまうのだった。

エジプト遠征と破局の危機

　イタリア遠征を成功させ、軍人としてだけでなく、政治家、外交官としても辣腕であることを示したナポレオンは、もはや貴婦人の妻をありがたがった青二才ではなくなった。押しも押されもせぬフランスの大黒柱に成長したのである。ただそのことを、一人ジョセフィーヌだけがよく分かっておらず、相変わらず夫を侮ってイポリット（退役して商人になっていた）との逢瀬を楽しんでいたというのは実に皮肉な話だ。軽々しく借金を重ねたり、あるいは希望的観測に頼りきったり、一時の恋によく考えないまますべてを賭けてしまったり、彼女はどうにも軽はずみな面のある女性だった。

　まだナポレオンが妻を溺愛していた新婚時代はよかったのだ。だがあまりにも期待を裏切られ続けたナポレオンの心の熱が冷め、やがて妻の言動に猜疑の目を向

けるようになっても、彼女は軽率な行動を続けた。その結果、エジプト遠征の最中、ついにナポレオンは妻の浮気と過去の不行跡のすべてを知らされるに至った。

最愛の妻にずっと裏切られていたのだと知った傷心のナポレオンは、エジプトから帰国した時には離婚の決意を固めていた。夫と共に従軍していた長男のウージェーヌから彼の怒りを知らされていたジョセフィーヌは、だれよりも（特に反目していたボナパルト一族より）早く夫に会って弁明するために馬車を急がせた。だがその時に限って、ナポレオンはいつもとは別ルートを通ってパリに戻ってしまっていたのだ。

夫から遅れること3日。取り返しのつかないすれ違いに、肩を落として帰宅したジョセフィーヌは、事態が最悪の方向に進んでしまったことを知る。兄弟親族から妻の行状を悪し様に吹き込まれ、事実ジョセフィーヌが夫の留守中に不在にしているのを確認したナポレオンは、「だれがなんといおうと私は離婚する」と宣言して、もう顔を合わせなくて済むように妻の家財道具をすべて家の外に運び出させ、自分は自室に閉じこもってしまっていたのだ。

ナポレオンの"本気"は、否応なく不貞な妻に伝わった。震えながら閉ざされた夫の部屋の扉をノックする。反応はない。「少しは私の話も聞いて下さい」と扉越しに涙声で繰り返し哀訴する。やはり返事はない。沈黙する室内からは、ただ頑なな拒絶の意思だけが届いてきた。

ジョセフィーヌは、賢明とは言いがたい女だった。ナポレオンが築いた名声を存分に享受しながら、夫の留守中には大手を振って愛人との逢瀬を楽しみ、借金で購入したマルメゾンの館で女城主もかくやという豪勢な生活を送っていた。ナポレオンを侮り、捧げられた心からの愛情を踏みにじり、夫の面目に泥を塗り続けた。だが冷静に考えれば、実の子供一人さえも産んでいない彼女の立場のいかに危うかったことか。もはや若くもなく、二人の連れ子を抱え、借金まみれのジョセフィーヌが、彼女の唯一の武器、ナポレオンの愛情を失えばどうなるか——目前に迫ってみねば分からず、そしていざ瀬戸際に立てば、ただ泣き崩れるしかできない女であった。

夫の無反応に絶望し、床に身を投げて泣くジョセフィーヌ。この破局の危機を救ったのは、召使いの機転だった。「お子様たちのお力をお借りなさいませ」。連れ子で、ナポレオンが実子同然に可愛がっている長男ウージェーヌと長女オルタンスが、母親と並んで扉の前に跪き、親子3人は許しを願って何時間も泣き続けた。

やがて鍵が回る音がした。扉が静かに開き、中から苦悩に歪んだナポレオンの顔が現われた。彼の目も真っ赤に泣き腫れていた。期待と不安に固唾を呑んで見守るジョセフィーヌの前で、夫はゆっくりと両手を広げた。間髪入れずにその腕の中に飛び込み、ジョセフィーヌは涙にむせんだ。

彼女は、破局を目前にしながら寸前でナポレオンの愛を取り戻した。ただその愛

は、かつての激しい熱情ではない。それは、ジョセフィーヌ自身が痛めつけ、萎ませてしまった。緩やかな、友情に近い愛情。だがそれでも彼女は満足せねばならない。夫をそのように変えてしまったのは、他のだれでもなく彼女の責任なのだから。

皇后ジョセフィーヌ

　この嵐のような一夜を経て、ジョセフィーヌは変わった。自分の立場を身にしみて理解した彼女は、ナポレオンのために尽くし、夫の政治的目標の達成を社交を通して助けるよき妻たらんと心がけるようになった。パリの政界に精通し、幅広い人脈を誇るジョセフィーヌは、ナポレオンにとって心強いパートナー兼助言者となった。

　ナポレオンが政権を握り国内政策を遂行するようになると、ジョセフィーヌの役割はファーストレディとして、さらに重要性を増した。彼女の温和で善良、愛想がよくさっぱりとした気性は、軍人風で堅苦しくなりがちだったナポレオン周辺の空気を和らげていた。実際のところ、第一執政の妻という立場を私利私欲に利用しないジョセフィーヌの国民的人気には、かなりのものがあった。彼女が示した献身と美徳が、ナポレオンの人気を底支えし、夫に帝位への道を開いたというような面もあったかもしれない。だが皮肉にも、ジョセフィーヌ自身は王位、帝位を望もうとする夫の野心を恐れ、何度も彼を執政の地位に踏みとどまらせようと説得を試みていたのである。

　彼女には分かっていた。ナポレオンが帝位についたら、後継者が問題になるのが避けられないと。二人の間にはいまだに子供がなく、ジョセフィーヌはそのことで長くボナパルト一族から非難されてきた。年齢的にも、もはや出産は難しい。第一執政や終身執政ならまだ養子を取るという手段もあるが、世襲の皇帝となっては、政権の安定上からも血を分けた世継ぎが望まれる。それは個人の愛情を超えた国家・国民の要求になる。ジョセフィーヌがどれ程強い絆でナポレオンと結ばれていたとしても、どうなるか分からない……。

　だが1804年5月18日、元老院決議によって皇帝ナポレオン1世が誕生。

　12月2日には、ローマ法王を招いての戴冠式がノートルダム寺院で壮麗に繰り広げられた。ナポレオンは35歳の男盛り、ジョセフィーヌは41歳だったが、この日は20代にしか見えない程若々しく見えたという。実力で皇帝となったことを誇示するために、自分の手で戴冠したナポレオンは、続いて階段の下にひざまずく長年の妻ジョセフィーヌの頭にも皇后冠を授けた。

　マルティニック島の農場主の娘が、ついにフランス皇后に！　けれどこのシンデレラ物語の主役たるジョセフィーヌの胸中には、式の最中から不安の暗雲がわだかまっていたのである。

別離とナポレオンの没落

　ナポレオンの政治的地位が上昇してから、ジョセフィーヌとナポレオンの関係は逆転していた。ナポレオンがさかんに浮気を繰り返し、ジョセフィーヌが嫉妬を燃やすようになっていたのだ。不動の社会的地位を得たナポレオンの元には、黙っていても利益目当てに女性が集まった。ただこれらの浮気は、基本的に肉体関係のみのドライなもので、二人の関係を揺るがす程ではないように見えた。しかし1809年の春、愛人の一人であるヴァレフスカ夫人がナポレオンの子を孕んだ。
　この時まで、ナポレオンは、ジョセフィーヌとの間に子供ができないのは、実は自分の肉体の方に欠陥があるからではないかと悩んでいた。関係を持った他のどの女性も懐妊しなかったからだ。だから周囲に離婚を勧められても、愛妻のジョセフィーヌを離別しなかったのだ。だがヴァレフスカ夫人の懐妊によって、状況は一変した。
　側近や家族からの風当たりが強まる中、それでもナポレオンは悩んだ。かつての熱い愛情はとうに冷めているが、戦友に対するような暖かくて確かな友愛の絆を、いまだジョセフィーヌとの間に感じていたからだ。
　しかし血の繋がった自分の子供にナポレオン帝国を継がせたい、そして高貴な血統の妻を迎え、名実共にヨーロッパの君主の仲間入りを果たしたいという欲求は、個人的な願望を超えた国家的な要請でもあったのだ。
　1809年11月30日、ナポレオンから離婚を宣告された時、ジョセフィーヌはその場に卒倒した。ナポレオンもさすがに気が咎めたのだろう。ジョセフィーヌは離婚後も皇后の称号を許され、マルメゾンの館に住むことも認められた。声明文には、この離婚が純粋にナポレオンの世継を得るためやむをえない処置で、ジョセフィーヌは大きな献身と犠牲を払うのだということが明記された。
　だが結局、この離婚はナポレオンの没落への第一歩となった。
　翌年にハプスブルク家の18歳の皇女マリー・ルイーズを新しい妻として迎え、息子が生まれたのはいいが、1812年にはロシア遠征で歴史的な大敗。その後はやることなすことうまくいかず、1814年に退位し、エルバ島に配流された。
　ジョセフィーヌは、そんな前夫の運命を案じて心労を重ね、ナポレオンがエルバ島配流後、1月程したころに、肺炎をこじらせてあっけなく世を去った。「ボナパルト……エルバ島……ローマ王……」が最期の言葉だった。彼女は最後の最後まで、夫と自分の犠牲で誕生した赤子の運命を案じて逝ったのだ。
　世紀の英雄ナポレオンは、この浮気で善良な貴婦人を得て出世街道に乗り、彼女を失うと急に没落を始めた。月並みだが、やはりジョセフィーヌはナポレオンにとっての幸運の女神だったのだろう。

第1章　名高き姫君

―――"ヴェールをかけた皇后"エイメ・ジュビュク・ド・リベリ―――

　ジョセフィーヌまだ幼く、故郷の南米の仏領マルティニク島で小貴族の娘として暮らしていた時代の逸話だ。

　ある日、土地の黒人の占い女に手相を見てもらった彼女は、こう予言された。「お前さんは二度結婚することになる。二人目の亭主は見栄えこそしないが、途方もない権力を握って欧州を征服するだろう。お前さんも一緒に王妃になるが、栄華は長くは続かない。やがてすべてを失い、孤独の中でこの島のことを懐かしく思いながら生涯を終えるだろう」

　ここまでは比較的よく知られた話だろう。だが実はその場には、ジョセフィーヌととても仲の良い従姉も一緒にいたのだ。エイメ・ジュビュク・ド・リベリという名の従姉は、金髪碧眼のとても美しい少女だったという。エイメは、ジョセフィーヌに続いて魔女に占ってもらった。「おや驚いた。お前さんはフランスに留学するが、やがて海賊に囚われて皇帝のハーレムに投げ込まれる。けれど産んだ王子が帝位に座ることになり、最後には絶対的な権力を振るうことになるよ。だけど極めてしまった幸福はやがて空しくなる。お前さんは異郷で病気にかかり、そのまま世を去るのさ」この途方もない予言を恐れ、怯えるエイメを、年下のジョセフィーヌは慰めたという。

　まるでおとぎ話のような魔女の予言……だが我々はジョセフィーヌに関する占い女の言葉が当たっていたことを知っている。ではエイメの方はどうか？　驚くべきことにこちら予言も的中したのである。

　1776年、13歳でフランスのナント市にある修道院に留学したエイメは、英仏戦争の影響でその地に8年間も留まった。そして戦争終結後、ようやく帰郷の船に乗り組んだのだが、懐かしい故郷には辿り着けなかった。商船がアルジェリアの海賊に襲撃され、捕らわれの身となってしまったからだ。

　エイメはよほどの上玉だったようだ。この高貴な娘に献上品としての値打ちを見出した海賊船長は、一指も触れぬまま彼女をアルジェリア総督に差し出した。そしてアルジェリア総督もエイメに宝物としての価値を認め、自身の栄達のため国王(スルタン)へ貢物として贈ったのである。

　こうして捕らわれのエイメはコンスタンティノープルに護送され、トルコ皇帝アブドル・ハミト1世のハーレムに入れられた。「美しき者」と呼ばれた彼女の白い肌と金髪、そしてフランス貴族としての気品はハミト1世を魅了し、すぐに寵愛を受ける妃の身分になった。禁欲の修道院から悦楽のハーレムへ。あまりの運命の急変に、当初は混乱し、皇帝への奉仕を拒みもした。だが彼女は自分の置かれている環境に順応できる賢明な娘だった。幸い、皇帝は彼女の白い肌に溺れ、愛を注いだ。エイメはやがて妊娠し、皇帝にとっては第3王子となるマフムトを出産する。

　エイメはすべての望みを息子マフメト2世に託し、西洋式の教育を授けることに腐心した。その甲斐あって、マフメトは東西両方の教養に通じ、肉体的にも強健な青年へと成長。そ

して幸運にもトルコ伝統の血で血を争う権力争いを生き抜き、1808年に第31代オスマン・トルコ皇帝マフメト2世として即位したのである。マフメト2世は西洋文化を好み、西欧……特にフランスの文物や制度を取り入れて近代化を図り、後に名君と称えられる皇帝になった。その背景に、事実上の摂政として息子の治世を補佐したエイメの影響があったことはいうまでもない。既にフランスではナポレオンが皇帝に即位、懐かしい従妹ジョセフィーヌも皇后の冠を授かっていた。

ナポレオンのフランスと、オスマン・トルコの関係は自然と密接になった。トルコは忠実な同盟国としてナポレオンを支援し、それに応えてフランスも軍近代化の教官や砲兵、海兵などを派遣した。文化交流も盛んになった。

だが1809年末、ナポレオンは突然ジョセフィーヌを離縁し、ハプスブルクのマリー・テレーズと再婚する。この報に接したエイメとマフメト2世は、驚き、そして激怒した。そして以後トルコはフランスから離脱し、イギリスとの関係を深めるようになる。

ナポレオンは、衰退したオスマン=トルコをどうにでもなる相手と甘く見ていた。だから1812年に大陸軍を率いてロシアに攻め込む際、ロシア軍を引き付けることを条件に巨額の援助を申し出てよしとしたのだ。しかしエイメの憎悪は、ナポレオンには想像もつかない程深かった。トルコはイギリスの仲介を得て、戦争状態にあったロシアと秘密裏に講和を結んだ。係争中の領土を割譲してまで。こうして解放されたロシア軍5万は、祖国防衛のために一路北上した。最後の力を振り絞ってモスクワを攻略したフランス軍は、この部隊によって後背を脅かされ、史上まれに見る悲惨な退却戦を強いられたのである。ナポレオンの政治生命も、この敗北によって絶たれた。残酷で華麗なエイメの復讐であった。

見事に従妹の恨みを晴らしたエイメは、しかしジョセフィーヌとの再会を果たし、故郷の地を踏むことはできなかった。幼き日に予言された通り、彼女は5年後の1817年、息子に看取られながらコンスタンティノープルで病死している。数奇な運命を生き、ヨーロッパの歴史を確実に変えたこの女性の存在は、在世当時も、そしてその後も、ほとんど西洋で話題になることはなかった。知られざる歴史の一コマといっていいだろう。

第1章　名高き姫君

やってきた美女
ネフェルティティ

Nefertiti

地域：エジプト
時代：古代エジプト新王国時代
生没年：BC1381～1344年（推定）
出典：――

「異国から来た美しい女」は、エジプトの文化に
新風を吹き込み、それゆえに歴史上から抹殺された。
その伝説は、いまや砂漠の砂だけが知る。

消されたファラオとその妻

　古代エジプトの王の名を知るために使われる資料に、「王名表」というものがある。その名の通り王の名と称号を列挙した一覧表で、非常に正確に記されている場合が多い。しかし政治的、宗教的に後世においてふさわしくないと考えられた王の名と統治年代は、逆に徹底的に消されているのだ。

　高名な少年王ツタンカーメンもその被害者の一人である。彼の統治の前後約30年間のファラオの名は、ラメセス朝時代の王名表から抹殺されている（こうして忘却されたからこそ、少年王の墳墓は長い間盗掘を免れたわけだが）。そしてこの抹殺の原因を作った人こそ、ツタンカーメンを王位につけた先王アメンヘテプ4世の正妻であり、エジプトに新たな宗教と文化をもたらそうと試みた美姫ネフェルティティなのである。

嫁いできた異国の王女

　「やって来た美女」という意味の名を持つネフェルティティは、その名が暗示ようにエジプト人ではない。13世紀当時の小アジアの強国、ミタンニ王国の王の娘で、生誕時にはタドゥケパと呼ばれていた姫であった。彼女は大量の黄金の贈り物と引き換えに、エジプトのファラオであるアメンヘテプ3世に嫁いできたのだ。

　テーベの船着場に到着したわずか15歳の異国の王女は、よほど愛らしく、そして美しく見え、人々の心に感銘を呼んだに違いない。新しい名であるネフェルティティを贈られ、以後その名で文献に登場することになった。

　ミタンニ王に莫大な黄金を払って彼女を手に入れた夫アメンヘテプ3世は、色白で

ネフェルティティ

若草のように瑞々しい少女とは対照的に老い、病に苦しんでいた。

ファラオがこうした状況にあったため、政治的実権のかなりの部分は、正妃のティイという女性が握っていた。ネフェルティティにとって幸運だったのは、この絶対的な権力を握った老齢の女性が、少女を競争相手とみなさなかったことだった。自意識も支配欲も強い女性だったが、実はティイはネフェルティティと同じミタンニ王国の出身で、同郷の少女に親近感を抱いて庇護した。

ただ比較的環境には恵まれていたものの、ネフェルティティの新婚生活は無惨なものだったろう。老王の病は日を追って重くなり、やがて寝たきりになり、そのまま亡くなった。彼女はわずか17歳で寡婦となった。

後継のファラオを決めるに当たって、主導的役割を果たしたのはティイだった。彼女は自分の息子であるが父王から疎まれ、異境暮らしの長かったアメンヘテプ4世（12歳）を王位につけ、その正妃としてネフェルティティに白羽の矢を立てたのだ。ある意味では、自分の後継者に選んだといってもいい。

ティイの後見の下（4世とティイは一定期間共同統治したという説もある）、ネフェルティティと少年王は幸福な新婚生活を送った。夫婦仲は睦まじかったようで、二人は3年間で3人の娘を授かった。

アテン崇拝とアケタトン、そして「真実」

この若い夫妻の日常の行動様式は、ファラオとして型破りのものだった。二人は馬車に乗って民衆の面前に姿を現し、公衆の面前で接吻した。娘たちは父が公務をしている場に自由に出入りすることが許されていた。

異境で長年生活したアメンヘテプ4世と「やって来た美女」ネフェルティティは、明らかにそれまでのファラオとは違う哲学を持っていたのだ。二人……特にミタンニ出身のネフェルティティは、多くの神々を同時に崇拝する多神教を嫌っていた。アメンヘテプ4世が、アメン神を中心とする伝統的なエジプトの神々を排斥し、太陽を象徴する唯一神アテンのみを神とする急進的な宗教改革に熱中したのには、ネフェルティティの影響が強かった（彼女の方が、夫よりも熱心なアテン信徒となった）。アメンヘテプ（アモンは満足されている）からアクナトン（アトンのお気に召す）と己の名を変えたファラオは、旧来の神々の神殿を破壊するなどの性急な改革を強行して、神官階級の反乱や謀略を招いたが、これらはすべて鎮圧された。

アクナトンはネフェルティティと共に、新たな都の建設にも乗り出した。アテン神を称える新都は、アケタトンと名付けられ、北方アマルナ（テーベの北330km）に新造されることになった。その起工式には黄金の馬車に乗ったアクナトン、ネフェルティティ

夫妻が出席したが、ティは欠席した。王妃としての役割が、名実共にネフェルティティに譲られたのだ。彼女は5つも若い王をリードし、全エジプトを支配する絶大な権力を手に入れた。

ネフェルティティそしてアクナトンは、新都アケタトンにおいて理想主義に基づく新たな文化を創造しようと試みた。死刑や人間の生け贄が禁じられ、アトンの信仰は人種を差別しなかった。そしてその熱心な崇拝者であるアクナトンが最も重視したのが、驚くべきことに"真理"であった。エジプトを長年縛っていた古い形式主義や因習は投げ捨てられ、アケタトンには自由主義的な気風が満ちた。

落日の女王

だがこの大胆な改革と新都、そしてネフェルティティの幸福な生活は、長くは続かなかった。最初の悪い兆候は、アクナトンを襲った今日では脳水腫(のうすいしゅ)と考えられている病だった。この結果、アクナトンは上半身がやせ細るかわりに、頭や下半身が異常に膨張する病にかかり、やがては精神の均衡をも失った。

王はネフェルティティを避けるようになり、やがて謎のファラオとされる人物セメンクカラーを自分の共同統治者に任じた。さらには自分の3女アンケセパーテンを王妃とし、ネフェルティティを政治の表舞台から遠ざけた(なお謎のファラオ、セメンクカラーの正体はネフェルティティという説もある)。

立場を失い、自分の宮殿に隠遁したネフェルティティだったが、前1347年、セメンクカラーとアクナトンが相次いで死んだ。アテン崇拝の維持に熱意を燃やす彼女は、ここで起死回生の一手に打って出た。北の大国ヒッタイトに手紙を送り、再婚してエジプトの王とするので、王子の一人を送って欲しいと外交交渉に踏み切ったのだ。しかしこの前代未聞の離れ業も、ヒッタイトから旅してきた王子がエジプト国境を越えたあたりで殺されたために失敗に終わってしまった。真犯人は不明だ。

希望を断たれたネフェルティティは、王家の血をひく13歳の少年王ツタンカーメンを即位させたが、ほどなくして権力をアメン神を信仰するグループに奪回され、前1344年に寂しく生涯を終えた。まだ37歳という若さだった。

そしてツタンカーメンの暗殺を経て、ファラオとなったホレムヘブの命令により、異端者アクナトンとネフェルティティ、そして少年王ツタンカーメンが存在した痕跡は、徹底的に破壊し尽くされた。ネフェルティティが最後まで維持しようと夢見た"真理"を尊ぶ平和の理想郷を憎んだ、アメン神官団の要望だったのだろう。かくしてエジプトの文化は元の流れを取り戻す。だがもしこの"遠くから来た美女"の改革が成功していたなら——世界の歴史は大きく変わっていたに違いない。

第1章　名高き姫君

地上に落ちたアフロディテ
ヘレネ
Helen

地域：ギリシア
時代：──
生没年：──
出典：『イリアス』、『ヘレネ』他

世界一の美女とたたえられたヘレネは、
ある日トロイアの王子パリスに誘拐され、
10年に及ぶ大戦争の原因となってしまったのだった。

傾国の美女

　その美貌ゆえに名高き勇者たちを恋の虜にし、互いに争わせ、そして滅ぼしていく。世界中の歴史や伝説に登場する、こうした「傾国の美女」と呼ばれる女性たちの中で、ヨーロッパにおいてその代表とみなされているのが、古代ギリシアの英雄叙事詩や悲劇に登場する美女ヘレネである。

　彼女は美の女神アフロディテと見紛う程の美人で、衣から伸びるしなやかな肌は雪のように白く、ゆえに「白い腕のヘレネ」とあだ名された。だがその美しさのために、女神アフロディテ自身に「世界で最も美しい女性」と定められたがために、彼女はその美しさを巡る戦いの中心へと引きずり出されることとなったのだ。それはヘレネ自身にもどうすることもできない定めだったのである。

星の数程の求婚者

　ヘレネは、スパルタ王ティンダレオスの娘であるが、本当の父親はギリシア神話における神々の王ゼウスであった。ゼウスは本妻である女神ヘラの他に、数多くの女性に近づき、子どもを産ませたが、ヘレネもそのうちの一人だった。

　ゼウスはある日、地上に白鳥の姿となって訪れてレダという女性に近づき、レダはその後、カストルとポリュデウケスという双子の男児とヘレネを産んだ。レダはその後ティンダレオスと結婚し、ヘレネは二人の兄と共にスパルタの王女となった。レダは結婚後、ティンダレオスとの間にヘレネの妹となるクリュタイムネストラを産んだ[注1]。

　やがて美しい少女へと成長したヘレネは、たちまちギリシア中の男たちに注目され、

ありとあらゆる地方の王や勇者が、彼女こそ己の妻にとヘレネに求婚した。スパルタ王ティンダレオスは悩んだ。自分が、あるいはヘレネ自身が勇者たちのうちのだれを花婿に選んだとしても、それは選ばれなかった者の嫉妬を呼び起こし、不和を生み、争いを紹くであろう。

その時、求婚者の一人で、高い知恵と狡猾さで知られたイタケの王オデュッセウスが、ティンダレオスに一つの助言をした。オデュッセウスは美女に惚れ込んでギリシア中を敵に回すくらいなら、だれが彼女の夫になろうと争いを避けるほうが賢明だと考えたのである。そんな彼の助言とは、求婚者全員にたとえだれがヘレネの夫に選ばれたとしてもその選択を尊重し、またこれに逆らう者に対しては求婚者全員で立ち向かうことを誓わせる、というものだった。

これは名案と、ティンダレオスは早速すべての求婚者たちにオデュッセウスの提案を誓わせ、そのうえでミュケナイの王アガメムノンの弟メネラオスを花婿に選んだ。アガメムノンは当時ギリシア全土で最も力のある王だったが、その彼がヘレネを是非とも弟の妻にと強く求めたため、ティンダレオスはその言葉に従ってメネラオスを選んだのである。ヘレネよりも平和を望んだオデュッセウスのように、アガメムノンにとって欲しかったのはヘレネよりもスパルタ王国だったのである。

こうしてメネラオスはヘレネと結婚して、ティンダレオスの後継者としてスパルタ王となり、ヘルミオネという娘を産んだ。兄のアガメムノンはヘレネの姉であるクリュタイムネストラを妻とした。強大なミュケナイの王だったアガメムノンは、弟が隣国スパルタの王となったことでさらに力を増し、後のトロイア戦争では総大将に任命されることとなった。

そしてこの時交わされた盟約によって、後にヘレネが連れ去られた時、かつての求婚者はこぞってメネラオスのために拳をあげてトロイアへと攻めていくこととなるのである。

最初の誘拐

トロイアの王子パリスに誘拐され、トロイア戦争の原因となったヘレネだが、実は幼少のころにも一度さらわれたことがある。まだ年端もいかない彼女を連れ去ったのは、テーセウスという名の勇者だった。

クレタ島の半人半牛の怪物ミノタウロスを倒して名を挙げたテーセウスは、数々の

註1:ギリシアの伝説では、クリュタイムネストラを姉、ヘレネを妹としているものが多い。ヘレネだけがゼウスの娘であるという生誕の事情と、強気なクリュタイムネストラが姉で、美貌のヘレネが妹というイメージとが齟齬をきたした結果であろう。

第1章　名高き姫君

冒険の後に妻を失い、親友であるペイリトオスと共に新たな妻となる美しい女性を探しに行こうと旅に出た。彼らは美しい女性とは神の子、それも神々の王であるゼウスの子でなければならないと考えた。そしてその筆頭にあがったのがスパルタの王女ヘレネだったのである。

　この時ヘレネはまだ6歳になったばかりであったが、すでにその美しさはギリシア中に広まっていた。テーセウスとペイリトオスはどちらがヘレネを妻とするかを決めるためにくじを引いた。結果はテーセウスの勝ちと出た。彼はまずヘレネを手に入れ、その後でペイリトオスが自分のために女性を手に入れるのを手伝おうと約束した。

　クレタ島の迷宮からの脱出を始め多くの武勲に輝くテーセウスにとって、スパルタの王宮からヘレネを奪い去るなど、たやすいことだった。彼はアルテミス神殿で踊っていたヘレネを強引に連れ去ると、己の母であるアイトラに預け、ペイリトオスのために再び冒険へと出かけていった。まだ幼かったヘレネはどうすることもできず、ただアイトラのもとで泣くばかりだった。

　ところがこの事件は、ほどなく解決への道を進むこととなった。ペイリトオスはヘレネに匹敵する花嫁を手に入れようと、大胆にも冥界の王ハデスの妻となっていたかつての春の女神ペルセポネを奪おうとたくらんだ。そのためテーセウスは親友と共に地獄へと降りていくこととなり、そこでペイリトオスもろともハデスに捕らえられてしまったのである。

　一方、ヘレネを奪われたスパルタの王宮では、彼女の兄であるカストルとポリュデウケスの二人が、テーセウスを追って船を出していた。そしてテーセウス自身が冥界の虜になっている間に、まんまと彼の母アイトラからヘレネを奪い返してしまった。

　テーセウスは自身の試練のために地獄を訪れた英雄ヘラクレスに助けられたが、彼が故郷へ戻った時には、すでにヘレネは救われた後だった。彼は己の行為が英雄の名にもとるものだと後悔し、ヘレネを再び奪おうとも、彼女の兄たちに復讐しようとも思わなかった。

　こうしてヘレネは無事に故郷スパルタへと帰還し、そこでさらに美しい女性へと成長していくこととなった。だが、それは彼女が自身の美貌によってさらに苦しめられるということでしかなかったのである。

パリスの誘惑

　トロイア戦争の原因となったヘレネの誘拐は、神話では「パリスの審判」という事件が発端となって起きたとされている。トロイアの王子パリスは、生まれた時に「トロイアに災いをなす子だ」と予言され、これを恐れた両親によって捨てられ、羊飼い

ヘレネ

第1章　名高き姫君

の子供として育てられた。

　ある日、草原で羊を追っていた彼の前に、ヘラ、アテネ、アフロディテという3人の女神が姿を現し、パリスに自分たち3人のうちのいずれが最も美しい女神であるか決めるよう命じた。突然の出来事にとまどうパリスだったが、そんな彼に女神たちはそれぞれ、自分を選んだらすばらしい褒美をあげようと申し出た。ゼウスの妻ヘラは「何ものも太刀打ちできない力」を、知恵の女神アテネは「だれよりも勝る英知」を、そして美の女神アフロディテは「この世で最も美しい女性を妻に与えよう」と約束したのである。

　王国を追放され、純朴な牧童として育ったパリスにとって、3つの条件のうち最も魅力的だったのはもちろん美しい女性を妻にすることだった。彼は勝者に与えよと授けられたリンゴの実を、アフロディテに差し出した。アフロディテは喜んでパリスを祝福し、パリスはどんなすばらしい女性が自分のものとなるのかと期待に胸をふくらませた。一方、敗れたヘラとアテネは激怒して、パリスと彼を産んだトロイア王家への復讐を誓った。

　もちろんこの時、パリスは自分の妻となるのがヘレネだとは知らなかった。彼とてヘレネの美しさを伝え聞いてはいたが、女神アフロディテ本人を目にした彼にとって、そのような噂などとるに足らないように思われたのである。しかもヘレネはすでに夫のいる身である。パリスが想像していたのは、無垢で純情な少女の姿だったのだ。彼は女神が約束した未来の妻はどこにいるのだろうと、あてもない旅へと出かけ、そして生まれ故郷であるトロイアへと戻ってきた。

　トロイアの王宮では巫女カッサンドラの予言によって、現われた羊飼いの息子がかつて自分たちが捨てた息子であることを知った。トロイア王プリアモスは息子に対する行いを悔い、パリスを王子として宮廷に迎え入れた。彼が災いをもたらすという予言は再会の喜びの中に忘れ去られていた。

　一方、自身が王子という高貴な身分であることを知ったパリスは、すでに英雄として勇名を馳せていた兄ヘクトールと自分とを比べて憂鬱とし、早く兄のように名をあげねばと焦っていた。そこで彼は、かつて勇者ヘラクレスが父王の姉を奪っていったと聞くと、自分が叔母様を救い出しましょうと名乗りをあげたのである。こうしてパリスはそれとは知らずにギリシアへ向けて船を出し、それとは知らずにヘレネの住むスパルタへと舵を向けていたのであった。

　パリスがスパルタを目指したのは、そこに住むヘレネの兄たちがゼウスの子なので、彼らと交渉すれば叔母を救い出す力になってくれるだろうと考えたからだった。だがパリスがスパルタに着き、まずは禊ぎをとアルテミスの神殿に祈りを捧げにいくと、そこで彼を出迎えたのはほかならぬヘレネだったのである。ヘレネは異国の王子が訪

ねてきたと聞いて、好奇心からその姿を見にきたのであった。

彼女をひと目みた時、パリスはその美しさに息をのんだ。ヘレネの姿は、まさに美の女神アフロディテと生き写しだったのである。彼は即座に、ヘレネこそアフロディテが約束した花嫁に違いないと思った。叔母の奪回という使命も、ヘレネが人妻であるという事実も、パリスの頭からはきれいさっぱり消え失せてしまった。彼の目には、かつて彼の前に現われたアフロディテの微笑とその約束、そして目の前に立つヘレネの美しい笑顔が重なり合い、その心を焼き尽くしていたのである。

パリスがスパルタを訪れた時、ヘレネの夫メネラオスは、遠く異国へ出かけている最中だった。パリスは夫の留守をいいことに配下の兵を説き伏せ、自らはヘレネを抱き、兵士たちには王宮の財宝を奪わせて、スパルタを脱出しようと考えた。

パリスにとってことは簡単だった。夫が長く留守にしていたため、ヘレネは退屈していた。トロイアの若く美しい王子の来訪は、彼女にとって格好の暇つぶしに思われた。ヘレネは何を疑うこともなく王子とその部下たちを宮廷に迎え入れたのである。パリスは、ヘレネを甘いささやきで自分の船へと誘い、立ち去るだけでよかった。

ヘレネは船が遠く沖へ出るまで、自身が誘拐されたのだとは気づかなかった。自分が王宮にパリスを歓待したお礼に、パリスが自分の船に招待してくれたのだと思っていた。船が沖へ沖へと進んでいき、故郷が遠く離れても、ヘレネはそれ程ことの重大さを飲み込んではいなかった。夫のいない間にちょっと異国の王子と戯れるだけだ、優しいパリスは、夫が帰ってくる前に、自分をスパルタに送り戻してくれるだろうと気楽に考えていたのだ。

二人はエーゲ海に浮かぶクラナイ島へ投錨し、だれにも邪魔されずに幾日も戯れた。楽しい日々はあっという間に過ぎ去り、パリスがヘレネを連れていよいよトロイアへ戻ろうと思った時には、はや数年が経過していた。

トロイア戦争

ヘレネがパリスと「つかの間の楽しみ」を送っている間に、この出来事はギリシア本土では重大事件に発展していた。帰国したメネラオスは妻がトロイアの王子と駆け落ちをしたと聞いて激怒し、兄のアガメムノンは、今こそかつての盟約を履行する時だと諸国の勇者たちに檄を飛ばした。

また、ヘレネの二人の兄カストルとポリュデウケスは軍の終結を待たずに船を出し、ヘレネ救出へと向かった。トロイアに到着したヘレネはギリシア軍決起の知らせでようやく事件の重大さを知り、幼いころテーセウスにさらわれた時のように、兄たちが救いに来てくれるのを待った。

第1章　名高き姫君

　だが、カストルとポリュデウケスにとって、今度の冒険は彼らの命を奪う旅となってしまった。トロイアとパリスに対する復讐を誓っていたヘラとアテネ、そして彼女の親類は、二人の兄弟にヘレネを救い出すことを許さなかったのである。

　カストルとポリュデウケスはエーゲ海で嵐に遭遇し、船は波にのまれ、二人は荒海へと投げ出されてしまった。彼らはゼウス神によって天へとあげられ、船乗りの道しるべとなる星となったが、ヘレネはいくら待てども助けに来ない兄たちを待ち続け、悲しみにうちひしがれていた。

　この時ヘレネは、すでに己の過ちに気づいていた。彼女は、トロイアを目指しているギリシアの英雄そして軍勢が、自分をさらったパリスと同じように若き王子の誘惑にうかうかと乗ってしまった彼女自身に対しても怒りを燃やしているであろうと思い、恐怖と後悔の念に苛まれていた。

　ヘレネは乞われるままにトロイアの宮廷にてパリスとの結婚式をあげたが、彼女にとってクラナイ島で過ごしたような気ままで幸せな日々はもはや過ぎ去ってしまっていた。彼女は城内で夫と一緒に過ごすことはほとんどなく、たった一人で来るべき戦争に浮かれる兵士たちを悲しげに見つめ、わずかに存在する反戦派の「惨禍を招いた女」に対する冷たい視線に耐えていた。

　彼女はパリスが夫メネラオスとの一騎打ちに出陣したと聞いても心晴れず、メネラオスに倒されそうになったパリスをアフロディテが救い出すと、ヘレネに床に入って夫の帰還を待つように命じる女神に対して、「そんなにパリスが恋しいならば、あなたが床に入れば良い」と憎まれ口をきく程だった。

　トロイアを巡る戦争はギリシア勢の苦戦が続き、10年も続く長き戦いとなった。だがヘレネはトロイアの善戦を賞賛することも、パリスの勝利を念ずることもできなかった。彼女にはパリスへの愛は既になく、夫の兄である勇者ヘクトールような高潔な人物に接するたびに、このような立派な人物を争いに巻き込んだという自責に駆られた。

　だが、生まれた時から絶世の美女と讃えられ、美しい女であるということ以上の何も求められず自らも求めてこなかったヘレネにとって、巨大な破壊をもたらす戦争も勇者と勇者の名誉をかけた激突も、理解の外の出来事だった。彼女が最も恐れていたのは、ただ城壁の向こうで燃えさかっているであろう夫メネラオスの怒りなのであった。

ヘレネの救出

　戦いはいつ果てるともなく続いた。だが、トロイア随一の猛将ヘクトールがギリシアの英雄アキレウスとの一騎打ちに敗れ、そのアキレウスを射殺したパリスを勇者ピロクテテスの毒矢が貫いた時、トロイアの敗北は避けられぬものとなった。そして知将オデュッセウスが考案した木馬に潜んだギリシア軍が城内へ潜り込み城門を内から開くと、ついにトロイアは崩壊した。

　陥落した城内へなだれ込むギリシアの勇者や兵士たち。逃げまどうトロイアの市民や女性。あちこちで略奪や暴行が横行し、絢爛たる王国は炎に包まれた。メネラオスを始めとするギリシアの英雄たちは、戦いの目的だったヘレネの行方を捜したが、彼女はなかなかみつからなかった。

　というのも、ヘレネ自身が激怒する夫との再会を避け、落城するトロイア同様恐怖に震えていたからである。彼女はトロイア王家の数少ない生き残りの一人であるパリスの弟デイポポスにかくまわれ、燃えさかる街の炎が自身をも滅ぼしてしまえば良いのにと嘆き悲しんでいた。

　必死の捜索の末にようやく妻を発見したメネラオスは、まず彼女をかばっていたデイポポスを槍で刺し殺し、妻に近づいた。だがヘレネは急な夫との再会に動揺し、とっさに逃げ出してしまった。彼女を追ったメネラオスは再び妻を見つけ出した時、目前で再び逃げられた怒りと戦いの興奮から、ヘレネの頭上に剣を振りあげた。ヘレネは愛する夫による死の一撃を覚悟した。

　だが、彼はその剣を振り下ろすことはできなかった。ヘレネの「ギリシア一」と謳われた美貌は、長い虜囚の後にも全く衰えていなかった。メネラオスは妻の美しさに触れたとたん、再び妻への愛に目覚めたのである。

　するとそこへ、ギリシアの軍勢が駆け込んできた。メネラオスは長年の戦争と幾多の犠牲をもたらした妻に情けをかけるのは恥ずかしいと感じ、再びヘレネに対して剣を構えた。その時彼の兄アガメムノンが「弟よ、我々は彼女を救うためにこれまで戦ってきたのだ。怒りを捨て、妻を救うが良い」と告げた。

　これを聞いたメネラオスは剣を下ろした。だれかがこの一言を発するのを待っていたのだ。彼は口には出さなかったが、兄に感謝していた。ヘレネもまた、アガメムノンの言葉に涙し、こんどこそ夫の胸へと飛び込んだ。ついにヘレネは救われたのである。

第1章　名高き姫君

スパルタへの帰還

　こうして戦いは終わり、ギリシアの勇者たちは手に手に略奪したトロイアの財宝や、捕虜とした奴隷や貴婦人を連れて故郷への帰路についた。だが、神々は勝利に酔ってトロイアの街を破壊し尽くしたギリシア勢に対しても鉄槌を振り下ろしたのである。

　故郷へ向けてエーゲ海を渡るギリシアの軍勢は、海神ポセイドンの怒りによって暴風雨に見舞われ、あるものは溺死し、あるものは長い漂流を強いられることとなった。メネラオスとヘレネもまた、故国スパルタへと帰り着くまでに8年もの放浪を強いられた。

　ついにスパルタへと帰り着いた二人は、こんどこそ二度と離れないと誓い、幸福な家庭を築くことを決意した。その幸福が破られる日が再びくることはなかった。メネラオスの兄アガメムノンは帰国後、ヘレネの妹である妻クリュタイムネストラに殺され、そのクリュタイムネストラも子どもたちに復讐されるという悲劇に遭ったのとは対照的である。

　最もメネラオスとヘレネも、その後一度だけ窮地に陥ったことがある。母クリュタイムネストラを殺した彼女の息子オレステスが「母殺し」として断罪された時、メネラオスは激怒するクリュタイムネストラの父ティンダレオスに気を遣って、オレステスをかばわなかった。オレステスとその姉エレクトラはそのことを根に持ち、メネラオスに復讐するためにヘレネをさらって、二人の娘であるヘルミオネを殺害しようと企てたのだ。

　しかし、この事件はアポロン神がヘレネとヘルミオネを救い出し、オレステスに許しを与えたことで解決した。こうして、生まれた時から美という報酬と、それによってもたらされる不幸を経験してきたヘレネには、ほんとうの安らぎの日々が訪れたのであった(註2)。

美の幸福、美の不幸

　絶世の美女として世に生を受けたヘレネの人生は、度重なる誘拐とそれによって巻き起こされた悲惨な戦いに充ち満ちている。それ故、彼女は「悲劇をもたらす女」とされ、ギリシアの伝説を代表する悪女の典型となった。この評価は後の世まで続き、古典ギリシアをそのルーツと信じるヨーロッパにおいては、今日でも「ヘレネ」という名は男を惑わす悪女の代名詞である。

　だが、ギリシアの男たちが彼女の「美」に心を奪われたのだとするなら、ヘレネ自

註2：エウリピデスの悲劇『オレステス』では、オレステスに殺されそうになったヘレネはアポロンによって天へ昇げられ、兄たちと共に船乗りの神となったとされている。

身もまた己の美貌に支配された女性だった。「ギリシア一の美女」という名は、ヘレネを一人の女性ではなく「美女」という記号へと変えてしまった。ヘレネは一時たりとて自分自身でいることはできず、絶世の美女以外の何ものになることも許されなかったのだ。

　古代ギリシアにおいても、こうしたヘレネの境遇に同情し救いを与えた詩人がいた。ギリシア3大悲劇詩人の一人エウリピデスは『ヘレネ』という作品において、パリスによってトロイアに連れ去られたのは彼女自身ではなく、女神アルテミスが作りあげた幻影だったと語った。本当のヘレネは女神の力でエジプトへ送られ、戦いの後に地中海を放浪していた夫メネラオスに救い出されるのである。

　ここではヘレネは一度もパリスには心も体も許しておらず、トロイアを滅ぼした戦争の罪はないとされている。だが皮肉なのは、作中でメネラオス自身が語っているように、この物語ではギリシアの勇者たちが、美女の幻のために何10年も続く戦争へ赴き、トロイアを破壊し尽くしたということになるということだ。

　結局、「絶世の美女」はヘレネである必要も、あるいは現実に存在する女性である必要すらなかった。美女という幻想に惑わされるのは、それを取り囲む男や女たちであり、ヘレネ自身は「美女の呪い」を受けた犠牲者にすぎなかった。

　つまりヘレネは、「美は不幸をもたらす」という呪いを受けることによって、「絶世の美女」ではない現実のすべての人々の救いとなったのだ。そして彼女の物語は今もなお、我々のような平凡な人々にとって理想であると同時に、美の不幸を一身に受け続けているのである。伝説の英雄たちが凡人に代わって名を馳せ、彼らの代わりに死に至るように。伝説の美女もまた、人々にとっての「英雄」だったのである。

第1章　名高き姫君

育まれた理想の姫君

紫の上

Murasaki

地域：日本
時代：平安時代中期（11世紀頃）
生没年：──
出典：『源氏物語』

『源氏物語』のヒロイン、紫の上。
その美しさに思い詰めた光源氏によってさらわれ、
源氏の理想どおりに育てられる。その愛と懊悩とは？

壮大な愛の物語のヒロイン

　場合によっては世界最古の長編小説とも言われる『源氏物語』。天皇の第2皇子として生まれながらも源姓を賜り、臣籍に降下した美貌のプレイボーイ、光源氏を中心に、多くの女性たちとの間で繰り広げられる奔放な恋愛を描いた物語である。

　恋多き光源氏は、実に20人以上の女性をその恋愛の対象にするが、その彼が生涯愛し続けた女性が『源氏物語』のヒロイン、紫の上である。

　紫の上は幼い少女のころに源氏の元へ強引に連れ去られ、まるで花を慈しむように大切に育てられる。手塩にかけて育まれた紫の上は、やがては美しい大輪の花のように開花し、一途に慕い続けた源氏と結ばれる。現代人の感覚からすると、一種の危うささえ感じてしまう有名なエピソードだ。しかし、男性ならばだれしも自分の理想の恋人を自らの手で作りあげれたらと夢見るもの。同様のテーマは『マイ・フェア・レディ』など、多くの作品にも覗うことが出来る。では、本家光源氏はどのような夢の終着を向かえたのか？　雅な平安文学を紐解いていくことにしよう。

若紫

　紫の上と光源氏の出会いは「若紫」の帖で描かれている。

　瘧病[注1]にかかった光源氏は、名高い聖（高僧）の加持祈祷を受けるため数名の供を連れ、聖の庵のある北山を訪ねた。

註1：マラリア、草ぶるいとも説あり。

紫の上

　源氏は祈祷の休みの間に山の景色を眺めるなどして楽しんだが、その時ふと小柴垣の山寺に目を止める。さらに目を凝らすと、女の子や侍女たちが閼伽（仏前に供える水）を奉ったり花を折ったりしている。見に行った供に話を聞くと、若く美しい女房や小さな女の子もいるようだという。源氏は、この山寺に興味を持つ。

　その日の夕暮れ、すっかり発作のおさまった源氏は、例の山寺に立ち寄って垣根越しにそっと様子を覗き見た。山寺の中では、品の良い尼君が読経している。その側には、小ざっぱりした女房と少女たちが遊んでいた。源氏は、その中の一人に目を止めた。髪は「扇を広げたるやうにゆらゆらと」豊かで、成人した時が楽しみな愛らしい顔立ちであった。彼女は泣き腫らした目で「雀の子を犬君（召使いの名）が逃がしてしまったの。せっかく籠の中に入れておいたのに」と、実に子どもらしいことをいう。尼君はそのような無邪気な様子を見て少女を傍らに座らせると「亡くなったあなたのお母様は、10歳程でお父様に先立たれた時も分別をわきまえていましたよ。あなたがまだそんな子供のようでは、老い先短い私は死ぬに死に切れない思いです」と嘆いた。すると少女は尼僧を悲しませてしまったと思い、うつむいてしまった。

　その少女の様子に、源氏はひどく惹かれるものを感じた。少女の面影と、ふと見せた翳りが、源氏が憧れる藤壺の宮によく似ていたのだ。この少女を藤壺の宮の代わりに手元に置き、理想とする貴女に育てあげてみたいという欲求に駆られる。

　その夜、源氏は例の山寺に招かれた。あの少女のことが気になってならない源氏は、それとなく山寺の者たちの由縁を訊ねた。すると、昼間見た尼君は亡くなった按察使大納言の妻だった人で、例の少女は尼君の娘の元に通ってきた兵部卿宮との間にできた子だという。少女が藤壺の宮の面影を宿しているのも当然だった。兵部卿宮は藤壺の宮の兄である。源氏は自分の想像どおり、少女が理想の姿に成長するだろうと確信する。この少女こそ紫の上（幼少時は若紫、成人して紫の君、さらに紫の上とも呼ばれるが、本章では紫の上に統一する）だった。

　源氏は加持祈祷を終えて北山を発つことになった。その際、見送りにきた尼君に、紫の上を引き取って後見人になりたいと申し出るが「もう4、5年経ちましたらば」とやんわりと断わられてしまう。

　一方の紫の上は、幼いながらも「源氏の君は素晴らしいひとだわ。お父様のお姿よりも優れていらっしゃる」と大変な気に入りようだった。あきれた侍女たちは「それではこのお方のお子様におなりませ」と戯れに言うと、紫の上はこくりと頷いてそうなっても良いというような顔をしていた。何か運命的なものを感じたのだろう。こののち、紫の上は人形遊びや絵を描く時も「このお方が源氏の君なの」などと言っては無邪気に遊ぶのだった。

　この時、光源氏18歳、紫の上は10歳であった。

第1章　名高き姫君

根にかよひける野辺の若草

　やがて、尼君が北山の山寺から京に戻ってきたという噂を聞いた源氏は、密かにその元を訪ねた。尼君は病床にあったが、せっかく訪ねてきた源氏の見舞いを断わるわけにも行かず、縁座敷に源氏を迎え、隣の部屋から侍女を通して礼を述べた。
　そこへぱたぱたと小さな足音が聞こえてくる。紫の上であった。紫の上は、尼君が部屋に引き篭ったまま源氏に会おうとしないのが不思議でならない。
「なぜ源氏の君に会おうとしないのですか？　この前源氏の君にお会いしたら気分もよくなったと仰っていたではありませんか」
　以前、尼君が源氏と会ったおかげで具合がよくなったようだと話していたのを覚えていたのである。源氏は、このあどけない言葉を聞いて思わず微笑んでしまった。それは今まで関係を持ってきた女たちとは違う魅力——疑うことを知らぬ純真な可愛らしさだった。
　このころ、源氏は自分の心情を次のように歌っている。
「手に摘みていつしかも見む紫の　根にかよひける野辺の若草」
（訳：手に摘んで早く見たいものだ。紫草にゆかりのある野辺の若草を）
　紫草とはすなわち藤の花、藤壺を指している。

自らの手の中で

　程なくして尼君は亡くなる。紫の上にとって、尼君は母代わりとなって育ててくれた人物である。その悲しみは深く、紫の上はずっと泣いてばかりいた。そこへ、源氏が慰めに訪れる。源氏にはときめくものを感じてはいるのだが、まだ幼い少女である紫の上は、父親でもない男性が近づいてきたことに警戒し、乳母の元から離れようとしなかった。しかし、源氏の優しげな様子と自分に好意を持ってくれていることが分かると、徐々に心をひらいていった。
　しかしそんなころ、父親の兵部卿宮が紫の上を迎えにくることが決まってしまう。この話は、乳母を通じて源氏の耳にも入る。このままでは紫の上と会うこともできなくなると思った源氏は、ついに行動を起こす。それは、まだ日が昇らぬうちのこと。眠っていた紫の上は、突然源氏に抱き起こされた。
「お父様のお使いであなたをお迎えにきたのですよ」
　紫の上は訳も分からずただ身をすくめるしかなかった。今まで素敵なお兄様だと思っていた源氏の変貌を幼い心で理解出来るはずもない。そのまま強引に車に乗せられ、源氏の邸宅である二条城へと連れて行かれてしまう。

紫の上

第1章　名高き姫君

　二条城に着いた紫の上は、ただ心細く怯えるばかりだった。しかし、源氏が同じ年頃の少女たちを遊び相手として招き入れたり、絵や玩具などを与えてくれたので次第に機嫌を直し、慣れ親しんでいった。
　源氏は、かねてから抱いてきた計画の実行に取りかかった。そう、紫の上に教育をほどこし、理想の伴侶に育てあげるのである。そんなこととは露知らず、紫の上は源氏の手ほどきを楽しげに受けた。しかし、字を書いてみても幼いせいでなかなかうまくいかない。書き損じなどしてしまうと、恥ずかしげに源氏を見あげたりする。そのあどけない仕草が、源氏にはいとおしくてならない。また紫の上の書く字は子どもらしいところはあるものの、将来の上達を感じさせ、源氏を喜ばせた。手ほどきに飽きると、今度は一緒に雛遊びに興じた。このような日々を過ごすうち、紫の上は源氏を父親のように慕い、すっかり懐いてしまった。源氏が内裏から帰ってくれば真っ先に出迎え、その胸に抱かれても少しも嫌がることもなかった。このころの源氏は参内するのも忘れ、紫の上につきっきりになった。

三日夜の餅

　時は過ぎ、源氏の正妻である葵(あおい)の上が男子を出産した。しかし、悪霊に憑かれたせいで産後の肥立ちが悪く、亡くなってしまった。
　喪(も)の明けた源氏が二条城を訪れてみると、紫の上は見違えるように大人びて成長していた。なにより藤壺の宮の面影を宿していることに、源氏は感銘を受けた。教育の甲斐もあって、紫の上は優れた芸術の素質と利発さを備えている。
　紫の上は大人びてきたとはいえ、まだ何も知らぬ無垢な少女。源氏と碁を打ったり偏継ぎ(註2)をしたりと、いつもどおりに暮らしていた。しかし、源氏には親愛の情だけでなく、それ以上の感情が沸き上がっていた。愛すれば愛する程に悩ましく、紫の上に対する想いを抑えられなくなる。
　ある日の朝、源氏が早く起きているのに紫の上がなかなか起きてこないので、家臣たちが心配するようなことがあった。その日、紫の上は頭から布団を被ったまま、枕を涙で濡らしていた。紫の上は、とうとう源氏と結ばれたのである。男女の営みなど知らぬ清い紫の上にとって、その行為は苦痛でしかなかったろう。父や兄のように慕っていた源氏から求められたのは、裏切りとも思える大きなショックだった。だれもいない時にふと頭をあげると、枕元に手紙が添えてある。
「あやなくも隔てけるかな夜を重ねさすがに馴れし中の衣を」

註2：漢字の偏を使って字を当て合う遊技。諸説あり、詳しい遊び方はよく分かっていない。

(訳：どうして長い間何でもない間柄でいたのでしょう。幾夜も幾夜も馴れ親しんできた仲なのに)

　まさか源氏が自分に対してそんな想いを抱いていたとは……。紫の上は無垢ゆえに傷つき、何故こんなひどいことをする相手を信頼してきたのだろうと自分を情けなく思った。しばらくして慰めにやってきた源氏とも、なかなか打ち解けることはできなかった。しかし、源氏にはその様子が可愛らしく映るのだった。

　源氏は家臣に「三日夜の餅」を用意させる。当時は通い婚で、男性が女性の元へ3日間通い、その3日目に二人で餅を分け合って食べることで結婚が成立した。家臣たちは、いよいよ紫の上が正式に源氏の妻になったのだと知った。

追い求めた理想像として

　光源氏が紫の上を理想どおりに育てたいと思うようになったのは、彼の出生が関係している。源氏の母である桐壺の更衣は桐壺帝に見初められて源氏を産むが、周囲の嫉妬からひどいいじめを受け、その心労が元で若くして亡くなる。源氏が3歳のころであった。桐壺帝は桐壺の更衣の死を悲しんでいたが、先帝の内親王が亡き更衣にそっくりだと聞き及び、懇願して宮中に招き入れた。それが源氏の理想の女性として描かれる藤壺の宮である。源氏は宮中に参内した時に一目見た藤壺の宮に亡き母の面影を重ねた。それが光源氏の初恋であった。

　しかし、義理の母である藤壺の宮との関係は許されぬ禁忌であり、結ばれてはならない恋である。源氏は『源氏物語』の作中、数多くの女性たちとの恋愛を経験するが、すべては亡き母親と初恋の人を追い求めてのことだった。

　だからこそ、紫の上は源氏にとって貴重な存在だった。自分の報われぬ想いを唯一かなえてくれるかもしれない少女なのである。紫の上は源氏の愛情と期待に応えて理想どおりに成長し、ついには結ばれる。

　しかし、紫の上は愛される喜びから愛することの苦悩を知ることになる。

栄光の影で

　光源氏は政敵に敗れて一旦は須磨(今の兵庫県)へ下る時期はあったものの、京に戻ってくると権力の中心に昇り詰め、権勢を極める。同時に、多くの女性たちとも恋愛を重ねていった。

　紫の上は源氏に愛されながらも、ついに正妻として迎えられることはなかった。当時の結婚は通い婚であり、妻の家が夫を迎えなければならない。後ろ盾のない紫

第1章　名高き姫君

の上が、正妻となることはできなかった。また、源氏との間に子を授からなかったことも不幸だった。にもかかわらず、源氏は明石の君（須磨にいる時にできた女性）との間にもうけた子を紫の上に託し、母であることまで要求した。

源氏40歳の時、朱雀院の内親王（娘）である女三の宮が降嫁してくる。葵の上を亡くしてから源氏には正妻はおらず、娘の行く末を案じる朱雀院の頼みを断わるわけにはいかなかった。源氏はわずか14歳の女三の宮を正妻として迎える。紫の上の心中は、穏やかではなかったはずだ。

そうした心労によるものか、紫の上は病に伏せる。紫の上はもう自分の命は長くないと悟り、平穏な心のまま臨終を迎えたいと出家を望む。しかし、源氏はこれを認めなかった。出家を認めれば、紫の上がすぐにでも死んでしまうように思えたからだ。だが、そんな源氏の願いも虚しく、紫の上は長い闘病生活ののちに亡くなってしまう。

源氏は世の無常を儚んで出家を決意する。源氏が夢見た理想の追求は、最愛の存在を病苦の末に失うという結末をもたらしたのだ。

色あせぬ愛の物語

『源氏物語』は、紫式部が藤原道長の娘で一条天皇の中宮彰子の女房として仕えた時期に書かれたものだ。宮中では、天皇の寵愛を得るために女性たちが美しさを競い合っていた。『源氏物語』は、彼女たちへの恋の指南書としての側面もある。物語を通して、移り気な男性の心とその心を惹く女性たちの駆け引きや、作中の人物の口を通して語られる恋愛論や女性論を知ることが出来る。

常に美しく、まさしく男性の理想の女性である紫の上だが、その儚い生涯は単純な幸福として描かれてはいない。源氏に深く愛されながらも、その移り気な想いに翻弄され、若くして病に倒れ、子を成すこともなかった。『源氏物語』の作中、出家を望んだのにもかかわらず最後まで果たせなかった唯一の人物でもある。無垢な少女として、理想の恋人として、また明石の姫君を育てる母親として、男性が望むままの理想像になれたとしても、必ずしも幸せに繋がるわけではないという紫式部の主張を読み解くことができよう。そして源氏もまた、理想を追い求めることで最愛の紫の上を苦しませ、ついには失ってしまう運命を辿る。そこには愛されること、愛することの喜びの影に、同時に大きな苦悩が潜んでいるのだと思い知らされる。

紫の上が不幸であったとも言い切れない。少女から大人の女性へと芽吹く人生で最も輝かしい季節を、愛する源氏と共有できたのだ。なにより、数多くの女性との恋路の果てに源氏が最後に帰ってきた女性こそ、だれあろう紫の上なのである。

楊貴妃

玄宗皇帝の愛妃

Yang gui fei

地域：中国
時代：紀元8世紀（唐代）
生没年：719〜755年
出典：『旧唐書』、『新唐書』他

紀元8世紀頃、盛唐の時代を生き、
時の皇帝に寵愛された楊貴妃は、
今日でも世界的な美人の代名詞として有名な人物である。

楊貴妃と玄宗

　楊貴妃は、唐の玄宗皇帝の寵姫として名高い。たぐいまれな美女と歴史は伝え、現在でも絶大な人気と知名度を誇る。

　楊貴妃が玄宗の許に侍ったのは、玄宗の晩年である。740年に両者が邂逅した時、楊貴妃は22歳、玄宗は56歳であった[注1]。

　少壮の時分には「開元の治」と呼ばれる治世を築いた玄宗も、晩年は統治者としての精彩を欠く。34歳離れた楊貴妃に溺れた結果、ついに国を揺るがす反乱を招いた。玄宗皇帝と楊貴妃のきらびやかな生活は、唐が史上もっとも華やかに隆盛した時代の象徴でもある。反乱が起き、楊貴妃の一生が悲劇で幕を閉じる時、唐の没落もまた始まる。

　若き日の玄宗を良君と評価し擁護する立場から見れば、楊貴妃は傾国の悪女かもしれない。しかし楊貴妃にしてみれば、彼女の人生は史上まれに見るシンデレラ・ストーリーであったともいえる。玄宗との生活は、美しく華やかなラブロマンスそのものであった。楊貴妃の死で終わる悲劇的な結末が、物語に一層の華を添える。

　楊貴妃を失った後の玄宗は、反乱を招いたことよりも楊貴妃を失ったことを嘆きながら死を迎えた。一国の統治者としては、確かにあるまじき行為である。しかし翻せば、玄宗の楊貴妃への想いはそれ程までに深かった。

　一王朝の全盛を築いた皇帝に一途な愛を受けた楊貴妃とは、どのような人物であったのか。

註1：数え年による。以降も本項では数え年で人物の年齢を記している。

玉環から寿王妃へ

　楊貴妃の生年は719年。幼名は玉環とつけられた。素性については諸伝ある。
　通説によれば、血縁には兄が一人と姉が3人。本籍は蒲州(今の山西省永済県)にあったが、実父楊玄琰は蜀州(今の四川省崇慶県)に務めた。とすれば、楊貴妃は幼年期を蜀州に暮らしていたことになろう。
　両親について、史書は多くを語らない。どうやら玉環の成年を待たずに早死したものらしい。玉環は、河南府(洛陽)で役人をしていた叔父に引き取られた。
　楊貴妃といえば、新鮮な荔枝(いわゆるライチ)を好んで早馬を駆けさせた逸話が有名であるが、荔枝は蜀州でもよく産した果物である。荔枝に不老長寿の薬用が信じられていたためともいわれるが、あるいは、幼くして遠のいた故郷を偲ぶ想いもあっただろうか。
　ともあれ、河南府への転出は、玉環にとって最初の転機となる。父母が健在で蜀にいたままならば、いかに容色に誉れあったとはいえ、彼女は名を残さず一生を終えたかもしれない。
　後年にその名を残す通り、玉環は若き日より稀代の美少女であった。黒髪は雲のようで、肌は雪のように白かったという。優雅な立ち振る舞いは、漢の武帝が寵愛した李夫人の挙止に喩えられた。叔父の任地が都の長安に程近かったのが幸いし、美貌の噂はたちまち都へと聞こえた。
　そして17歳を迎えたころに、思いもかけない縁談が持ち上がってくる。史上空前のシンデレラ・ストーリーの始まりであった。
　いきなり始めから玄宗の目に適い、ロマンスが芽生えたわけではない。始め玉環が召し出されたのは、玄宗の第18王子寿王瑁の元である。
　寿王はこの時22歳。玄宗皇帝が当時溺愛していた武恵妃の子であり、次期皇帝の第一候補とも噂されていた。玉環は一転、寿王妃と呼ばれ、華やかな宮廷に出入りする身分となった。順調に事が運べば、このままでもゆくゆくは皇妃である。
　地方役人の末娘が一夜で遂げた華麗な転身としては、この時点で十分過ぎる。この後、玉環が楊太真を経て楊貴妃となることを予想していた者は、一人としていなかっただろう。そしてこのまま寿王妃として一生を終えれば、世界に名だたる美人の代名詞として、今日知らぬ者はいない程の知名度を得ることもなかっただろう。
　しかし737年、当時の玄宗が溺愛した武恵妃が病死した。これにより武恵妃の後ろ盾を失った寿王は、急速に皇太子の座から遠のくことになる。皇帝である玄宗にも、これを境に変化が訪れていた。
　事態は、玉環を歴史の主役へ押しあげてゆく。

楊貴妃

第1章　名高き姫君

楊貴妃の誕生

　武恵妃を失い、玄宗は喩えようもなく意気消沈した。3千の美女がいるといわれた巨大な後宮の中にも、武恵妃に代わる者などだれもいなかった。唐を空前の繁栄に導いた辣腕家の彼も、このあたりを境に若き日の情熱を失っていった。
　しかしある日、鬱々と過ごす玄宗を見かねて「寿王の妃は絶世の美人です」と薦めた者がいた。一説では、のちに楊貴妃の側近となる高官、高力士であったとされている。
　ここからが、かの有名な玄宗と楊貴妃のロマンスのはじまりである。寿王妃は、740年に長安から北東へ30km程離れた驪山へと召し出され、玄宗に拝謁した。そこは皇家が冬に使う別荘地であり、温泉宮と呼ばれる宮殿があった。温泉宮で玄宗にまみえた寿王妃は、すっかり気に入られてしまったのである。
　しかしさすがの皇帝も、息子の嫁を横取りするのはためらわれたらしい。そこでいったん妃は女冠(道教における女性修行者)として出家させられ、楊太真と改名することになった。この間、玄宗は寿王に別の娘を娶らせている。
　744年、太真は後宮に仕官した。記録によれば楊太真から申し出たということだが、真実はそうではあるまい。玄宗の意向に従って、高力士を始めとする側近が筋書きを書いたのである。唐王朝では武則天の時、これと逆に父の愛妾を子が后として迎える事態が起こったが、この時もやはり武則天は一度女冠となって時間を置いている。父子で同じ女性を娶るのは世間体が悪いのはむろんのこと、当時の道教的な観念では不吉なこととされていたため、こうした手順を踏んだのである。
　翌年、楊太真は正式に楊貴妃の称号を贈られ、貴妃としての立場を与えられた。貴妃とは、正妃である皇后に次ぐ妃のことである。玄宗が即位以前に娶った正室はとうに廃されていたから、実質上は正室であった。事実、楊貴妃は後宮で、奥様を意味する「娘子」という通称で親しまれることとなった。この時楊貴妃27歳、玄宗はすでに60を越えている。
　こうして、詩にも詠われる楊貴妃の華々しい生活が始まった。

楊貴妃の肖像

　玄宗に寵愛された楊貴妃の人物像はいかなるものか。楊貴妃と玄宗の情事を詠った白居易(字は楽天。772〜846年)の「長恨歌」によれば、美しく輝くような黒髪を雲のように高く結った髻に、金色の簪をさしていたと描かれている。ひとたび笑っただけで白粉に眉ずみを施した後宮の美女たちも皆見劣りする程であった。また、

肉づき良いふくよかな美人であったこともよく知られている。

楊貴妃の体格に関しては、大意にして次のような話が載っている。

漢の成帝にはやはり絶世の美女とされた、飛燕という愛妃があった。飛燕は華奢でか弱いイメージの女性であったので、成帝は彼女を舞わせる時には、風よけをつくって飛燕が風に飛ばされないように配慮したという。この話を書で読んでいた玄宗は、ちょうどやってきた楊貴妃をしみじみと見て、「汝(なんじ)ならば少々の風でも大丈夫であろう」と冗談を言った。それを聞いた楊貴妃は、頬を膨らませて怒ったという。

当時は、ふっくらした姿態に、切れ長の目や小さな唇をした女性が好まれた。唐代を描いた美人画には、楊貴妃に限らずふくよかで肉感的な女性が多い。楊貴妃は当時の女性の理想像を、忠実に反映したような女性であったことだろう。肉づきがよければ必然として発汗量が増えるように思えるが、楊貴妃は滴る汗すら薄紅色で、李の甘い芳香がしたという伝説がある。

そんな伝説を持つ美女であればこそ、昔日の覇気を失い鬱屈していた玄宗を再び奮い立たせたのである。

それに、彼女の誉れは容顔ばかりではなかった。頭の回転が速く、玄宗の思惑をだれよりもよく理解したという。詩心にも秀で、舞いにも長じていた。楊貴妃の華麗な歌舞は、芸能を愛でた玄宗の歓心を買ったのである。

楊貴妃を迎えて以来、玄宗皇帝は寝ても覚めても貴妃を側に置いた。点在する史料を総合する限り、二人はまさに不即不離の関係であった。しかし逆にその昵懇の間柄ゆえ、玄宗の心が再び政治に向くことはなかった。毎晩、懇(ねんご)ろに楊貴妃と夜を過ごす玄宗は、若き日のように早朝から朝廷に参内することはなくなっていったという。

中央集権化の極まった当時の社会で、頂点にある皇帝が遊惰に溺れればどうなるか。致命的な混乱を招くことは必定だ。玄宗がつくったとされる曲に合わせ、虹色の衣を纏った楊貴妃が華麗に舞うその裏で、確かに崩壊は始まっていた。

楊国忠と安禄山

寵愛される楊貴妃を利用して、のし上がった男が二人いる。

一人は楊釗(ようしょう)。のちに楊国忠(ようこくちゅう)と名を変える、楊貴妃の親族である。

楊貴妃の宮中入りに伴っては、一族の者にも昇進の機会が訪れた。一人の出世に伴って一族に恩進があるのは、古代からの伝統である。そう珍しいことではない。一族の隆盛が、すべて玄宗の寵愛につけこんだ楊貴妃の願い出のおかげというわけでもないのだが。そうした一族の中でも最も権力を手にしたのが、楊釗という男で

あった。

　楊釗の楊貴妃との親等関係については諸説ある。一般的には、直接の血縁はなかったといわれている。楊貴妃から見れば祖父の甥の子であり、またいとこにあたる者だという。粗暴で身持ちが悪く、親族の中でも鼻つまみ者であった楊釗は、ただ一点、口の達者なことにかけては並ぶ者がいなかった。得意の口先で楊貴妃や玄宗にも巧みに取り入り、豪勢な生活をほしいままにした。

　楊釗は、750年に玄宗から楊国忠の名を与えられ、752年には宰相となる。

　もう一人の安禄山は、ソグド人の父とトルコ系の遊牧民族の母を持つ異民族である。節度使という辺境警備の任務で名をあげた。残忍ではあったが知恵者で、人の心情をよく読める人物であったという。

　740年ころには玄宗の許に出入りするようになった。肥満の身体を突かれ、その腹には何が詰まっているかと聞かれると「真心がつまっているだけです」と応えるなど、物怖じせずに自分をアピールした。身体の割に踊りが得意で、楊貴妃の前で腹を揺らして異民族風の踊りを舞っては、貴妃を喜ばせたともいう。

　やがて安禄山は、楊貴妃の養子になりたいと申し出て受け入れられた。寿王との間にも玄宗との間にも子のできなかった楊貴妃は、これを大いに喜んだとみえ、彼が入朝するたび、豪勢に設宴して歓待したという。

　年老いた玄宗は政治に倦み、朝廷への足も遠のいていた。朝廷内の権力争いは、楊貴妃を介して台頭したこの2者の争いとなった。

　辺境に本拠があった安禄山に比べて、都に邸宅のあった楊国忠は、巧みに安禄山に対する悪い風説を宮中に振りまいた。元々、異民族である男の急激な台頭を訝る声はあったのである。たちまち、安禄山の強大な経済力と軍事力を怖れ、その謀反を怪しむ声が聞こえた。弁明のため都に昇るよう、楊国忠はしきりに安禄山に命じた。

　うかつに参内すれば暗殺が待っていることを見抜いていた安禄山は、病気と称して都に近づかなかった。それがかえって、謀反の疑いを強めさせる結果となった。

　追い詰められた安禄山は、755年、楊国忠打倒を掲げて兵をあげた。のちに反乱を継ぐ史思明の名とあわせて、この反乱は「安史の乱」と呼ばれる。

馬嵬事変

　755年6月9日、楊国忠打倒を掲げて反旗を翻した安禄山の軍勢は一路長安を目指し、最大の要害といわれる潼関を陥落させた。もはや打つ手なく、楊国忠は玄宗や楊貴妃、主だった親族をともなって逃避行を企てた。行き先は楊貴妃の郷里、蜀。

6月13日の雨の降る夜明け、密かに一行は旅立った。
　一行は寝食も忘れて蜀への道を急いだ。安禄山の武勇は国中に届いている。反乱の報は各地で混乱を招いていた。逃げる先では県の長官がすでに逃亡している事態が続き、一行は食料を手に入れるのにも窮した。
　翌日、休むことなく60km以上も踏破した一行は、馬嵬(ばかい)という土地にたどり着いた。供の兵は飢え疲れ、そこで進む気力を失った。心には憤懣がわだかまっていた。
　安禄山は楊国忠を討つという名目で兵を掲げていたのである。兵の不満は楊国忠に集中した。楊国忠さえいなければ……。
　楊国忠はこの時、ちょうどこの土地に来ていた吐蕃(とばん)(註2)の使者に囲まれ、食料についての相談を受けていた。
　それを見ただれかが、ふいに「国忠が蕃人と謀反の相談をしている」と叫んだ。兵の一人が、事実確認もないまま矢を放つ。矢は馬に当たった。驚いた馬が国忠を乗せて走り出すと、あたかもそれは、謀反を悟られた国忠が慌てて逃げ出したかに見えた。堰(せき)を切ったように、兵らが飛び出した。
　そこからは無法状態であった。楊国忠はむろん、一緒に逃げていた楊一族は、楊貴妃を除いてすべて暴徒化した兵士に殺された。
　騒ぎを聞いた玄宗が慌てて兵を慰撫(いぶ)したが、兵は収まらなかった。まだ楊貴妃が生きている。楊国忠を殺害してしまった今、その親族である楊貴妃を生かしておくのは、兵士たちにとって気が気ではなかった。臣下は一様に玄宗に決断を迫った。
　玄宗はあくまでも楊貴妃をかばったが、ついに高力士の説得に落ち、一切を高力士に委ねた。この地の祠で、楊貴妃は縊死(いし)を遂げた。遺体は道ばたに埋められた。
　玄宗は残った部下と蜀まで逃げおおせたが、長安で帝位を唱えた安禄山は、翌年内乱で自分の子に寝首を搔かれ死亡した。反乱を継いだ史思明も、程なく同様の運命を辿る。玄宗が蜀での隠遁生活を送るうち、子の粛宗(しゅくそう)が帝位に就いたため、玄宗は上皇として隠居する立場となった。
　安禄山の死後、粛宗に呼び戻された玄宗は都に戻った。その途中、貴妃の遺体を掘り起こし改葬しようとしたが、叶わなかった。反乱を誘発したかどで処罰したものを、今改葬したら民が心穏やかではないと、部下に諫められたのである。『旧唐書』によれば、それでも玄宗は密かに命じ、楊貴妃の遺体を他所に葬らせたという。

註2：当時チベット地方にあった統一王国こと。中国では吐蕃と呼んでいた。

3千の寵愛一身にあり

　退位して隠居した玄宗は、楊貴妃の死を悔いながら孤独な生涯を終えたという。「3千の寵愛一身にあり」とは、「長恨歌」に詠われる一節である。後宮には3千もの美女がいたが、楊貴妃一人の魅力に敵わなかった。

　玄宗はまさに楊貴妃にぞっこんで、745年から安禄山の乱が起こる755年までの間、欠かさず冬を温泉宮(747年に玄宗が華清宮に改名)にて貴妃と過ごしている。

　楊貴妃の美しさを讃える歌を次々作らせては、貴妃の前で歌わせた。楊貴妃もまたそれに合わせて舞いを披露する。酔い醒ましに中庭に出ては、二人で花の香を嗅ぎながら肩を寄せ合い語らった。合歓の実が贈られてきた際には、一緒に仲睦まじく箸を取るさまを画に書かせた。まるで若い新婚夫婦ののろけ話である。

　楊貴妃人気の理由の一端は、史書や詩、そこから派生した膨大な伝承から垣間見える、活き活きとした生活描写にあろう。玄宗と楊貴妃の関係は、皇帝と愛妾の艶めかしい関係というよりは、むしろ初恋の純愛のような微笑ましさを感じさせる。

　時には喧嘩して別居したことまでが、正史に描かれている。一度は楊貴妃の嫉妬が原因とされているが、二度目の事件の原因ついては史書は詳細をぼかしている。二度目の喧嘩の時、玄宗の怒りは相当のものだったようで、楊貴妃は死を覚悟するまでに至ったらしい。最期に玄宗へ愛の印として贈り物することを考えた楊貴妃だったが、彼女の身の回りの物はすべて玄宗から賜った物である。そこで楊貴妃は髪の毛を一房切り取り、玄宗に贈った。それを使者から受け取った玄宗は深く感じ入り、結局楊貴妃を許したという。

　喧嘩する程仲が良いというが、こうした喧嘩の逸話は、むしろ楊貴妃がいかに玄宗に溺愛されていたかを浮き彫りにさせる。結局、二度とも別居は一夜で終わった。

　一説では、後年玄宗が遺体を捜索させた時、楊貴妃の遺体はいくら探しても見つからなかったとされている。この後星の数程生まれる伝説(例えば、実は日本の山口県や熊本県に生きて落ち延びていたというようなもの)は、ここから生まれた。「長恨歌」では最愛の女を失って孤独にむせぶ玄宗のもとに道士がやってきて、貴妃が女仙になったことが知れるストーリーになっている。

　「長恨歌」はつくられた当時からよく愛誦されたらしい。日本でも平安期には『白氏文集』と通称された白居易の詩集が尊ばれ、よく広まっていた。江戸時代になると、楊貴妃の伝説は能の演目としても上演され、大衆に人気を博している。

　楊貴妃は稀代の傾国であったが、悪女としては捉えられていない。楊貴妃と玄宗の物語は概して皇帝の悲劇的ロマンスとして捉えられ、楊貴妃は美しく純粋な愛を育んだ女性として人気を得ているのである。

第2章
悲劇の姫たち

PRINCESS

第2章　悲劇の姫たち

ミステリアスな現代の伝説

アナスタシア

Anastasia

地域：ロシア
時代：20世紀初頭
生没年：1901〜1918年（？）
出典：──

ロシア革命の犠牲として、17歳の若き生命を散らした皇女アナスタシア。だがその死が発表された直後から、根強い生存説が囁かれはじめた……。

イパチェフ館の惨劇

　1918年7月、退位した最後のロシア皇帝、ニコライ2世（ニコライ・ロマノフ）は、ウラルはエカテリンブルクの邸宅に幽閉されていた。1年余り前にはロシア全土を支配していた廃帝は、革命によってすべての権力を失い、事実上の虜囚として軟禁されていたのだ。

　前の所有者の名に因んでイパチェフ館と呼ばれるようになるこの邸には、妻で元皇后のアレクサンドラ、白血病で病弱の皇太子のアレクセイ、長女オリガ、次女タチアナ、3女マリーア、そして4女のアナスタシアの皇帝一家も共に囚われていた。有名人である一家の運命には世界中の注目が集まっていたが、彼らの運命は閉ざされていた。臨時政府から権力を奪取したソヴィエトが、旧権力層の象徴たる皇帝一家を解放するはずもない。

　おりしも、エカテリンブルクには白軍が迫り、陥落は時間の問題という状況にあった。反革命の旗印たりうる皇帝を奪還させるわけにはいかないウラル・ソヴィエトは、モスクワに許可を求めた上で、速やかに一家の処刑を決めた。

　運命の7月16日深夜、皇帝一家は就寝したベッドから前触れもなくたたき起こされ、市内の状勢が不穏であるから、地下2階に降りているよう命じられた。アレクセイはニコライ2世が抱き、アナスタシアは愛犬のジミーの紐を曳いて階段を下りた。残された数少ない従者である医師と3人の使用人も、一家に従って地下室へと入った。

　隊長の言葉を疑っていなかった一家がやっと真実を悟ったのは、狭い地下室に拳銃を携えた警護隊が入ってからだった。隊長が死刑執行を宣言すると、驚いたニコライ2世は立ち上がって何かを口走ろうとしたが、隊長の銃弾に頭を撃ち抜かれて

即死した。それを合図に部下たちも発砲し、後ろに並んでいた他の家族、召使たちに銃弾を浴びせかけた。2分間以上に渡って轟いた銃声が止んだ時、ニコライ一家は全員床に倒れ伏していた。死にきれずに動いていた皇太子アレクセイには、隊長が拳銃で止めを刺した。

その瞬間、奇跡的に気を失っただけで倒れていたアナスタシアが意識を回復し、悲鳴をあげた。すぐに兵士たちが殺到し、彼女を幾度も銃剣で刺し貫いた。

かくして、ニコライ2世の4女アナスタシアは17歳の若い命を儚く散らした。……少なくとも公式には。

だがこの事件の直後から、アナスタシアの名は長く世界の注目を集めることになる。まことしやかな生存説が巷間に流れ、その伝説は演劇や映画、書籍などの題材となり、広く流布することとなった。では悲劇の皇女アナスタシアと彼女にまつわるミステリーを紹介しよう。

ロマノフ王朝の落日〜悲劇の序章

1613年に始まったロマノフ王朝は、17世紀末のピョートル大帝から領土拡大政策に乗り出し、歴代皇帝の努力もあって東欧からアジアに跨る欧州最大の帝国へと成長した。軍事的にはナポレオンを撃退する程強靭で、財政的にも恵まれたロマノフ王朝は、安定したまま3世紀程の代を重ねていった。だが18世紀後半ごろから、この大国ロシアにも西欧からの変化の波が押し寄せてきた。専制君主制を敵視する革命思想である。

この潮流は、20世紀初頭に及んでついにロマノフ王朝を打倒するに至る。その時に玉座にあった皇帝が、皇女アナスタシアの父であるニコライ2世だった。

優柔不断で、下層階級への度重なる譲歩と失政を重ねてロマノフ王朝の倒壊を招いたとして政治的には評価の低い人物であるが、家族にとってニコライ2世はよき夫、よき父であった。小柄で温和、敬虔な人柄であり、ドイツの公女だった妻アレクサンドラに長く恋焦がれ、初志を貫いて結婚したという一途な面もあった。好人物であった、というのが彼に知る者におおよそ共通する感想なのだが、激動の20世紀初頭においては、この好人物ぶりが仇となったのだ。

アナスタシアの家庭

ニコライ2世は、1894年11月の挙式後、仲むつまじい皇后アレクサンドラとの間に1男4女の子宝を授かった。1895年には長女オリガ、1897年に次女タチアナ、1899年

第2章　悲劇の姫たち

に3女マリーアが2年おきに誕生している。

　1901年5月に4人目の子供の出産が迫った時、ロシアの人々は上下を問わず「今度こそ男子の皇太子を」と願っていたようだ。しかし男子なら300発、女子なら101発鳴るはずのサンクトペテルブルクの祝砲は、今度も101回しか轟かなかった。国民にいささかの失望を与えつつ世に誕生した女の子こそ、4女アナスタシアだった。皇太子アレクセイは、それから3年後にようやく誕生したが、白血病という先天的な重荷を背負っていた。

　自分の世界に閉じこもり、公式行事には滅多に顔を出さないアレクサンドラ……そして皇帝の職務をあまり好きではないニコライ2世は、その分の関心を子供たちと家族に注いだ。

　アレクサンドラ皇后は、帝都サンクトペテルブルクから離れたアレクサンドル宮殿を生活の中心としていた。子供たちはこの離宮で育てられ、イギリス風の教育を受けた。1男4女の子供たちには宮殿内に設けられた広大な公園で動物たちと遊んだり、菜園を世話する時間もふんだんに与えられた。皇帝と皇后は、娘たちが傲慢な人間に育つのを望まなかったのか、召使たちに対しても敬語を使わせたという。

　一家は公式行事や社交の舞台に揃って姿を見せることは滅多になかったが、皇室専用の列車やヨットを用いてしばしば家族旅行には出向いた。

　ニコライ2世の子供たちは、考えうる限り最も恵まれた環境下で、のびのびと育てられたのである。

アナスタシア

　4人の娘と皇太子は仲がよく、いつも一緒に行動していた。けれどその中で、未来の皇帝であるアレクセイ、美しく成長した姉たちに比べると、結婚もまだ先な末娘であるアナスタシアは、一番注目されていない子供だった。そのために、彼女に関する記録は、一家のだれよりも少ない。

　しかし残された断片的な証言から見ると、どうやら幼いアナスタシアはかなりのやんちゃ娘であったようだ。いたずらや悪ふざけを好み、人に指図されることを嫌った。これは頭の回転の早い利発な子供であることの裏返しであったが、召使や（アナスタシアの名付け親である）オリガ大公女からは「元気が有り余っている、手のつけられないいたずらっ子」と受け取られていた。

　小柄だったアナスタシアを美人であったと形容する人は少ない。容姿の面では姉たちに一歩遅れをとっていたようだが、その代わり天性の愛嬌と、父譲りの印象的な青い瞳が備わっていた。勉強嫌いではあったが頭は良く、写真の撮影（両親の影

アナスタシア

響)や絵を好み、自分で詩を書く素養にも恵まれていたようだ。

　父親似で気立てが良く、頭の回転の速い長女オリガ。背が高く容姿に優れ、意思の強い次女のタチアナ。姉妹の中で一番美人で陽気だったという3女のマリーア。そしてお転婆でやんちゃ、機知に富んだいたずらっ子のアナスタシア。それぞれ独特の個性を備えた4姉妹はいつも一緒に行動する仲良しだった。

流浪の皇帝一家

　しかし一家の幸福な日々は、1914年の第一次世界大戦の勃発によって終焉を迎える。長引く戦争、前線に赴いた皇帝の留守を預かる皇后の失政にロシアの人々は不満を募らせ、1917年2月、ついに首都ペトログラード(1914年にサンクトペテルブルクより改名)にて民衆が放棄。この2月革命の結果、皇帝ニコライ2世は退位を余儀なくされ、一家ともどもその身を臨時政府に委ねた。

　ニコライ一家に比較的同情的だった臨時政府は、敵対的なソヴィエトから一家を守るために、シベリアの一都市であるトボリスクへと彼らの身柄を移した。しかしイギリスなどとの亡命交渉は不調に終わり、10月革命によって臨時政府は倒壊。政権はレーニンを首班とするボルシェビキの手に渡った。この瞬間、ニコライ一家の運命は完全に閉ざされた。帝国主義打倒を叫ぶボルシェビキにとって、ロマノフ王家は憎むべき敵であったのだ。

　1918年3月末、一家はエカテリンブルクに移送された。ウラルのエカテリンブルクは、全国の中でもとりわけロマノフ一族に対して憎悪をたぎらせている土地であった。それまでは一定の敬意をもって遇されてきた一家は、ここでは事実上の囚人として扱われた。そして約4ヶ月の幽閉生活の末、彼らは秘密警察の手によって、全員抹殺されたのである。

アナスタシア生存の噂

　若くして時代の波に翻弄され、無惨に処刑された薄幸のプリンセス。お話がここで終われば、アナスタシアは歴史上数限りなくある悲話の脇役に留まり、すぐに忘れ去られただろう。しかし彼女の伝説は、実にイパチェフ邸の惨劇の直後から始まったのである。

　皇帝一家処刑の噂は、事件の直後から囁かれ始めた。処刑のわずか8日後にエカテリンブルクを占領した白軍は、イパチェフ館を捜索したが、そこに捜し求める皇帝一家の姿はなかった。白軍から調査を命じられた検事ソロコフは、一家は邸で全

員虐殺され、死体は森の堅抗に遺棄されたという報告をまとめた。

ソヴィエト政府は当初はニコライ2世のみが処刑され、息子と女性たちは他の場所に移送されたと発表したが、1年後に噂どおり一家の全員が殺されていたことを認めた。

しかしこうした公式の発表（信憑性については現在でも疑問の声が根強い）とは関わりなく、以後ロシアや欧州各国において、ロマノフ王家生存の噂や、あるいは自分こそロマノフ王家の生き残りであると名乗り出る者が次々と現われた。それは例えば一家は実は中国に脱出していたとか、老いた皇帝をロンドンで見たとか、ニコライ2世がヴァチカンに匿われているといった噂であり、また自分が皇太子アレクセイであると名乗るシベリアの少年や、我こそはアナスタシアであると主張する多くの娘たちだった。ロシアを脱出していた一家と親しいオリガ大公女は、こうした偽のアナスタシアに面談し、真贋を見極めねばならないというつらい役目を担わされた。

アンナ・アンダーソン

こうした"アナスタシア"の中に、他の明らかな偽者たちとは一線を画す女性が一人だけいた。アナスタシア伝説がかくも世に知られる最大の要因となったこの女性は、1920年の冬にベルリンの運河に投身自殺を試みて救助され、後に"アンナ・アンダーソン夫人"など様々な仮名で知られることになる。

アンナの断片的な証言によれば、彼女は銃撃の際には死なず、気を失っただけだった。意識を取り戻した時にはアレクサンドル・チャイコフスキーという兵士と彼の兄によって匿われており、負傷した身を手押し車の中に隠され、アレクサンドルの家族と共に長い逃避行の末に国外に逃れた。その途上で彼女はアレクサンドルの子供を身ごもったが、不幸にも兵士はブカレストにおいて喧嘩に巻き込まれて死んだ。やむなく産まれた赤子を養子に出してベルリンまで逃げてきたが、そこでアレクサンドルの兄ともはぐれてしまった。孤立無縁となった彼女は、発作的に運河に身を投じたのだという。

他の明白な詐称者と違い、彼女の身元確認は容易に決着しなかった。アンナが本物でなければ知りえないと思われる物事を知り、一部にアナスタシアと同じ身体的特徴を備え、またかつてのアナスタシアを知る者の数人が本物と認めたからだ。叔母であるオリガ大公女は、4日間親しくアンナに接し、その後も暖かい手紙を送りながらも、ある日態度を豹変させて彼女は本物ではないと否定した。皇帝の従弟アンドレイ大公女が本物と認める一方で、皇后の兄ヘッセン大公エルンストは偽者と主張した。ロマノフの一族の判断までが割れた背景には、ニコライ2世の後継者の座と、

ロシア皇帝が隠したとされる秘密財産の権利という事情があったともされている。

やがてドイツのタブロイド紙がこの話をかぎつけ、紙上に"アナスタシア"の物語が連載され始めると、センセーションが引き起こされた。人々は死んだはずのプリンセスが生きていたという夢のあるニュースに熱狂したが、ロマノフ家側の大半の人々は逆に態度を硬化させた。

アンナ・アンダーソンの支援者たちは、ニコライ2世が国外に保有していた資産の返還を求める裁判に勝訴すれば、"アナスタシア"の身元が法的に認められると考え、ドイツの裁判所に訴訟を起こした。この裁判は第二次大戦による中断を含む約40年に渡って続いたが、上告に次ぐ上告の末、最終的に1970年に旧西ドイツの最高裁判所は、アンナが本物のアナスタシアであるなしを断じるに足る十分な証拠がないとして、アンナ側の訴えを退けた。

この長い長い裁判の間に、歳月が流れ、多くの物事が変わった。

ロシア革命は、すでに歴史になっていた。かつてのアナスタシアを知り、アンナを本物と信じた人、偽者と非難した人たちの大半も、既に歴史上の人物の仲間入りを果たしていた。アンナ自身をモデルとした……しかし筋書きの大半は創作による……悲劇の皇女アナスタシアの物語が演劇や書籍、そして映画として制作され、アナスタシアのロマンチックな伝説はロマノフ一家を実際に襲った悲劇以上に人々に知られるようになっていた。皇帝の娘であった時分には一番注目されない子であった4女は、皮肉にも死後……あるいはすべての権威を失った後になって、永遠に忘れ去られることのない伝説を築きあげたのだ。

気難しく風変わりで、精神的に不安定だった"アナスタシア"は、後援者に庇護されては仲違いを起こして別の地に去るという流浪の生活を長く続けた後、1960年代になってアメリカに移住していた。元大学教授の男性と結婚した彼女は、定住したシャーロッツビルでも独特の奇妙な習慣から住民たちと衝突を起こしつつ、1984年に肺炎で息を引き取った。

アナスタシア、現代の童話として

アンナが自分自身をアナスタシアだと固く信じていたことに疑いの余地はない。彼女の身体的特徴や記憶、言葉に、多くの人々に本物の皇女だと信じさせる何かがあったことも事実である。しかし彼女の証言は断片的であり、精神的不安定さゆえか時に矛盾し、面影もまた幼いアナスタシアの印象とは大分違ったようだ。ロシア皇室と無関係とは思われないが、本物とも断じ難い。そういう謎めいた女性だったのである(だからこそ彼女にまつわる論争が長く続いたわけだが)。本当は何者であっ

たのか。それはもしかしたらもう永遠に決着のつかない謎となったのかもしれない。

一方、マスメディアや民衆にとって、物事はもう少し単純だった。自分は実は生きていたアナスタシアである、とするアンナ・アンダーソンの主張と存在は、それだけで人々のロマンチックなインスピレーションをかきたてた。「生きていた皇女アナスタシア」の伝説はそうした想像の中から誕生し、歴史上の皇女アナスタシアやアンナ・アンダーソンから離れ、一人歩きを始めた。

アンナ・アンダーソンの存在にインスパイアされた作品の中で、ひときわ高い知名度を誇るのがイングリッド・バーグマン主演の映画『追想』だ。

そこに登場するアナスタシアは、パリの運河に投身自殺を図り、帝政ロシアのハンサムな亡命将軍に拾われる。将軍はアナスタシアの替え玉に仕立てあげるべく記憶喪失の彼女に教育を施そうとするが、やがて数奇にも彼女こそが本物のアナスタシアであったことに気付く。記憶を取り戻したアナスタシアは、認知を求めて祖母のマリア皇太后に面会する。当初は対立するも、アナスタシアに幼い日の癖を認めた老太后は凍った心を溶かし、二人はひしと抱き合ってお互いを慰め合う。だが名誉回復の日、アナスタシアは大公女の地位を投げ捨て、将軍との間に芽生えた愛情を貫くために姿を消す。

虚実の入り混じったこの映画は好評を博したが、筋書きを知ってなるほどと思われた方もいるかもしれない。

貴種流離譚という、王道ともいうべき物語の形式がある。高貴な生まれの主人公が、避けられない事情によってその地位を剥奪され漂泊するが、やがて名誉とかつて以上の地位を回復するという、特に童話・民話の世界において顕著な筋書きのことだ。例えば本書の「シンデレラ」や「かぐや姫」が代表例である。多くのアナスタシア関連の作品もまた、大筋ではこの形式に沿って創作されている(例えばディズニーの『アナスタシア』もそうだ)。アナスタシアの伝説は、ミステリーを秘めた近世の貴種流離譚、現代の童話として受け入れられ、そして現代に至るまで愛されているのである。

ニコライ一家の遺骨と尽きぬミステリー

最後に一つ興味深い事実を紹介しておこう。

真相は不明であったニコライ一家の行方について、近年インタビューなどとは全く別の角度から光が当てられた。1991年にエカテリンブルク郊外の森が発掘され、そこから皇帝一家のものと思われる一群の亡骸が発見されたと報道されたのだ。見つかった遺体の総数は9体で、それまでイパチェフ館で犠牲になった11名(皇帝と皇

第2章　悲劇の姫たち

后、皇太子、4人の娘、医師と3人の召使)よりも少なかった。当時のエリツィン大統領政権下のロシア政府は、これらの遺体の身元特定を進めた。そして当時最新のDNA鑑定技術を用い、ニコライ2世一家のものであると断定。1998年、過去の清算として、歴代の皇帝が安置されるサンクトペテルブルクのペトロパブルフスク大聖堂に国葬をもって亡骸を葬ったのだ(欠けていたのは、皇太子アレクセイと3女マリーアの遺骨とされている)。皇帝一家は、2000年にロシア正教会から、聖人として列聖もされた。

　これでアナスタシア伝説と、長年に渡る論争も決着かと思われたが、どうもそうはいかなかったようだ。元々国葬の時点からロシア正教会の一部には亡骸の身元に疑問を抱く意見があり、そのためアレクシー2世総主教が国葬への出席を辞退していた。そこに2001年、ドイツで開かれた学会において、日本の北里大学の長井教授らが、ニコライ2世一家のDNA鑑定には誤りがあり、遺骨の素性を断定するには至らないと発表したのだ。この結果、ニコライ2世一家が辿った運命に関する議論は再燃することとなった。

　また亡骸が本物だったとしても、「足りなかった遺体」アレクセイ皇太子と皇女一人(マリーアが有力視されているが、他の皇女の可能性も否定できない)がどうなったのかという、新たなる謎を投げかけもしている。ニコライ2世一家にまつわるミステリーには底がないようだ。だれしもが納得する形で全容が解明される日は、まだまだ遠そうに思われる。

愛と死

イゾルデ

Isorde

地域：イギリス、アイルランド
時代：中世
生没年：――
出典：『トリストラムとイゾルデ』他

アイルランドの王女イゾルデは、愛の秘薬によって
嫁ぎ先の王に仕える騎士と、死ぬまで
終わることのない悲劇の恋に落ちたのであった。

アイルランドの王女

「アーサー王伝説」に含まれる物語の中でも、とりわけ有名かつ長く語り続けられているのが、コーンウォールの騎士トリストラム卿とアイルランドの王女イゾルデの悲恋である。

この物語は元々アーサー王の伝説とは無関係に流布していたが、語り継がれていくうちに、いつしかアーサーと同時代の事件として扱われるようになっていった。そして15世紀に書かれたアーサー王伝説の決定版ともいうべき『アーサーの死』のなかで、最も大きなスペースで取りあげられ、主人公トリストラム卿は、アーサー王の「円卓の騎士」の一人とされたのである。

さて、そのトリストラム卿が恋した女性イゾルデ姫とは、いったいどのような女性だったのであろうか。

イゾルデはアイルランド王[註1]の娘としてこの世に生を受け、幼きころから、その美しい姿と、まばしいばかりの金髪によって「アイルランドの黄金の髪の姫」と称えられていた。

彼女の母親はマロートというアイルランドが誇る勇者の妹で、イゾルデは父である王と伯父にあたるマロートを敬い、マロートとアイルランド王もイゾルデを非常にかわいがっていた。

イゾルデの取り柄は、その美貌だけではなかった。このころ、女性たちはみな薬

註1：多くの伝説では、このアイルランド王と王妃の名は明らかにされていない。しかし、ドイツの詩人ゴットフリート・フォン・シュトラースブルクの『トリスタンとイゾルデ』では、アイルランド王の名はグルムーンとされている。この名はゲルマン民族の実在の王の名。

第2章　悲劇の姫たち

草や医術の心得を持っていたのだが、中でもアイルランド王妃はその道の達人であり、彼女の手ほどきを受けたイゾルデもまた、世に並ぶ者のない治療の名手としてその名を知られていた。

しかしイゾルデの未来には、その美しさ、そして己の持つ技術ゆえに、過酷な運命が待ち受けていたのである。

トリストラムとの出会い

このころ、イゾルデの暮らすアイルランドの宮廷は、海を隔てたコーンウォール(註2)のマルク王と対立していた。かつてコーンウォールはアイルランドに貢ぎ物をすると約束していたのだが、ここ数年はこの供物が滞っていたのである。

そこでイゾルデの伯父マロートが約束の履行を迫るためコーンウォールへと赴いたが、彼は敵方の騎士に敗れ、帰ってきたのは冷たい骸と、その頭蓋に突き刺さった剣の切っ先だけであった。

自分をかわいがってくれた伯父の死に、イゾルデは嘆き悲しんだ。だがこれに加え、イゾルデには危険もまた迫ってくることとなった。

というのも、かねてより宮廷にはイゾルデに恋し、願わくば彼女を妻にしようと言い寄ってくる男がいた。イゾルデ自身はこの男を快く思っておらず、そのことを知るマロートがそれまで陰となり日向となって、可愛いイゾルデを守ってきたのである。

だがイゾルデの保護者がいなくなった今、求婚者は以前にも増して彼女に強引に迫るようになった。イゾルデが困り果てているのを見かねた父王は、仕方なく「娘を嫁に欲しい者は、アイルランドを恐怖に陥れている悪竜を倒すべし」と布告を出した。

しかし、意外にもこの条件を達成したのは、異国からきた謎の騎士だったのである。この騎士はいずこからかアイルランドへとやってきて見事に竜を倒し、しかも「自分が竜を倒した」と主張するイゾルデの求婚者の前に証拠である竜の首を突きつけ、その嘘を暴いて見せたのだった。

だが、竜との戦いでその騎士もまた致命傷を受けていた。竜の吐いた毒の息が彼の身体を蝕んでいたのである。これを癒すことが出来るのは、王妃、あるいはイゾルデをおいて他にはなかった。イゾルデは己を妻とする権利を獲得し、望まぬ結婚から救い出してくれた彼を必死で看病した。

その騎士は美しくかつ勇敢で、加えて礼儀を心得ていた。だが、イゾルデが彼に淡い恋心を抱くのとは対照的に、騎士のイゾルデへの態度はどこか他人行儀だった。

註2：イングランドの南西部に位置する地方。ケルト色が強く、アーサー王関連の伝説が数多く残る。

イゾルデ

第2章　悲劇の姫たち

　イゾルデはなぜ騎士が自分に冷たく接するのかといぶかり、自分が彼の剣の手入れをしてあげなかったからではないかと思いついた。そして騎士が寝ている間に、そっとその剣を鞘から引き抜いた。
　するとどうであろう。彼の剣は切っ先が刃こぼれしていた。よもやと思ったイゾルデが、持っていた伯父の遺体から出てきた切っ先を合わせてみると、二つはぴったりと合ったのである。
　イゾルデの心に憎しみがわき起こった。自分を救ったこの騎士は、愛する伯父の敵だったのだ。彼女は「伯父の仇」と短剣を彼の頭上に振りあげた。だがその時、目を覚ました騎士はイゾルデに向かってこう言った。
「美しいひとよ、たしかに私はそなたの伯父を殺したコーンウォールの騎士トリストラムだ。復讐を遂げようと思うならなさるがいい。わたしはあなたの刃なら、喜んでこの身に受けましょう」
　だが彼は続いてこう言った。
「しかし、もしアイルランドの地を恐怖から、あなたを望まぬ結婚から救ったことをありがたいと思って頂けるなら、伯父上と正々堂々と戦った私に慈悲を願えないものだろうか」
　イゾルデは悩んだ。しかしいかに憎き相手とて、自分の伯父に正しい戦いで勝利した騎士を、丸腰の状態で殺して良いわけはないと考え、振りあげた短剣を落とした。
　実はイゾルデはこの時、自分に殺されるなら本望だと告げたトリストラムの真摯な心の虜になりつつあったのであった。

愛と憎しみと

　こうしてイゾルデが異国の騎士に恋心を抱いていた時、対するトリストラムもまた、イゾルデの美しさと優しさの虜になろうとしていた。だが彼には、その愛情を抑えねばならない理由があった。
　トリストラムがアイルランドにやってきたのは、自身の後見人であるコーンウォール王マルクの命により、イゾルデを王の花嫁として迎えるためだったのである。
　マルク王は自分の後継者にトリストラムを望んでいたのだが、コーンウォールの宮廷ではよそ者だった彼が王になることを阻もうとする人々は、こぞってマルク王は妻を娶り、跡継ぎを生むべきだと主張したのである。
　そこでマルク王は「自分はこの世で一番美しい金髪の女性でなければ妻としない」と宣言し、自身の結婚を先送りにしようとした。だがトリストラムは、自分が王位に野

心を抱くものではないことを示すため、「金髪の美女」を求める旅に出て、そしてイゾルデを見出したのだった。

この事実をイゾルデはすぐに知ることになる。イゾルデをもらいうける権利を獲得したトリストラムが、アイルランド王に「コーンウォール王のためにお嬢様をいただいていきます」と告げたのだ。

イゾルデはとっさに、トリストラムがなぜ彼女に冷たい態度を取っていたのかを覚ったと思いこんだ。伯父を殺したこの騎士は、己の出世のために私に近づき、その心を奪ったあげくに別の男に譲り渡そうとしている、そう考えたのである。

もちろんこれは誤解であった。本当は、トリストラムは一目見た時からイゾルデに恋しており、だが彼女は恩人の妻になる人なのだからと、その想いを胸の奥にしまい込んでいたのだった。

しかしそんなことも知らないイゾルデは愛情を怒りに変え、トリストラムを激情の眼差しで見つめた。トリストラムは彼女がなぜ突然、自分を憎むようになったのかわからず、戸惑うばかりだった。

しかし長年イゾルデを育ててきた彼女の母親は、それが憧れの反動であることを鋭く見抜いていた。そして娘が妻となることを定められたコーンウォール王を愛することが出来るようにと、彼女に付き従う侍女にひと瓶の秘薬を持たせたのである。

この薬は、それを同時に飲んだ男女が、互いに死ぬまで続く愛情で結ばれるという魔力を持っていた。母親は、イゾルデとコーンウォール王が秘薬の力で心から夫婦となれば、トリストラムへの愛も憎しみも忘れるだろうと考えたのだった。

だが運命はしかし、イゾルデとトリストラムの間に生まれた愛こそを、永遠のものにしてしまうこととなる。

秘薬

こうしてイゾルデはトリストラムに連れられ、コーンウォールへと向かう船上の人となった。同行するのは船乗りたち、そしてイゾルデの侍女である。それは夏のある暑い日のことだった。

トリストラムは船室に籠もりきりのイゾルデに対して、自分が何か彼女の気に障(さわ)ることをしたのではと思い、船を出て以来毎日のように彼女を訪ね、和解を申し出た。だがイゾルデは「あなたのせいで、私は敵国の王に嫁がねばならないのです」と泣くばかりだった。

だがその日、太陽はさんさんと船に降りそそぎ、船室はうだるような暑さとなっていた。イゾルデは耐えきれず船上へと出てきた。トリストラムはそんな彼女を少しでも楽

第2章　悲劇の姫たち

にさせてあげようと、近くにあった酒瓶を開け、二つの器に注ぎ、うち一つをイゾルデに差し出した。
「いくら私を憎んでもかまいませんが、お身体をこわさぬよう、せめて私の差し出す飲み物を口にしてはいただけませんか」
　そういってトリストラムが勧める杯を、渇きに耐えきれなかったイゾルデは一気に飲み干した。トリストラムもまたそんな彼女を見つめながら、己の杯を空にした。その瞬間、二人は互いの眼差しに釘付けになってしまった。
　その時である。二人が葡萄酒と信じていた瓶が空いており、二つの杯が空になって転がっているのを見つけた侍女が悲鳴をあげた。
「なんということを！　トリストラムさま、イゾルデさま、今お二方が口にしたそれは、死そのものなのですよ」
　そう、二人が飲んだ液体こそ、イゾルデの母が侍女に持たせた「愛の秘薬」だったのである。この瞬間から、二人は死ぬまで逃れることができない愛の鎖によって繋がれてしまったのだった。
　トリストラムは、恩人であるマルク王の花嫁に対してしてはならない恋に落ち、イゾルデは伯父の敵であり、己の心をもてあそんだ騎士を愛することになった。
　だが真実は、トリストラムもイゾルデも、一目会った時から憧れていた、しかもそれぞれの理由からその愛情を押し殺していた相手と、運命の導きによって結ばれたのである。
　愛の秘薬によって生まれた絆とはつまり、実は愛し合っていた二人の魂の叫びにほかならなかったであった。

逃避行

　この時から、イゾルデとトリストラムの逃避行がはじまった。二人とも、いかに互いに愛し合っているからといって、アイルランド王女とコーンウォール王の結婚を破談に追い込むわけにはいかなかった。
　トリストラムには王への恩義と忠誠、そして王のために花嫁を連れてくると告げて旅立ったという誓いがあった。イゾルデもこの時にはすでに、トリストラムがこのような縛めに従わねばならぬこともも理解していたし、この結婚が破綻すれば、アイルランドとコーンウォールとの間に再び戦が巻き起こることは避けられないと分かっていた。
　二人にとって秘薬がもたらした愛は、決して従ってはならない、決して明かしてはならないものとなった。だが、秘薬の魔力もまた、何があっても逃れることができず、しかも死ぬまで続く宿命として二人を繋いでいたのである。

最初の試練は新婚の夜にやってきた。イゾルデは真に愛するひとの元を離れ、心を誓ったわけでもない相手に、己の操を捧げねばならないのだ。この危機を救ったのはイゾルデの侍女だった。彼女はトリストラムとイゾルデが誤って秘薬を飲んだことに責任を感じており、イゾルデの代わりに自ら初夜の床に入ったのだ。

　だがこれで運命から逃れられたわけではもちろんない。かつてアイルランドの地で、王妃が二人が愛し合っていることに気づいたくらいである。秘薬の力で引き寄せ合っているトリストラムとイゾルデに、宮廷の人々が気づかぬわけがない。

　二人は必死で互いの想いを覆い隠そうとしたが、そうそう隠せるものではなかった。以前からトリストラムを憎んでいた者たちは、二人の怪しげな関係を疑い、噂し、そして騒ぎ立てた。

　マルク王への忠誠を守ろうとするトリストラムにとっては、自分が宮廷を去るしかなかった。しかし残してきた王妃イゾルデへの想いを断ち切ることはもちろんできない。イゾルデもまた、時おり城外にそっと姿を見せるトリストラムに引き寄せられないわけはなく、王室のベッドを侍女と入れ替わっては、ひっそりと森へ抜け出していった。

　イゾルデは会うたびに愛する騎士の瞳をじっと見つめ、トリストラムもイゾルデのしなやかな手を握りしめ、互いの想いを確かめあった。だが誠に背くことだけはすまいと、二人は唇を重ねることも身体をゆだねることもなかった。

　ところが、そんな密かな日々はすぐに終わってしまった。宮廷の陰謀家たちは、二人が森で密会していることを知ると、それを王に告げたのである。マルク王は自ら夜中に森へ行って、二人が並んで寝ているのを発見すると激情に駆られた。

　だが、一人は愛する妻、もう一人は幼少から大切に育てた息子同然の騎士である。彼は持っていた王剣を二人の間に置き、そのまま城へと帰っていった。

　こうしてイゾルデとトリストラムは、たとえ不義密通の事実はなかったとしても、浴びせられる不倫の疑惑を否定できなくなってしまった。マルク王は妻の宮廷からの追放を決意していた。だがトリストラムはあらためて王への忠誠を誓い、イゾルデをマルク王に返して、自分は彼女への愛を忘れるために別の女性と結婚すると決意した。

　こうしてトリストラムは同じイゾルデという名の別の女性を妻にすることとなった。マルク王は妻を取り戻した。事件は落着したかにみえた。収まらないのはイゾルデ本人である。

　彼女はまたしてもトリストラムに裏切られたと感じた。もう終わりだ。愛する人は見知らぬ女性を腕に抱き、自分はその姿を思い描きつつ、別の男性に身を捧げねばならないとは。

　イゾルデはトリストラムに憎しみを抱きつつも、彼への愛情ゆえにマルク王の床へ入らず、毎晩一人で泣くばかりだった。

第2章　悲劇の姫たち

死の運命

　一方、妻を得たトリストラムもまた悩んでいた。愛するイゾルデを忘れようとコーンウォールを逃れ、「白い手のイゾルデ」と呼ばれる美しい女性を妻にしたものの、その魂は死ぬまで愛する人から離れることはないのだ。
　彼は白い手のイゾルデに愛情を注ごうと努力したが、どうしてもその唇に、そして肌に触れることはできなかった。彼の心には守ると誓った王への忠誠と並ぶ程に、運命の恋人への誠があった。そんな相反する運命の鎖は、お互いの命が絶えるその日まで断ち切られることはないのだった。
　そして月日は流れた。イゾルデは恋人がどこで何をしているのかも知らず、彼への愛と怒りに、自分を愛してくれるマルク王への罪の意識に、そしてトリストラムを奪っていった「白い手のイゾルデ」への憎しみに心を焼かれ、それを涙で冷ます毎日を送っていた。
　そのころ、宮廷を離れたトリストラムは、頻繁に彼を憎む一派の追撃を受けていた。彼はその都度、襲いかかる敵を退け、自分と妻の身を守り続けた。追っ手が現われるたびに、彼は遠い宮廷のイゾルデを思い出し、心休まる間もなかった。偽りの結婚生活を続けている白い手のイゾルデに対しても、その愛に報いることができないという苦しみにあえいでいたのである。
　そんなある日、トリストラムのもとに助けを求める一人の若者が現われた。自分が命に等しい程大切にしている宝物を奪われたので、勇敢な騎士であるトリストラムの力を借りたい、というのである。
　これは愛と忠誠に挟まれ苦しんでいたトリストラムにとって、騎士としての義務と力を発揮し、誇りを取り戻す絶好の機会だった。彼は勇んで武具を身につけ、その若者を付き従えて戦場へと向かった。
　しかしそこには運命という名の罠が待ち受けていた。トリストラムと若者は、情け容赦のない6人の猛者に取り囲まれ、多勢に無勢の戦いを強いられることとなったのである。
　トリストラムはよく戦った。彼の騎士としての力は全く衰えを見せてはいなかった。だが相手は6人、しかもトリストラムは若者を守りながら剣を振らねばならない。形勢は次第に不利となり、ついに若者が敵の刃に斃れた。そして彼をかばおうとしたトリストラムもまた、毒を塗った剣に貫かれてしまった。
　深手を負ったトリストラムは、どうにかすべての敵に勝利したが、己の城へと帰り着いたところで、そのまま力尽きて倒れた。その傷を癒すことが出来るのが、恋人であるイゾルデ以外にいないのは明らかだった。

白い手のイゾルデは、愛する夫の命を救うことが出来るのが恋敵であることに思い悩んだが、トリストラムの死を見過ごすわけにはいかないと、コーンウォールに向けて船を出した。
　イゾルデはこうした経緯を一切知らぬまま、ある日、瀕死のトリストラムが自分を頼って船を出したという知らせを聞いた。憎しみによって忘れようとしていた恋人の危機が、彼女の愛を呼び覚ました。イゾルデは急いで治療の支度を調えると、侍女に迎えの船を出すように命じた。
　一方トリストラムは、己を裏切りものと信じているであろうイゾルデが、自分を助けてくれるとは思っていなかった。そこでコーンウォールへ使いを出し、イゾルデがやってくるなら黄色の、こないのであれば白い帆をあげさせるよう命じた。
　ところがトリストラムは、毒の苦しみに目を開けることができない。そこで彼は付きそう妻に、やってくる帆の色を告げよと頼んだ。その時、すでに白い手のイゾルデの目には、近づいてくる船にイゾルデが乗っていることを示す、黄色い帆が見えていた。
　イゾルデは愛するトリストラムの船にたどり着いた。だが、彼女が目にしたのは、すでにその瞳から命の火が消えた、恋人の亡骸だった。
　実は最後の瞬間に、白い手のイゾルデは恋敵がやってくるのをトリストラムに伝えることができず、無意識に帆の色を「白」と答えてしまったのである。それを聞いたトリストラムは、手の届く程のところに運命の恋人がいるにもかかわらず、絶望して息絶えてしまっていたのだった。
　間に合わなかった。愛する人を救うことができなかった。残されたイゾルデもまた、絶望にうちひしがれていた。彼女はトリストラムの身体をそっと抱き起こすと、静かにぬくもりを失おうとしているその唇に、己の唇を重ねた。
　彼女の脳裏に、かつて侍女が告げた言葉が響く。そうだ、二人を結びつけた愛の秘薬は、あれは死なのだ。死こそ、二人を結ぶ絆にほかならないのだ、と。
　イゾルデはついに手にしたトリストラムの愛に震え、その死に心破れた。もはや流す涙は残っておらず、希望もなかった。
　彼女は恋人を抱いたままその場に倒れ、再び目を開くことはなかった。愛が成就した時、二人の命の火は燃え尽きたのである。
　アイルランドの王女イゾルデの人生は、敵国出身で、伯父を殺し、自分を何度も裏切った騎士トリストラムへの、自分も周囲も許さないが、逃れることもできない愛の運命に支配されていた。
　そしてその儚い小さな命が失われた時、イゾルデはついにトリストラムと死によって結ばれ、二人の愛は今日に至るまで語り継がれることで永遠となったのだった。

第2章　悲劇の姫たち

悲劇の生涯を送った戦国一の美姫

お市

Oichi

地域：日本
時代：戦国時代
生没年：1547(?)〜1583年
出典：──

戦国一の美姫と讃えられながらも悲劇的な運命を
辿ったお市。美貌ゆえに兄の覇道の道具とされた
彼女の人生は、悲しみに満ちていた。

眉目秀麗なる織田家の血

　尾張(今の愛知県)の戦国大名として出発し、革新的戦術と合理的な思考を武器に、戦国の世を彗星のように駆け抜けた覇王、織田信長。
　この異能の天才は、眉目秀麗なハンサムでもあった。現存する肖像画を見ても、怜悧な印象の細面の美男子として描かれている。尾張の織田家は、どうも信長に限らず美形の一族だったらしい。信長の妹がやはり戦国屈指の美姫として名を残しているところからも、それは分かる。
　その姫君の名はお市。娘時代はお市御寮人と呼ばれていた彼女は、すっきりとした細面と切れ長の目の、尾張一の美女であった。
　だが戦乱の世においては、傑出した長所は禍福を等しく呼び寄せる。信長があまりにも時代を先取りした生き様ゆえに本能寺の変で横死したように、お市は美貌ゆえに時代に翻弄される波乱の生涯を送ったのである。

お市と浅井長政

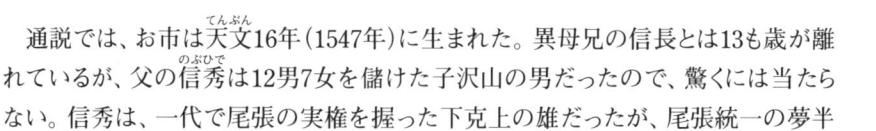

　通説では、お市は天文16年(1547年)に生まれた。異母兄の信長とは13も歳が離れているが、父の信秀は12男7女を儲けた子沢山の男だったので、驚くには当たらない。信秀は、一代で尾張の実権を握った下克上の雄だったが、尾張統一の夢半ばで没した。その土台と野望を受け継いだのが、兄の織田信長だった。
　時代は戦国。信長は父のスケールを凌ぐ、天下布武の大望を抱く武将である。特に、お市がちょうど適齢期に育ったころ、尾張・美濃(今の岐阜県)を掌握して地歩

を固めた信長は、いよいよ上洛を考えていた。となれば、美しい娘に成長したお市御寮人は、政略結婚の駒として大きな価値を持つ。

　天才肌で実力主義者の信長は、唯我独尊的な我の強い人柄で、肉親にさえ容赦ない面があった。だがその彼も、お市には兄としての情と、そして期待とをかけていたようだ。

　永禄11年（1568年）に、お市が輿入れした浅井長政という青年大名を知れば、それがよく分かる（永禄6年という説もある）。浅井長政は、北近江を領有した戦国大名浅井氏の3代目だ。南近江の大勢力、六角氏に屈従する実父久政の弱腰に我慢ならなかった長政は、六角家に合戦を挑んで勝利し、北近江における支配権を確立していた。自主独立の気概を持つ長政の領地は、美濃からの上洛ルート上にあった。

　織田信長は、勢力的には決して大きいとはいえない浅井長政に、あえて秘蔵の妹であるお市をめあわせた。単に上洛ルートを確保するためではない。実直で義理堅い長政の人物を見込み、特別の期待をかけていたのだ。当時、政略結婚に出される娘は、実家のために働く外交官としての立場も兼ねていた。もちろん賢い娘にしか勤まらない役割だ。従順でおとなしい気性だったお市御寮人だが、おそらくかなり聡明でもあったのだろう。

　年は長政のほうが2、3歳年長で、年齢的にも似合いの夫婦だった。相当に仲むつまじかったようで、永禄12年（1569年）には長女の茶々（淀）、翌年には次女の初と、次々と子宝に恵まれている。

　信長は浅井長政の案内を得て上洛を果たし、近畿一円を固め、次の天下人への足場を着々と固めていった。お市にとっては幸福な日々であった。

浅井長政対信長

　だがお市のおかげで堅固に見えた織田・浅井の同盟は、信長が見込んだ長政の義理堅さゆえに皮肉な破綻を迎えた。

　元亀元年（1570年）、越前（今の福井県）の名門、朝倉義景と信長の対立が決定的になり、織田軍が越前に攻め込んだ時、浅井長政が突然兵をあげた。朝倉家と連携して、越前の織田軍の退路を遮断。裏切って挟撃にかかったのだ。

　実は浅井家にとって、朝倉家は3代にわたって交誼を深めた恩のある同盟相手だった。それゆえ浅井は織田から「朝倉を攻める際には、事前に連絡を入れる」との約束を取り付けていたのだ。しかし、越前攻めは長政に無断で実行された。通知すれば板ばさみとなって苦しむ長政を、信長が慮ったためとも言われているが、これが逆効果となった。

長政は、長年の恩を盾に織田との絶縁を迫る父と家中の意向を抑えきれず、信長に反旗をひるがえした。苦渋の決断であったのは、この後お市を離縁せず、変わらぬ愛情を注ぎ続けたことで分かる。

だが長政に妹を与えていた信長にとって、これは許せない裏切りだった。

この時、お市は何も知らない前線の兄に向けて、陣中見舞いとして袋の両端を固く縛った小豆の袋を届けさせ、出口のない「袋のネズミ」であることを暗に知らせたという有名な逸話がある。そのおかげで、信長は辛うじて虎口を脱することができた。逸話の真偽は計り知れないが、兄と夫が戦う戦国の無惨さに、おとなしいお市が深く心を痛めたことは間違いない。

元亀元年の「金ヶ崎の退き戦」と呼ばれるこの戦は、信長にとって生涯屈指の危機であった。だが持ち前の即断即決を発揮し、軍を置き去りにしてまで逃げ延びた彼は、体勢を整えなおすと浅井・朝倉連合に猛烈な逆襲を開始した。同年、織田・徳川連合軍対浅井・朝倉連合軍との間に戦われた「姉川の合戦」が、その復讐戦であった。

両軍あわせて5万余が入り乱れた大会戦において、浅井長政は皮肉にも信長が見込んだ男に相応しい獅子奮迅の働きを見せ、数に勝る織田軍を大いに突き崩したが、朝倉軍が敗走したために惜しくも戦場から退いた。長政は本城の小谷城に籠城せざるを得なくなった。

戦国の慣習として、お市はこの前後に実家の織田家に帰ることもできた。だが彼女は自分の意思で夫の元に留まり、後に長政との間に3女の小督も儲けている。お市は長政を心から愛していたのだ。

小谷落城と長男の処刑

浅井家の小谷城は一山を丸ごと城郭化したもので、堅固なことこの上ない山城であった。姉川の合戦に勝利したとはいえ、当時の信長にこの城を力攻めする余裕はなかった。浅井・朝倉のみならず、石山本願寺、足利義昭、そして武田信玄による包囲網に囲まれ、とてもその余裕がなかったのだ。そこで小谷城の抑えとして羽柴秀吉(後の豊臣秀吉)が置かれ、浅井家重臣への寝返り工作がゆっくりと仕掛けられるに留まった。

だが長政にとっては不運なことに、天正元年(1573年)4月、包囲網の要たる甲斐の虎、武田信玄が病没した。包囲網の最強の一角が崩れた隙を見逃さず、信長は同年の7月に小谷城へと攻め寄せる。そして浅井の救援に来た朝倉軍を逆に撃破すると、そのまま越前まで攻め込んで、電撃的に朝倉家を滅ぼしてしまったのだ。

連携すべき味方を失い、孤城となった小谷城。越前から帰還した織田軍は、そのまま小谷城に総攻撃を開始した。善戦したものの、2日間の激しい攻防の末に小谷は落城。浅井長政、久政の親子は自刃して果てた。

お市と3人の娘(3女の小督は、この年の前半に生まれていた)は、この直前に城を出て、織田軍に保護された。信長からの降伏と助命の申し出を謝絶した後で、長政がお市の命乞いを願い出たのだ。苦難の日々を連れ添ったお市は、今さらあれが浅井の女房よと後ろ指さされるのは悔しいと、共に死ぬことを願ったが、幼い3人の姫の将来を託され、泣く泣く城を後にした。

こうして絶世の美女、お市の方(小谷の方)は、未亡人となった。しかし、彼女の悲しみはまだ続いた。

浅井長政の嫡男である万福丸(まんぷくまる)は、落ち延びていたが探し出され、磔(はりつけ)にかけられた(お市の実子ではなかったが、信長が助命すると約束したのでお市が居場所を教えたら、処刑されてしまったとも伝えられている)。そして最愛の夫である長政の首級は、兄の信長の手で漆塗りにされた上で金粉を塗られ、宴席の見世物とされた。それだけ信長の長政に対する憎悪は深かったわけだが、お市の方も、そんな兄の仕打ちに強い反感と憎しみを抱いた。

信長の存命中、まだ政略結婚の道具として有効に使えたはずなのに、お市の方は結婚せずに未亡人を貫き通している。それが美しさゆえに戦乱の中で道具として扱われた従順な麗人の、精一杯の抵抗と抗議だったのだろう。

柴田勝家との再婚、そして北の庄城に散る

浅井長政の死後、3人の娘と共に伊勢(いせ)で静かに生活していたお市の方に再び脚光が当たったのは、天正10年(1583年)である。

本能寺の変が勃発し、織田信長が覇業の達成を目前にして倒れた。反逆した明智光秀(あけちみつひで)が討たれると、織田の家臣団と信長の遺児たちは、信長の後継者を決めるための会議を開いた。これが有名な清洲会議である。実質的には、織田家の宿老である柴田勝家と、主君の仇を討った実力筆頭の羽柴秀吉のどちらが今後の主導権を握るかの会議であったといっていい。

俗説では、柴田勝家(しばたかついえ)と羽柴秀吉は、どちらもお市の方に恋慕の情を抱いていたとされている。だがお市は、勝家との再婚を承諾した。これによって勝家は"旧主の妹婿"という政治的立場を得た。秀吉は引き換えのような形で、織田家宗主に自らが推す三法師(さんぼうし)(信長の嫡男、信忠(のぶただ)の長男)を擁立したのだが、内心では歯軋りする思いだったろう。

第2章　悲劇の姫たち

　実はお市には、羽柴秀吉を嫌うに足る理由があった。小谷城を包囲し落城に導いたのも、長政の嫡男である万福丸を残虐に処刑したのも秀吉だったのだ。こうして10年の喪に服した後、ついに再婚したお市の方は、勝家に伴って越前の北ノ庄城へと移り住んだ。もちろん、ずいぶんと大きくなった茶々、初、小督の3姉妹が一緒だったのはいうまでもない。

　しかし……お市はつくづく結婚に運のない薄幸の女性だった。柴田勝家は、羽柴秀吉と信長亡き後の覇権を争い、敗れ去る運命にあったのである。

　天正11年(1584年)4月21日、両者の全面対決となった賤ヶ岳の合戦において、勝家は大敗。北ノ庄城に敗走したが、城は急追してきた秀吉軍にわずか2日後に包囲されてしまった。むろん、城内にはお市の方と3人の娘たちもいた。

　刀折れ矢尽き、もはやこれまでと悟った勝家は、落城前にお市の方と娘たちを城外の秀吉軍の元に送ろうとした。

　だがお市は、娘たちを落ち延びさせることには同意したものの、自分は頑として城を去ろうとしない。先夫の長政と共に死ぬことを望みながら叶えられなかった彼女は、この時だけは夫に抗い一緒に殉じる意思を貫いたのである。勝家・お市夫妻は、立て籠もっていた天守閣に火を放つと、炎の中で自刃して果てた。

　戦国一の美姫と讃えられながら、その美貌がお市にもたらしたのは悲しみだけであった。

お市

第2章　悲劇の姫たち

異郷の地へ嫁いだ伝説の美人
王昭君

Wang Zhaojun

地域：中国
時代：前漢時代
生没年：——
出典：——

画工に賄賂を贈らなかったために醜く描かれ、
異民族の地へ嫁ぐことになった絶世の美人。
異郷へ渡ったその生涯は多くの文芸作品を生んだ。

逸話多き伝説の美人

　中国4大美人の一人に数えられる王昭君。絶世の美人でありながら、外交政策によって異民族の王へ嫁ぐこととなり、遠く異郷へと行かねばならなかった女性である。正史ではわずかしか書かれていないにもかかわらず、その逸話や伝説は多く、王昭君をテーマにした詩や戯曲などの文芸作品も豊富だ。

　王昭君が生きた前漢時代、中国北方では匈奴と呼ばれる騎馬民族が精強を誇っていた。漢の高祖劉邦が平城で匈奴の大軍に包囲され、一敗地にまみれて以来、和番公主という外交政策が開始された。簡単にいうと、匈奴と漢王朝の政略結婚で、皇帝一族の係累の女性を匈奴の単于(匈奴の王)のもとへ嫁がせるものだ。

　さて、時は元帝の治世、竟寧元年(紀元前33年)。匈奴の呼韓邪単于が漢にやってくる。このころ、匈奴は内紛によって東西に分裂しており、呼韓邪単于はその東の王であった。彼は西の匈奴に対抗するため、漢との友好関係を強化しようと公主の降嫁を願い出た。この時、和番公主となったのが王昭君だ。和番公主の中でも唯一皇帝の血族ではなく、後宮から選ばれた女性である。

　では、一般的に知られている王昭君の物語を紹介しよう。

王昭君の伝説

　王昭君は中国南部は斉の国の王穣という人物の娘として生まれた。名は牆、昭君は字である。幼いころから彼女の可憐な美しさはどこか人と違っており、大層大事に育てられた。当然、求婚する者は後を絶たなかったが、父親の王穣はすべて

断わっていたという。王昭君は17歳を迎えた時、元帝の後宮に献じられた。

　しかし、元帝は王昭君を遠い地方の女性であるという理由で後宮に入れただけで、特に彼女を気にとめようともしなかった。直接面会したわけではなかったのだろう。当時の後宮は3千人の美女がいると言われたほどで、皇帝すらどのような女性がいるか、すべて把握出来るものではない。中には皇帝の寵愛を受けずに一生を終える者もいる。

　元帝は、毛延寿ら宮廷の画工に後宮の女性たちの肖像画を描かせ、その中から自分の好みの者を選び、その日に寵愛する相手を指名していた。そのため後宮では、女性たちが画工に賄賂を贈り、競って美しく描かせていた。そのうち画家も当然のように賄賂を要求するようになる。しかし、王昭君はこの賄賂を贈らなかった。そのため彼女は絶世の美貌を持つにもかかわらず醜く描かれ、元帝の寵愛を受けることなく数年を過ごした。

　呼韓邪単于が漢を訪れたのは、このころである。彼は皇帝の婿になりたいと申し出てきた。元帝にとって、この申し出は少々困った問題だった。外交政策上、無下に断わるわけにもいかず、かといって自分に連なる娘を異民族に差し出すのも気が進まない。そこで、和番公主を自分の後宮から選ぶことにした。どうせくれてやるなら惜しくないよう醜い者にしてやれと、肖像画を見てその中から最も醜かった王昭君を差し出すことにした。ところが、王昭君を呼び出してみると絶世の美女だったのである。元帝は大変悔やんだがもう遅い。匈奴側の手前、一度決めたことを覆すわけにはいかなかった。かくして呼韓邪単于は類いまれな美女を頂いたと漢の好意に感謝し、喜んで帰る。元帝はこれに激怒し、原因を究明を命じた。その結果、画工たちの不正が発覚、賄賂に関与した者全員を処刑する。この事件以来、長安の画工は少なくなったという。

　こうして王昭君は、辺境の地へ嫁ぐことになった。匈奴の生活は、漢とは全く違っていた。漢では儒教の教えにより若者が年長者を敬うが、匈奴は力の強い若者が威張っており、老いおとろえた者は軽んじられる。

　王昭君が嫁いでから2年ほどで呼韓邪単于が亡くなる。跡を継いだのは先妻の子の復株累（ふくるい）単于である。しかし、匈奴の社会では、自分の生母以外、父親の妻も財産として相続出来る。王昭君はそのことを知り、大変驚いた。漢では義理の母であろうと母である。息子に嫁ぐなどあり得ない。王昭君にしてみれば、獣のごとき習慣だったのである。

「匈奴は漢と違い、父の死後、跡を継いだ子がその妻を相続する習慣があるそうですが、あなたはどちらの習慣に従うのですか？」

　王昭君は復株累単于に問うた。

第2章　悲劇の姫たち

「私は匈奴の習慣に従う」

　復株累単于の答えを聞くや、王昭君は毒を仰いで死んでしまった。哀れ、絶世の美女は外交の犠牲となり、異郷の地で悲運の死を遂げるのである。以降、王昭君の生まれた地では、彼女の美貌がこのような不幸を招いたのだと、女の子が生まれるとわざわざ焼火箸で顔を焼いてしまうほどだったという。

　以上が、『西京雑記』などでよく知られる、一般的な王昭君の物語である。

数多くの逸話と伝説

　この他にも、王昭君の物語には、正史では語られていない伝説や、文学作品などの様々なバリエーションが存在する。わが国でも王昭君の逸話は『今昔物語集』に収録されるなど古くから知られており、謡曲『昭君』や彼女を詠った数多くの川柳が残っている。

　王昭君伝説の初期のものである後漢末の『琴操』では、元帝が匈奴の使者をもてなす宴席に後宮の女たちを召し出し、「そなたたちの中でからだれか一人、単于に嫁がせよう。嫁ぐ意思があれば申し出よ」と言ったところ、王昭君が自ら名乗り出たとある。肖像画の逸話は、晋代に編纂された『西京雑記』が出典であるが、異聞には王昭君が賄賂を払わなかったのは、自分の美貌に自信があったからだと伝えている。これらは正史ではないが、王昭君が単に慎ましやかな美人というわけではなく、意外と芯の強そうな性格をしていたような印象を抱かせる。

　しかし、時代を経るにつれ——王昭君の実像が時の流れによって薄れゆくにつれ——その悲劇性を強調するエピソードが付随されている。唐代の杜甫、李白といった詩人たちは、万里の長城を越えて異郷におもむく王昭君の不幸と悲しみを詠った。また、元曲(註1)の傑作と言われる『漢宮秋』では、元帝との恋愛を絡め、国のために匈奴の元へ嫁ぐが、その道中に黒龍江へ身を投げるという悲劇的な結末を迎えている。こうした後代の文学で語られる王昭君のイメージは、外交の犠牲となった美女という叙情性にあふれ、かつわかりやすいものである。

物語と史実

　正史に残された王昭君の記録は、『漢書』匈奴伝の一行と『後漢書』などにわずかにあるだけで、一般に知られる王昭君像は、後の世の創作された文学や伝説から

註1：中国の元代に発展した歌劇ともいえる演劇

王昭君

成り立っている。有名な肖像画の話も、どうやら後に創作されたフィクションのようで、毛延寿なる画工も実在しない人物である。また、王昭君は実際には自殺などしておらず、匈奴の習慣に従って復株累単于の妻となっている。王昭君は呼韓邪単于との間に男子一人、復株累単于との間に女子二人を産んだことが記録されている。

多くの文人たちの作品によって、王昭君は外交政策の犠牲となって異民族に贈られた薄幸の美人とされている。しかし、本当にそうだったのだろうか？

実際の王昭君は、嫁いだ地で大層大切にされたという。逆にあのまま元帝の後宮にいたのでは召し出されることもかなわず、その美貌をだれからも愛されることはなかっただろう。だが、彼女は異民族とはいえ王妃として迎えられている。また、当時の後宮は一度入ってしまえば一生身内にも会うことさえできない。しかし、漢から匈奴への使節団の中には、彼女の親兄弟など親族が同行しており、王昭君は彼らと面会していたようだ。たしかに、はるか北方の異郷の地に送られ、一生生まれ故郷に戻れずに生涯を終えたのは不幸なことのように思える。だがそれは、召し出しのかからぬ後宮にいても同じなのである。実際、王昭君が異郷の地で3人の母になっているところを想像すると、不幸を嘆く姿よりはたくましささえ感じてしまう。

彼女が本当に幸せだったかどうかは、今となっては知る由もない。ただ、見ようによっては後宮にいるよりも幸せだったのではないだろうか。王昭君の物語が後世において悲劇として語られているのは、当時の中華思想の都合によるものだ。確かに儒教的な考え方からすると、匈奴の習慣は野蛮なものかもしれない。だが、厳しい環境に生きる彼らにしてみれば当然の習慣なのである。それは、単に文化の違いでしかない。

王昭君の墓は、青塚(せいちょう)と呼ばれている。匈奴の地には白い草しか生えなかったが、彼女を埋葬した地には青い草が生えたからだという。望郷の念が、彼女の故郷の色の草を生やしたのだろう。匈奴が暮らした内蒙古自治区(うちもうこ)には、この他にも王昭君の墓と伝えられるものが数多くある。これは、それだけ彼女が現地の人々に親しまれていることを意味している。

青塚は、現在も内蒙古自治区のフフホト市で見ることが出来る。有名な観光スポットで、今では観光客の往来が絶えない。その前には、単于と共に仲睦まじく騎乗する王昭君の銅像が建てられ、基部には「和親」の漢字と「平和な地域」を意味するモンゴル文字が書かれている。現在の王昭君は、悲劇のヒロインという側面だけではなく、民族友好の架け橋となった女性としても語られている。

孤独な予言者
カッサンドラ

Kassandra

地域：ギリシア
時代：──
生没年：──
出典：『イリアス』、『アガメムノン』他

アポロン神から予言の力を授かったカッサンドラは、
神の誘惑を退けたため予言を信じてもらえないという、
死ぬまで解けることのない呪いを受けた。

亡国の王女

　古代ギリシア文明を代表する文学といえば、我々にもなじみ深いギリシア神話、英雄叙事詩、そしてギリシア悲劇などがある。中でもトロイア戦争を描いたホメロスの『イリアス』には数多くの誇り高き勇者と、美しい姫君が登場する。

　トロイアの王女カッサンドラはこうした姫君の中でも、最も悲惨な運命に耐えねばならなかった登場人物の一人だ。彼女は、滅びゆくトロイアの王女としての悲劇的な人生を歩むと同時に、暗い未来のすべてを見通す巫女だったのである。

　カッサンドラはもちろん、祖国トロイアの滅亡も、父や兄弟の死も、自らを待ち受けている運命をも、己の予言の力によってあらかじめ知ることができた。だが、彼女はその力を得る時、同時にその予言をだれにも信じてもらえないという呪いを受けていた。彼女は故郷を襲う悲劇をたった一人で見つめながら、その王国と運命を共にせねばならなかったのであった。

巫女の呪い

　トロイアの王プリアモスは正妻であるヘカベを始めとして、妻や愛人たちとの間に数多くの子供をもうけ、その数は50人とも伝えられている。カッサンドラは王の第3王女であり、トロイア随一の英雄ヘクトールや、王国滅亡の直接の原因となったパリスは彼女の異母兄弟であった。また、ヘクトールに次ぐ英雄であるアエネアスの妻となったラオディケは彼女の姉であり、美少女と評判だったポリュクセネという妹がいた。

　カッサンドラ自身も「金色のアフロディテ」と呼ばれる程美しく、深い知恵を秘めた

第2章　悲劇の姫たち

その瞳は彼女の美貌に強さをも加えていた。カッサンドラを生んだプリアモスの先妻は予言者の家系で、彼女は生まれた時アポロン神から家族と同じ力を授かった。彼女は運命の王子パリスが誕生した時、この子は王国に災いをもたらすであろうと予言し、巫女としての力をはやくも発揮するようになった。

ところがカッサンドラに予言の力を与えたアポロンは、美しい女性へと成長した彼女に対して欲望を抱くようになった。予言の力を与えた見返りに、巫女となった彼女を求めたのである。この突然の、しかも神の求愛にとまどったカッサンドラは、この強引なアポロンの求めを本能的に拒絶した。

己の愛を拒まれたアポロンは激怒した。そして怒りのあまりカッサンドラに、彼女の予言を、それを聞くものがだれも信じなくなるという呪いをかけたのである。この時から、カッサンドラが王国の将来を予言するたびに、人々は彼女をあざ笑い、その言葉を意に介することはなくなってしまったのだった。そしてそれはトロイア滅亡の、小さな予兆でもあったのである。

トロイアの滅亡

小アジアの片隅に位置するトロイアが、ギリシア全土の軍勢を相手にすることとなったトロイア戦争は、トロイアの王子パリスがギリシアの美女ヘレネを強奪したことに端を発すると伝説は伝えている。絶世の美女だったヘレネにはギリシア中の英雄が求婚したが、勇者メネラオスが彼女の愛を射止めた時、残りの英雄たちはみな、二人の危機に際して力を合わせてこれを救うと誓ったのである。

こうして10年に及ぶ戦争が始まった時、カッサンドラは弟パリスが生まれた時の不吉な兆しが現実となったと恐れ、この戦争は王国を滅ぼすことになると警告を発した。だが、アポロンの呪いによってその声はかき消され、あるいは愚かな臆病者の戯れ言として一笑に付されてしまった。

戦いが激しさを増し、両軍の英雄が一人、また一人と倒れていっても、カッサンドラの戒めに耳を貸すものはいなかった。そしてついにトロイア随一の勇者ヘクトールが、ギリシアの英雄アキレウスとの一騎打ちに敗れ、冷たい屍となって帰ってきた時も、トロイア城内の人々はその悲劇を予想していなかった。

だが予言者カッサンドラだけは兄弟の死の兆を感じ取り、一人城壁の上に立っていたため、彼方の戦場から運ばれてくる小さな遺骸に気がついた。彼女は遠くに豆粒のように見える遺体が勇者であり弟であるヘクトールだということを悟ると、城壁にくずおれ、声をあげて泣き出した。彼女の号泣が、今は亡き勇者ヘクトールがトロイアへと帰還する悲しみの鐘の音となったのである。

カッサンドラ

だが、カッサンドラが胸の張り裂けるような想いにうちひしがれてもなお、アポロンの怒りとその呪いが解けることはなかった。知将オデュッセウスの計略によって、トロイアに贈られた木馬に潜んだギリシア兵たちが城壁を占領した時も、カッサンドラは内側から開かれる城門や炎上する王宮を夢に見て、木馬が敵（かたき）の差し出した刃であることを見抜いた。だが、またしても彼女の悲痛な叫びを聞くものは、滅びゆくトロイアには、一人としていなかったのだ。

こうして勇者ヘクトールを失ったトロイアは、賢き乙女の警告も空しく陥落した。ヘクトールの敵を討った王子パリスは毒の弓矢に倒れ、トロイアの王プリアモスも王国と運命を共にした。カッサンドラの妹ポリュクセネは、敵方の英雄アキレウスとの淡い恋の末、自ら命を絶った。

このような破滅のすべてを知っていたカッサンドラだったが、愛する家族が次々と死にゆくのを、じっと見守ることしかできなかった。それは彼女にとっては神による拷問以外の何ものでもなかった。だが、アポロンの復讐はまだ終わりではなかった。亡国の姫には勝者の血にまみれた手による、さらに過酷な運命が待ち受けていたのである。

死の運命

トロイアが炎の中で陥落した時、それまで死の危険と隣り合わせで戦い続けてきたギリシアの勇者たちは、殺戮と勝利の高揚感に酔い、滅亡するトロイアの町からすべてを奪おうとした。焼け崩れる家屋からは銀器や宝石が奪い去られ、兵士たちは町の女を、誉れ高き英雄たちは宮廷の美女を求めた。

もちろん神であるアポロンをすら夢中にさせたカッサンドラの美貌に、ギリシアの英雄たちの眼が眩まぬわけもない。中でも、ギリシア軍の中で最も足が速いといわれた小アイアスという勇者は、まっさきにカッサンドラに目をつけ、彼女に襲いかかった。

カッサンドラは家族を失った悲しみに浸るまもなく、迫りくる暴虐から身を守らねばならなかった。彼女は必死で宮殿のアテネ神を祭った祭壇へと逃げ込んだ。だが敏捷なアイアスはすぐに追いつき、祭壇のアテネ像にしがみついて逃れようとするカッサンドラを無理やりに引きはがしたのである。

彼女が救いを求めて掴んでいたアテネ像は、その足下から折れて倒れた。アテネ神は自らの目の前で繰り広げられる暴虐に目を背け、倒れたアテネ像の瞳は悲しげに天を向いたという。さらに激怒した神々はギリシア軍の帰還に際して暴風雨を巻き起こし、カッサンドラを奪ったアイアスを溺死させ、自らの復讐を果たした。

しかし神々のこの復讐も、カッサンドラを救うことにはならなかった。彼女はギリシ

ア軍の総大将であるアガメムノンの奴隷として、彼の故郷へと連れて行かれることになったのである。アガメムノンが彼女を連れ帰ったのは、敵国の王女を晒しものにすることで勝利を祝おうという目的の他に、彼自身がカッサンドラに魅せられていたためでもあった。

　燃え上がるトロイアを背にギリシアへ向かう船には、カッサンドラと同じような境遇に見舞われた淑女たちがぎっしりと詰め込まれていた。彼女たちは泣き、嘆き悲しんでいたが、カッサンドラは同情する気にはなれなかった。これまで自分の必死の訴えを笑うばかりで耳を貸さなかった人々には、当然の運命だと思えたのだ。彼女の胸を張り裂けさせたのは亡き父や弟たち、そして幼いままに自害を遂げた妹の運命に対してだった。

　こうしてカッサンドラは、アガメムノンと共に彼の住む王宮へと向かっていった。だが彼女には見えていた。その王宮が復讐の血にけぶる場所であることが。そこにはアガメムノンに恨みを抱く、二人の人物が待ち受けていたのである。

　アガメムノンはかつて、戦勝のために自らの娘を神々の生け贄に捧げたことがあった。彼の妻クリュタイムネストラは、かねてより女癖の悪かった夫に対する恨みを、愛娘を生贄にされたことで怒りに変え、アイギストスという名の愛人をつくって夫に血の復讐を遂げようと、その帰りを待っていたのだった。

　カッサンドラの瞳には、今度もまた来るべき運命がはっきりと映っていた。血に染まる王宮の寝室、怒りに燃える王妃の顔、鈍く光る刃、恐怖に震え上がるアガメムノンの姿が。だが、彼女にはどうすることもできなかった。それを訴えてもだれも信じることはなく、奴隷の身では逃げることも、救いを求めることもできないのだ。

　彼女は悟った、もはや運命から逃れるすべはないと。あまりにも大きな悲しみを、すでにその身に抱えられるぬ程抱き続けたカッサンドラにとって、間近に迫った己の死など、その最後の締めくくりに過ぎないのだ。彼女は願った。せめて苦しまずに死ねることを。そして一国の王女が、その名を辱めない最後を遂げることを。

　こうしてアポロンの復讐は終わった。神に愛された少女は運命を知る力を授かったが、その愛を拒んだがゆえに、その力を悲しみのためにしか使うことができなかった。彼女が迎えた最期は、今はなき故郷から遠く離れた異国の地で、奴隷として無惨に殺されることだった。

　だが、カッサンドラは己を待つその運命から目を背けることなく、毅然とそれを受け入れた。夫への復讐心から刃を取った王妃とその行為に手を貸す愛人や、裏切りを重ねた末に妻に殺される王といった人々が集った場所で、彼女の瞳だけが誇りと、そして強さをたたえていた。それは、滅亡した王国の最期の輝きでもあったのである。

第2章　悲劇の姫たち

禁忌の愛

軽大郎女

Princess Karu

地域：日本
時代：5世紀
生没年：？〜453年（436？）
出展：『古事記』、『日本書記』

兄と妹。許されぬ愛であるがゆえに燃え上がる情熱。
ここで語られるのは、日本の歴史において初めて
「心中」を遂げた哀しい兄妹恋人の物語である。

兄と妹の物語

　古来より、人類は、「兄と妹」という関係に特殊な聖性を見出していた。本邦においてはイザナギ・イザナミの兄妹2神の交合の結果、国生みが成されたとする創世神話が伝えられている。中国南部、台湾、インドシナや南西諸島にかけての広い地域には、「兄妹婚型洪水神話」と呼ばれるタイプの神話が存在する。これは、大洪水によって世界は滅亡し、生き残った一組の兄妹が夫婦となり、人類の始祖になるという筋立てになっている。代表的な例に、中国の伏羲と女媧の兄妹夫婦があげられる。

　だが、近親相姦(インセスト)は、神の世においてこそ許容されるものの、人の世においては罪深いものとされている。フィンランドの民族叙事詩『カレワラ』では、英雄クッレルボは、そうとは知らずに実妹と愛を交わし、真実を知った妹は自ら死を選ぶ。また、R・ワグナーの楽劇『ニーベルングの指輪』の第一夜「ワルキューレ」では、ジークムントとジークリンデの双子の兄妹の愛と破滅が主軸となっている。

　本項で紹介する軽大郎女(かるのおおいらつめ)もまた、神ならぬ人であるが故、実兄への恋情に苦しみ、悲劇的な末路を辿らざるをえなかった「妹」たちの一人である。

衣を通して輝く程の美

　軽大郎女は、5世紀前半を生きた人である。父の名は雄朝津間稚子宿禰尊(おあさづまわくごのすくねのみこと)、母の名は忍坂大中姫命(おしさかのおおなかつひめのみこと)。すなわち、第19代の天皇、允恭(いんぎょう)天皇(在位412〜453年)と、その正妃との間に生まれた正真正銘の皇女である。「郎女(いらつめ)」とは若い婦人を

意味しており、高貴な身分を示す「大」の字がつく。わかりやすく言い換えれば、「軽のお姫様」といったところであろうか。彼女には8人の兄弟姉妹がおり、後に激しく愛し合うことになる兄・木梨軽皇子（きなしのかるのみこ）は長兄であった。

　軽大郎女は、それはそれは美しい女性であった。彼女の容姿について、『古事記』には次のように記されている。

　軽大郎女、亦の名は衣通郎女（そとほしのいらつめ）。御名を衣通王と負わせる所以は、その身の光、衣より通り出づればなり。
（訳：軽大郎女は、またの名を衣通郎女と言った。美しい身の輝きが、衣を透かして外に漏れ出る程であったためである）

　允恭天皇には4人の娘がいたが、容姿について語られているのは、軽大郎女ただ一人である。しかも、正史である『古事記』に、だ。その美貌が格別のものであったことは、想像に難くない。
　だが、彼女は美し過ぎた。実の兄からさえも恋の対象となってしまう程に。そして彼女もまた、実の兄への思慕の念を抱いてしまったのである。

想いを歌に

あしひきの　やまだをつくり　やまだかみ　したびをわしせ　したどひに
わがとふいもを　したなきに　わがなくつまを　こぞこそは　やすくはだふれ
（訳：山の田の下を這って通る樋のように隠れ、人目をはばかって逢わねばならぬ妹よ、愛しい妻よ。今宵こそ、存分に、互いの肌に触れ合おうではないか）

ささばに　うつやあられの　たしだしに
ゐねてむのちは　ひとはかゆとも　うるわしと　さねしさねてば
かりこもの　みだればみだれ　さねしさねてば
（訳：笹の葉に霰が降り、音を立てる。あなたと一緒に寝ることができたのならば、たとえ周囲の人間が離れていったとしても。刈り取った草がばらけるようにすべてが乱れてしまうとしても、あなたと一緒に寝られるのならば、かまいやしない）

　これらは、軽大郎女が、木梨軽より贈られた歌だ。熱い、あまりにも熱い恋の歌だ。互いへの思いを隠さなければならぬ苦しみと、そこから解放され、臥所を共にすることへの願いがひしひしと伝わってくる。

第2章　悲劇の姫たち

　両者が、いつごろから、何をきっかけとして愛し合うようになったのは伝わっていない。日嗣(ひつぎ)の皇子と、その実妹の恋など、決して世人に認められるわけがない。皇子も軽大郎女も、それが分からぬ程愚かではなかった。

　だが、道ならぬ恋、秘さねばならぬ恋であったがゆえに、この高貴なる恋人たちの情愛と絆は一層強くなった。やがて、いかなる罰を下されることになろうとも構わぬという、諦観の混ざった覚悟を決め―――二人は結ばれた。

別れ

　二人の仲が周囲に発覚したいきさつは、『日本書紀』では次のように記されている。允恭天皇の24年、天皇の御膳に供された羹汁(しる)が、夏だというのに凍りついてしまった。これを怪しんだ天皇は、占いを行わせた。その結果、身内に近親相姦を犯した者がいると分かった。そこへ、木梨軽と軽大郎女の仲を密告する者があり、すべては天皇の知るところとなった。木梨軽は皇太子であるために罪に処することができず、軽大郎女のみが伊予への流刑に処された。『日本書紀』において、軽大郎女に関する記述は、これが最後となっている。

　一方、『古事記』においてはかなり異なった展開を見せる。二人の仲が発覚したのは允恭天皇の崩御直後であるし、その理由も、前述の歌が周囲に漏れてしまったせいである。また、軽大郎女の辿った運命に関しても詳細な記述がなされている。

　実妹と密通したことにより、木梨軽は皇太子であるにも関わらず、人々からの信望を失ってしまった。代わって台頭してきたのが、弟の穴穂(あなほ)である。穴穂から攻められた木梨軽は、ついに捕らえられ、遠く伊予(いよ)(今の愛媛県)の地へと流されることとなった(この点でも『日本書紀』と異なっている)。

　軽大郎女は、なんの咎めも受けることはなかった。とはいえ、愛する兄と引き離されてしまう苦しみ、悲しみはいかばかりであったろうか。兄の流刑に際し、彼女は次のような歌を贈っている。

なつくさの　あひねのはまの　かきかひに　あしふますな　あかしてとほれ
(訳：愛しい方よ、夏草の生い茂るあひねの浜に散らばる貝の欠片で足を怪我などなさいませぬように。どうか夜が明けてから行って下さい)

　兄から贈られた歌は数あれど、軽大郎女が歌を贈ったことはなかった。万事控えめで、ただ静かに兄を想ってきた皇女は、その兄との別れを前にして、初めて自分の意を歌に乗せたのである。

軽大郎女

再会、そして……

　かくして恋人たちは引き裂かれてしまった。だが、軽大郎女の物語は、ここから始まる。彼女は、唯々諾々と運命に流されるようなか弱い姫君ではなかったのである。
　兄への恋情は、日を追うごとに高まる一方であった。そしてついに想いを抑えることができなくなった軽大郎女は、単身、流刑地である伊予へと向かうことを決意した。その際に歌ったのが、次の歌である。

きみがゆき　けながくなりぬ　やまたづの　むかへをゆかむ　まつにはまたじ
（訳：お兄様、あなたが去ってしまわれてから、長く日は過ぎてしまいました。私は、山を越えてあなたを迎えに参ります。もはや待ってなどいられません！）

　相手が動かぬのならば自分から動いてしまえという、壮絶なまでの覚悟を感じさせる歌である。美しい皇女の鬼気迫る執念に、周囲の人間はさぞかし驚いたことであろう。止める間もなく旅立ったのか、それとも若い娘の恋路を止めることに恐れを抱いたのか、だれも彼女を止めようとはしなかった。何不自由のない暮らしをかなぐり捨てて、皇女は兄の元へと走ったのだ。
　これを知った木梨軽も、彼は彼で、健気にも自分を追ってくる妹を待ち焦がれ、歌を歌った。軽大郎女への愛情に満ち満ちた歌であった。そこからは、皇太子の地位を、朝廷内での名誉を、何もかも失ってしまったことへの後悔など微塵も感じとることができない。
　兄は妹を。
　妹は兄を。
　もはや二人には、お互いさえいれば何も要らなかったのである。
　都を遠く離れた伊予の地で、ついに再会を果たした二人は、心の底から喜び合い、そしてそのまま共に死ぬことを選んだ。悲恋ではあったが、最愛の者と逝く黄泉路は、二人のいずれにとっても悔いのないものであっただろう。
　終焉の地と伝えられる愛媛県松山市姫原には、二人を祀った「軽之神社」がある。その奥には、比翼塚と呼ばれる二つの小さな石塔が、ひっそりと寄り添うように建てられている。

悲劇のヒロイン
ジュリエット

Juliet

地域：イタリア、ヴェローナ
時代：15世紀ごろ
生没年：――
出典：『ロミオとジュリエット』

仇の家に生まれたロミオと運命的な恋に落ちるジュリエット。わずか14歳にもみたぬ彼女は、激動の5日間でその純愛を貫いた。

最も知られたラブストーリー

『ロミオとジュリエット』は、シェイクスピアの傑作純愛悲劇である。イタリア、ヴェローナの町を舞台に、お互いに愛し合いながらもいがみ合う実家のために命を落としてしまう恋人たちの物語は、おそらく世界で最も有名なラブストーリーであろう。歴史を越えて語り継がれ、現代でも数多くのパスティーシュ（芸術作品の模倣）やモチーフにした作品が生まれている。

そのヒロインであるジュリエットは、"悲劇のヒロイン"の代表格と言えるだろう。彼女がバルコニーで「おお、ロミオ様、ロミオ様！　どうしてあなたはロミオ様なの？」と熱い想いを吐露するシーンはあまりにも有名だ。しかしその反面、ジュリエットが14歳になるかならないかの幼い少女であること、また『ロミオとジュリエット』が、わずか5日間の出来事を描いた物語であるのは意外と知られていない。

運命の出会い

ジュリエットがロミオと共に死を迎える経緯は、ヴェローナの町の名門であるキャピュレット家とモンタギュー家とのいさかいから始まる。両家は古くからの犬猿の仲で、その召使いたちが顔を合わせただけで喧嘩騒ぎが起るというありさまである。物語の冒頭、そうした家人たちのいさかいによって市民を巻き込だ乱闘騒ぎが起り、両家ともヴェローナの太守から叱責を受ける。太守は両家の絶え間ないいさかいに頭を悩ませており、次に争いを起こしたならば双方とも死刑に処すと厳しく言い渡すのである。

第2章　悲劇の姫たち

　そのころ、キャピュレット家の一人娘ジュリエットに結婚の話が持ち上がる。青年貴族のパリス伯爵がジュリエットを気に入り、父親のキャピュレットに求婚を申し込む。キャピュレットは結婚は娘の気持ち次第であるからと、キャピュレット家が主催する仮面舞踏会にパリス伯爵を招待する。その会場でお互いの気持ちを確かめては、と提案したのだ。一方のジュリエットはまだ14歳にも満たない少女である。結婚のことなど考えてみたこともない。母親がまず舞踏会でパリス伯爵に会ってみてはどうかと勧めるが、

「好きになれるように、お目にかかってみるわ。眼で見て、それで好きになれるものならね。でも、それはお母様のお許しの範囲内だけよ。それ以上深く、わたしの視線の矢をとばせることはできないわ」

　と、ジュリエットはあまり乗り気ではない様子。おそらくは恋愛そのものに興味を抱いていなかったのだろう。

　ともかくもジュリエットは舞踏会に出席するが、彼女の前に道化の仮面を被った青年が跪いた。二人は十四行詩(註1)の情熱的なセリフを交わし合い、お互いの手に口づけをする。ジュリエットはこの名も知らぬ青年と、一瞬にして運命の恋に落ちてしまうのである。

　後にジュリエットは自分の恋した相手が仇敵モンタギュー家のロミオだと知らされ、愕然とする。ロミオは仮面舞踏会に出席しているロザラインという意中の女性に会うため、身分を隠してやってきていた。しかし、ジュリエットを一目見ただけでその美しさの虜となってしまったのだ。二人の恋は、まさに稲妻の閃きのごとく一瞬にして衝撃的なものだった。

運命という名の障害

　仮面舞踏会の夜、恋の衝撃から醒めやらぬジュリエットは、月明かりに照らされたバルコニーで独白する。

「おお、ロミオ様、ロミオ様！　どうしてあなたはロミオ様なの？　あなたのお父様をお父様でないと言い、あなたの家名をお捨てになって！　それとも、それがお嫌なら、せめてわたしを愛すると宣誓していただきたいの。さすれば、わたしも今かぎりキャピュレットの名を捨ててみせますわ」

　ジュリエットは、この恋のためならば家名を捨てることさえ厭わない覚悟であった。この独白を聞いて、ロミオが繁みから姿を現わす。彼はジュリエットに一目会いたい

註1：十四行の定型叙情詩

ジュリエット

という想いが高じ、庭園に忍び込んでいたのだ。ロミオも、自分が同じ想いであると打ち明ける。こんなにも惹かれ合っているというのに、二人は仇の家門同士。

しかし、この恋を運命だと直感した二人に、ためらいはなかった。その翌日、ジュリエットは乳母からロミオの言伝を受けて、修道僧ロレンス神父の庵室へ向かった。そこで、ジュリエットは神の前でロミオとの変わらぬ愛を誓った。二人とロレンス神父の他に出席者のない、秘密の結婚式である。ロレンス神父はこの結婚がきっかけとなり、キャピュレット家とモンタギュー家が和解出来るのではないかと考えてたのだ。

しかし、ロミオはこの結婚式の帰り道、キャピュレット家とモンタギュー家の者のいさかいに巻き込まれてしまう。ジュリエットとの結婚を思い、穏便に済ませようとするのだが、勢い余ってキャピュレット家の者を殺してしまうのだ。これはただちに太守の耳に入り、ロミオはヴェローナ追放に処せられる。この報せを聞いたジュリエットの衝撃は大きかった。わずか3時間程前に結婚したロミオと、離ればなれになってしまうのだ。ジュリエットは最後の別れをするために、乳母に自分の指輪を託した。この指輪を受け取ったロミオは人目を忍んでジュリエットの前に現われる。そして、二人は共に夜を過ごして変わらぬ愛を確認した。

しかしジュリエットに降りかかる障害は、それだけではなかった。父親はジュリエットの嘆きを身内の死によるものだと誤解し、その悲しみを紛らわせようとパリス伯爵との結婚を3日後へと急がせる。突然の話にジュリエットは戸惑い、この結婚をなんとか引き延ばしてほしいと願うが、頑固な父親には全く聞き入れてもらえない。

命がけの恋の結末

ロミオへの操を神の前で誓ったジュリエットは、パリス伯爵との結婚に応じるわけにはいかなかった。そこでロレンス神父に相談すると、神父はある薬を渡した。この薬は、飲むと42時間の間仮死状態となるが、その後は何事もなく目覚めるというものであった。望まぬ結婚を避けるには、一旦この薬で死んだことにして埋葬され、ロミオと駆け落ちするしかない。非常に危険な方法である。もし埋葬されたジュリエットを掘り返すのが遅れてしまえば、そのまま窒息する危険もある。ジュリエットは墓場の暗さと亡霊の恐怖に怯えるが、それでもロミオと結ばれたい一心で、この薬を飲み干してしまう。まさに、花も嵐も乗り越えての恋心だ。

仮死状態となったジュリエットは急死したものとして葬られた。ここまではロレンス神父の目論見どおりだった。しかし、ここでもまた運命の歯車は狂い出す。ロレンス神父は、すべての計画を伝える手紙をロミオへ送ったのだが、この手紙が思わぬ足止めによって届かなかったのだ。

やがて薬の効果が切れて、ジュリエットが目を覚ます。彼女が見たものは、毒杯を持ったロミオの亡骸であった。ロミオはロレンス神父の手紙が届く前にジュリエット急死の報を聞き、その傍らで後を追うことを選んだのだ。ジュリエットはすべてを悟った。そして、まだあたたかいロミオの唇に接吻し、ロミオの短剣をもぎ取ると——
「おお！　嬉しいこの短剣！　この胸、これがお前の鞘なのよ。さあ、そのままに貫いて、わたしを死なせておくれ」
　ためらうことなく、自らの胸を刺すのであった。

悲劇として完成するために

　『ロミオとジュリエット』はシェイクスピアのオリジナルではなく、元となる種本が存在する（これは『ロミオとジュリエット』に限ったことではなくシェイクスピアの作品のほとんどがそうである）。イタリアで出版された小説を、アーサー・ブルックが物語詩として翻訳した『ロミウスとジュリエットの悲しい物語』がそれだ。「ブルックの詩は鉛であったがシェイクスピアは金に変えた」と言われるように、シェイクスピアは戯曲化にあたって原作では9ヶ月であった期間を5日間に、ジュリエットの年齢を16歳から14歳に引き下げている。この変更は非常に効果的で、ジュリエットの恋心は思春期特有の向こう見ずで一途なものとなり、物語は劇的でありながら現実性を保っている。
　『ロミオとジュリエット』は後年に執筆されたシェイクスピア悲劇とは違い、登場人物の選択や愚かしさによって破滅するような悲劇ではない。ジュリエットは、ただ好きだという純真な想いをまっとうしたために死を迎えてしまう。純真は罪ではなく、ゆえにジュリエットに死なねばならぬ罪はない。
　しかし、ジュリエットの美しくも壮絶な死を知ったキャピュレットとモンタギューの両家は、自分たちの愚かな対立が若い命を奪ってしまったことを悔い、手を取って和解する。運命に翻弄され続けたジュリエットだったが、その純真な想いは、最後に両家がいがみ合うという運命に打ち勝ったのである。

第2章　悲劇の姫たち

乱行伝説に消された真実の姿
千姫

Senn

地域：日本
時代：江戸時代
生没年：1597～1666年
出典：――

徳川秀忠の娘に生まれながら人質として
豊臣秀頼に嫁入り、大阪落城を経験した姫君。
数々の乱行伝説が庶民の間で語られたが……。

吉田御殿の伝説

「吉田通れば二階からまねく　しかも鹿の子の振り袖で」

千姫……徳川秀忠の長女で、幼くして政略結婚の生け贄として豊臣秀頼に嫁がされた姫君である。わずか8つで潜在的な敵の元に送り込まれた彼女は、実家と婚家の板ばさみとなって苦しみながら成長し、祖父家康・父秀忠によって住みなれた大阪城と夫秀頼を攻め滅ぼされた。相当な悲劇のヒロインである。

だが……江戸の人々の千姫に対する評判は、極めて悪かった。乱行にうつつを抜かす淫婦扱いしたのだ。冒頭の戯歌も、二人目の夫を亡くした後に僧籍に入り、江戸で生活していた千姫が、見栄えのいい若者を見ると御殿の中に誘い込んだ様子を歌ったものだと言い伝えられてきた（実際は豊橋の遊女について歌ったものだという）。伝説は、千姫はさんざん楽しんだ後で誘い込んだ若者を殺し、死体を井戸に投げ込んで証拠を隠滅したと語っている。

もちろんこんな噂は事実無根だ。しかし人々が千姫の生前から悪口を囁き、彼女を生きながらにして伝説の人としてしまった背景には、ある面ではやむをえない事情というものがあった。

幼き人質と謎の多い結婚生活

千姫は、徳川秀忠と小督夫妻の長女として、慶長2年（1597年）に誕生した。父の秀忠は後の江戸幕府の2代目将軍、母の小督は織田家・浅井家の血を引く浅井三姉妹の末娘で、千姫はいわば血統書付きの姫君といえる。待望の男子ではなかっ

たとはいえ、仲むつまじい父母は最初の子である千姫を溺愛しただろう。しかし生後1年も経ぬうちから、赤子は重い宿命を背負わされていた。

慶長3年（1598年）、死の床についた太閤秀吉と徳川家康の間で、家康の孫の千姫と秀吉の世継ぎ豊臣秀頼を縁組させると取り決めが交わされたのだ。この太閤の遺言に従って、千姫は慶長8年（1603年）に、わずか8歳で父母と離れ、大阪城の秀頼と淀のところに嫁入った。秀吉の没後、天下を虎視眈々と狙う徳川家だが、機が熟すまでは露骨に大阪と豊臣派の大名を刺激したくはない。そこで故太閤との約束を守ることで真意を隠し、時間を稼ぐための人身御供として差し出されたのが、千姫の身柄だったというわけだ。

千姫は、わずかな近臣を除き、周囲を大阪方の人々に囲まれて成長した。おそらく冷遇されたり、苛められたりといったことはなかっただろう。腹の底の読めない家康の孫であるが、同時に淀にとっては妹の娘――つまりは可愛い姪でもあったのだ。ただ秀頼との夫婦生活の実態については、諸説あって定かではない。秀頼は千姫ではなく側室との間に、二児をもうけている。このため、夫婦とは名ばかりだったとする説もある。しかし千姫は、豊臣家の滅亡後には秀頼の娘（側室の娘）を自分の養子として引き取り、行く末に気を配っているのだ。たとえ秀頼との間に子を生すことができなかったとしても、感情的には細やかに繋がった夫婦だったのではないか。

だがそんな千姫の思いなど意に介さず、祖父家康は豊臣家への圧力を強め続け、慶長19年（1614年）にはついに方広寺鐘銘問題から大阪冬の陣を勃発させた。一度は和議が成ったものの、翌年には再び大阪夏の陣が起こり、濠を埋められた大阪城は落城の日を迎える。その城内には、むろん千姫の姿もあった。

炎の脱出

この時点で千姫は、豊臣家と夫の秀頼に殉じる覚悟だったかもしれない。だが落城が目前に迫ると、大阪方の大野治長の進言によって、彼女の生命は救われることになった。豊臣家を救う最後の手段として、城外に脱出し、家康に秀頼母子の助命嘆願をしてくれるよう依頼されたからだ。

千姫は秀頼や淀と別れ、大阪方武将の堀内氏久に護衛されながら、混乱した城を落ちようとした。城内は至る所が炎に巻かれ、混沌とした状勢だったが、幸いにも寄せ手の坂崎出羽守という武将に保護され、無事に家康の本陣までたどり着くことができた。実は徳川方でも、家康が千姫の身柄を救うようにと触れを出し、孫娘を無事に助け出そうとしていたのである。

本陣に辿りついた千姫は、むろん祖父家康と父秀忠に、秀頼と淀の命乞いをし

ただろう。だが、無理に無理を重ねてようやく豊臣家を追い込んだ家康が、ここで秀頼の息の根を止めないわけにはいかない。
　元和元年(1615年)5月8日、秀頼と淀は自刃し、大阪城は落城。千姫が12年にわたって一員だった豊臣家は滅亡し、彼女は19歳で未亡人となった。

再婚話と坂崎出羽守の意地

　さて、ここまでの千姫の人生は、まごうことなき悲劇の姫君の物語だ。同情を寄せる理由こそあれ、江戸庶民から不評を買う理由はどこにもない。
　だがここで、坂崎出羽守という武将が登場する。千姫を護衛して家康の本陣まで送り届けた男だ。
　坂崎出羽守成正は、戦国大名の宇喜田直家の血統に連なる人物で、一門でも武辺で知られた人物だった。この男、いささか度を越した直情径行な気性で、主君と諍いを起こして宇喜田家を去り、関ヶ原の合戦では東軍に身を投じて西軍の宇喜田勢と激しく戦っている。その功を賞せられて3万石の大名に任じられたが、主君筋であり親類でもある宇喜田家の方は引き換えのように没落。旧主の秀家は八丈島に流されている。
　要するに己の意地と面目を貫くためなら他の何物をも犠牲にして悔いることのない、戦国時代の武辺者にまま見られた意固地な性格――坂崎の場合は多分に偏執的だったが――をしていたのだ。
　この坂崎出羽守が、千姫を本陣に護送した際に家康と交わした口約束にこだわった。厳密な約束がどのような文言だったかは不明だが、どうやら「千姫の再婚先を坂崎が探す」という内容だったらしい。坂崎出羽守は公卿の間を回り、5摂家の鷹司家につながる頭中将との縁談をまとめてきた(天皇の叔父の親王が相手だったともいう)。しかしそのころ、家康――家康の没後、秀忠には、千姫の再婚先として意中の相手が別にできていたのだ。
　普通の世慣れた大名ならば、言を左右にして返答をごまかされれば、そのあたりの事情は察して引き下がる。だが坂崎出羽守には、そんな分別が働かない。病床についた家康や幕閣に対して、執拗に返答を迫り続けたのである。
　けれど千姫の再婚先は、内々に桑名城主で譜代の名門、本多家に決まっていた。本多家の嫡男、本多忠刻と千姫の婚儀の準備は、坂崎の知らないところで着々と進められた。彼が婚儀について知ったのは、輿入れが目前に迫ってから、しかも世上の噂としてだった。
　面目丸つぶれとなった出羽守は、持ち前の短気を発揮して江戸城の老中たちに

千姫

直談判に及び、こともあろうか婚儀の日に、花嫁行列を襲って千姫を奪うと脅迫したのだ。そして実際に戦支度を整え、屋敷に立て籠もったから大事になった。うろたえた幕閣はなんと1万2千もの兵を繰り出して坂崎屋敷を囲ませると、坂崎家の重臣らに主君を討つ手伝いをすれば家名相続を許すという奉書を与えて事態の収拾を計った。こうして重臣の一部が協力した結果、坂崎出羽守は憤死(自刃)。すると老中は重臣との約束を反古にし、坂崎家の存続を許さず取り潰してしまった。

そもそも家康、秀忠、あるいは幕閣のいずれかが、事前に頭を下げて坂崎に説明していれば、ことはここまで大事には至らなかったろうに、この扱いはいかにもひどい。心ある人々は筋の通らない幕府の処置に憤慨し、細かい事情は知らないながら江戸の庶民も坂崎出羽守に同情を寄せた。

そこで形成されたのが、次のような物語だ。

大阪夏の陣のさなか、家康が「千姫を助けた者に姫を嫁にやる」と約束した。そこで猛火の中に飛び込み、姫を救出したのが坂崎出羽守。だが千姫は、救出の際に顔に大火傷を負って醜くなった坂崎を嫌い、江戸に帰る旅の途上で出会った美男で知られる本多平八郎忠刻に恋慕した。家康との約束を反古にされて面目を損ない、恋しい千姫には袖にされた坂崎は大いに憤慨し、武士の一分を立てるために憤死した……。

詳細な事情を知らない庶民が作りあげた伝説の中で、出羽守は悲劇の主人公、千姫はわがままな姫君の役を与えられた。本来の出羽守は気骨あるというよりは意固地な人で、千姫は単に彼が意地を張るダシに使われただけなのだが。

民衆はわかりやすいイメージとキャラクターを好むものだ。先の夫である秀頼と死に別れてから1年で、本多忠刻と再婚しようという千姫の身の振り方は、民衆から見て感情的に反発したくなるものだった。そこでわかりやすい悪役として、千姫は面食いで恩を仇で返す驕慢な姫君とレッテルを貼られたのである。実際の経緯では、坂崎出羽守の物語に、千姫自身が関与する余地はまるでなかったのだが。

本多家の嫁、そして徳川の女長老として

千姫は、確かに大阪城落城の翌年である元和2年(1616年)に、本多忠刻と再婚している。大阪城落城後に千姫が伏見から江戸に向かう途上で、道中の護衛についた若い忠刻と姫は初めて出会ったという。伝説では、その折に美男の平八郎忠刻を見初めた千姫が、一緒になりたいと駄々をこねたことになっている。だが、これは悪意のこもった証拠も何もない俗説だ。実際には、本多忠政の妻である熊姫(ゆうひめ)(家康の長男信康(のぶやす)の娘)が、嫡男である忠刻の嫁に欲しいと千姫の輿入れを望んだとい

う説が有力だ。熊姫の父である信康は、器量抜群の家康自慢の息子だったが、その有望さゆえに織田信長に警戒され、切腹させられた悲劇の嫡男だった。信康を救えなかった家康は、生涯それを痛恨事としていた。死の床にあって、その忘れ形見である熊姫から千姫を望まれれば、家康も否とはいえなかっただろう。

千姫が嫁いだことで、本多家は桑名10万石から姫路15万石に移封され、さらに千姫の化粧料10万石が加わって25万石の大名に出世した。忠刻との仲もむつまじく、男女の子にも恵まれた千姫は、20歳から30歳までの10年間を幸福に暮らした。

ただ完全に幸福な日々は、永遠には続かない。息子を幼くして亡くした千姫は、寛永3年(1626年)には夫の忠刻、姑の熊姫をも続けて失った。忠刻の弟が継いだ本多家に居場所を失った千姫は、江戸に戻って出家している。

天寿院と称した千姫は、竹橋の御殿に住み、そのころには幕府の中核を担うようになっていた徳川秀忠の子供たちの最年長(長女)として、精神的な束ねとなった。ことに3代将軍で実弟の家光からは慕われ、互いに親しく行き来をしていた。天寿院が病に伏せると諸大名がご機嫌伺いに登城したというから、家光にとってはよほど大事な姉だったのだろう。慶安4年に家光が48歳で世を去ると、家光の子で4代目の家綱にも深く信頼され続けた。寛永6年(1666年)に70歳で大往生。

徳川一門に捧げた生涯

徳川家の女長老として、一門の子孫に慕われながら平穏に賢明に生きた後半生は、民衆が信じた千姫の姿とはあまりにも違いすぎる。もし伝説に欠片でも真実が含まれていたなら、天寿院がこれ程に徳川一族の尊敬を集めることはできなかった。乱行伝説に語られる淫蕩な姫君のイメージは、真実とはかけ離れていたのだ。

本当の徳川千姫は、母性愛に富んだ、大人しい普通の女性であった。

だがそんな彼女を、民衆は伝説へと祭りあげてしまった。その背景には、強引に滅ぼされた豊臣家への判官贔屓と、江戸幕府への反発という事情があった。人々は権力に対する批判的な気分を、千姫という象徴的な人物を悪役に仕立てあげることで晴らしたのである。姫君という存在は、良きにつけ悪しきにつけ常に民衆の注目を集める。賞賛し崇められるだけでなく、時局によっては悪役を押し付けられスケープゴートとして吊るしあげられる。千姫はそんな損な役回りを担わされた姫の一人なのである。結局、彼女は生涯のすべてを徳川一門のために捧げた。

実際の自分とはかけ離れた、別人のような「千姫」の噂を耳にして、本物の千姫はどう感じたろう。案外、そんなに思うがままに生きられれば、どんなに気楽だったろうと、老いた顔をほころばせたようにも思えるのだが。

第2章　悲劇の姫たち

断頭台に散ったヴェルサイユの女主人
マリー・アントワネット
Mary Antoinette

地域：フランス
時代：18世紀後期
生没年：1755〜1793年
出典：──

オーストリアから未来の希望として嫁いだ
美しい姫君は、人々の期待に応えられず、革命を招いた。
激動の時代に生まれた。それだけが彼女の罪だった。

プリンセスの影響力

　人を惹きつける魅力には多様な種類がある。美貌、財産、人柄、名誉……。しかし老若男女を問わず幅広い人々を惹きつける魅力となれば、社会的な地位が一歩抜きん出るだろう。

　プリンセスは、生まれながらにして高貴である。往々にして他の様々な美徳に恵まれてもいるが、プリンセスの周囲に集まる人々の大半は、彼女の地位と影響力を当てに……少なくとも意識していると考えねばならない。

　"将を射んと欲すれば、まず馬から射よ"。古来から、権力者に取り入りたいならば、その妻子に気に入られるのが最上の手段とされている。どのように厳格な君主も、妻や愛娘にはどうしても甘くなりがちだからだ。そしてこれは必ずしも悪いことではない。厳格な君主の苛烈な処置を、裏口からの陳情を受けた奥方がそっと諌め、和らげる。そういう夫婦二人三脚で、国を、領地を繁栄させた賢夫人も多い。封建制度の頂点に立つ者はある程度までは恐れられねばならないのだから、これはいい役割分担といえるのだ。

　ゆえに国にとって"よき"王妃、"よき"姫君には、周囲の人々がなぜ自分の周囲に集まるのかをよくわきまえ、程よい加減にあしらう帝王学が望まれる。逆に踊らされてしまえば、国の財政を窮乏させ、風紀を乱し、時に国そのものを傾けてしまうことさえまれではないのだ。

　断頭台に散った悲劇のフランス王妃、マリー・アントワネットは、こうした「傾国の姫君」の代表的な例として広く知られている。日本では薄幸の人としてのイメージが強いのだが、世界的に見るとその評判は芳しくないのだ。夫ルイ16世の愛情をいいこ

164

とに、取り巻きに求められるまま財を散じて国家の予算を私物化し、最後にはフランス革命を招いて王政の断絶を招いた我儘な王妃……と、彼女に対する評価には相当に手厳しいものがある。

しかし「パンがなければお菓子を食べればいいじゃない」「私がいったい何をしたというのでしょう」など数々の迷言が伝説として一人歩きするマリー・アントワネットは、本当にルイ16世を迷わせ、浪費で国を傾けて人民を苦しめた悪女だったのであろうか。フランス革命の原因を一人で背負わされるに足る罪を犯したのであろうか。

若く美しきフランス王妃の誕生

革命期のフランスの民衆は、マリー・アントワネットを「赤字夫人」と綽名し、彼女の浪費癖を国家財政破綻と生活苦の直接の原因の一つと信じて憎んだ。「オーストリアの雌犬」と蔑みを込めて呼びもした。マリーが嫁ぎ先のフランスよりも、時に実家オーストリアの利益を優先するようにルイ16世に影響力を及ぼしたからだ。彼女は極めて不人気な王妃であった。

しかしすべてが最初からこうだったわけではない。

沿道を埋めるフランスの民衆が口々に「王妃万歳!」を叫ぶ。そんな時期も確かにあったのだ。輿入れ当初のマリーは、民衆に非常に人気があった。当時の国王ルイ15世と公式寵姫のデュ・バリー夫人が既に民心を失っており、人々は王太子と愛くるしい皇太子妃に期待を寄せていたからだ。

そしてマリー自身にも、よき王妃たらんとする意欲は確かにあった。1774年5月、フランス国王15世が天然痘にかかって急死すると、王太子ルイ・オーギュストは19歳、その妻マリー・アントワネットは18歳。国の舵取りを任されるには、あまりにも若すぎる。不安に胸を突かれ、二人は涙を流しながら跪き「神よ、私どもを導きたまえ、守りたまえ。君臨するにはあまりに年端がいきませぬゆえに」と祈ったという。

この時期に、マリーは実母たるマリア・テレジアへの手紙の中で、「今後は、出来るだけ軽率な行動をしないように努めるつもりです。少しずつ、私自身を正していきたいと思っています。陰謀には決して加わらず、国王の信頼に応える妻でありたいと思っています」とも語っている。

そう。始まりは順風満帆だったのは。始まりは……。

第2章　悲劇の姫たち

偉大なるマリア・テレジアの末娘

　マリー・アントワネット（マリア・アントニア大公女）は、ヨーロッパ随一の大国オーストリアの姫として、1755年11月2日にウィーンで生まれた。
　母は名高いオーストリア女帝マリア・テレジア。父は遊び好きながら善良な人柄の皇帝フランツ1世だった。
　マリア・テレジアは、プロシアのフリードリヒ大王に果敢に立ち向かい、女手一つでオーストリアとハプスブルク家を支えた女傑である。貞淑な妻、そして16人の子供を出産した多産の母としても知られている。快活、天真爛漫な気性ながら厳格な倫理観の持ち主で、こうと決めたことは曲げない強い信念の女性であったという。
　父親のフランツ1世は小国ロートリンゲン出身の公子で、祖国を捨てて身分違いのマリア・テレジアと結婚した（実に珍しいことに、恋愛結婚であった）。軍事・政治の才能には欠けていたので、賢明にも政治向きのことは妻に任せ、自分は好きな狩猟や賭け事、貴重品の収集などに傾倒して日々を楽しんだ。
　マリー・アントワネットは、両親からそれぞれ気性を受け継いでいた。母のマリア・テレジアからは無邪気さと、時に意固地になる気性を。父のフランツからは浮薄で享楽的な志向を。
　子供のころのマリー・アントワネットは、快活で魅力的な少女であったという。ハプスブルク家の血に連なるものらしく面長で、小さな青い目に鼻はやや鉤鼻。唇は厚め。振る舞いは優雅で、肌は雪のよう。均整の取れた美人というわけではないが、だれが見ても魅力的な顔立ちだった。
　マリア・テレジアは娘たちを相当に厳しくしつけたが、どうも末娘であるマリー・アントワネットには、甘くなってしまったようだ。マリーは優雅さや威厳については非の打ち所がなかったが、頭の回転は決して悪くないのに物事への集中が持続しない散漫な気性だった。そのため十分な教養を身につけられなかった彼女は、輿入れした際、ろくにフランス語を喋れないことでフランス側を驚かせることになる。
　その代わり、マリーには態度や言動で物事を切り抜ける生来の要領のよさが備わっていた。甘え上手、逃げ上手の末娘らしい姫であるが、その聡明な資質は適切に磨かれてはいなかった。

14歳の平和の使者

　1770年5月7日、14歳に成長したマリー・アントワネットは、国境にあたるライン川の中洲で、フランス側の迎えに引き渡された。

マリー・アントワネット

第2章　悲劇の姫たち

　マリア・テレジアは、自らは恋愛結婚で幸福を掴んだにも関わらず、多くの子供を各国の名家に縁付け、家門と国の安泰を計った。それら政略結婚の中でも、マリーのフランス皇太子ルイ・オーギュストへの輿入れには格別の重要性が備わっていた。「外交革命」とさえ呼ばれたこの政略結婚は、オーストリアとフランスの200余年に及ぶ対立の歴史が劇的に終わったことを示していたのだ。

　ライン川の中州に建てられた家で、儀礼に従いオーストリア側の随行と離れ、一人フランス側の人々に身を委ねねばならなかったマリーは、心細さの余り思わずしゃくりあげて泣いたという。若干14歳の少女である。無理もない。

　しかしフランス側の歓迎は、その寂しさを埋めて余りあった。彼女は行く先々で、未来の王妃を一目見ようとする民衆から熱烈な歓迎を受けた。長年不和であったハプスブルク王家とブルボン王家の融和の証明として、国民から熱烈歓迎されたマリーは、人々の期待を一身に浴びるプリンセスだったのである。

　義理の祖父になるルイ15世を含むフランスのだれしもが、この可憐な平和の使者に魅了された。ただ一人……新郎のルイ・オーギュスト(ルイ16世)を除いて。

新婚生活と、新郎新婦それぞれの失望

　マリーより一歳年長(15歳)の結婚相手は、大柄だが身体はあまり丈夫でない、未来の国王というより農夫のような風采の上がらない青年だった。真面目で優柔不断な性格であり、趣味は錠前作りと狩猟。好人物でこそあるものの、派手で享楽的なマリーとは対照的な人柄である。

　二人の正式の結婚式は、5月16日にヴェルサイユ宮殿のルイ14世寺院で荘厳に執り行われた。参列者は貴族に限定されたが、それでも6千人を数えた。新郎ルイが、愛らしい未来の妻を前にして何故そっけなかったのか……その秘密は直後の初夜において明らかになった。彼は包茎であったために、女性と完全な婚姻関係を結べない事情を抱えていたのだ(後にこの問題が解消されても、ルイ16世は側妾を持たなかった稀有なフランス王として生涯を終えた。妻を心から愛していたからだが、元々女性に対し強い興味を抱けない質でもあったのだろう)。

　当初、マリーはこの問題について色々と思い悩み、実母のマリア・テレジアにも書簡を通して相談を持ちかけている。しかし努力にも関わらず長く女性としての満足を得られずに放っておかれると、やがて彼女は心の空虚を埋めようと、祝宴や賭博、派手な遊興や散財にふけるようになっていった。

　フランスの宮廷と民衆は、日に日につのる王太子妃の夜遊びと浪費を目の当たりにして、彼女が期待したような理想的淑女ではないことを悟った。マリーに対する熱

狂的な賛美が、「遊び好き」「軽薄」「浪費家」という陰口に変わるのに、そう時間はかからなかった。

陰謀の宮廷、デュ・バリー夫人との対立

　民衆の厳しい評価の他に、マリー・アントワネットは宮廷においても手強い敵と相対せねばならなかった。ルイ15世の公式寵妃デュ・バリー夫人である。
　デュ・バリー夫人は、ポンパドゥール夫人（先の公式寵妃で、アントワネットの輿入れを強く推したオーストリア派だった）の没後、色好みのルイ15世の心を射止めた娼婦上がりの女性であった。コンピエーニュの森で初めてルイ15世と対面した14歳のマリーは、王の卓に座る美しい夫人に目を止め、側の女官にどのような役目の人なのかと訊ねた。返答に窮した女官が、王様を楽しませることだ、と曖昧に答えると、幼い王太子妃は無邪気に「ならば私はあの方のライバルになりますわ」と語ったという。
　奇しくもこの言葉は真実となった。後にデュ・バリー夫人の本当の役目と立場を知ったアントワネットは、彼女に強い敵意と軽侮の念を抱くようになったのだ。夫人が率いるデュ・バリー党が反オーストリア派であったのも一因であるが、厳格に一夫一婦制を守る父母を見て育った潔癖な少女にとって、「愛人」は感情的に許せない存在であったようだ（マリー・アントワネットは、夜遊びや遊興にふけりはしたものの、意外にも堅い貞節観念の持ち主だった。母マリア・テレジアと同じように）。
　この「ライバル」に対し、マリーは少女らしい手段で敵意をあらわにした。公式の場で、徹底して夫人の存在を無視したのだ。フランスの宮廷には、身分が上の者から話しかけるまで、身分が下の者は話を持ちかけてはならないという決まりがあった。不面目に窮したデュ・バリー夫人は国王に泣きついたが、王太子妃が行動を改めたのは、母マリア・テレジアから叱責の手紙が届いてからだった。
　王妃が頑なな態度を貫いたのは、王太子夫妻が実は本物の契りを結んでいないことをデュ・バリー派が暴露した腹いせだったのかもしれない。誇り高い……だが多感な年ころの少女にとって、自分に女性としての魅力が欠けているからといわんばかりの事実は、触れられたくない秘密だったはずだ。とりわけ感情の人だったマリーには、容易に許すことはできなかったろう。

ルイ15世の死とマリーの凱歌

　しかし過程はどうあれ、公式寵妃と王太子妃の対立は、始まったその瞬間から勝敗が決していた。時間は常に、若者の味方なのだ。

デュ・バリー派はマリーを旗頭として担ぎ出したショルワーズ公爵派（オーストリアとの和平を強力に推した）を圧倒し、マリーに異国の宮廷の洗礼を浴びせたのだが、それは一時的な勝利に過ぎなかった。1774年5月にルイ15世が天然痘で亡くなり、王太子オーギュストがルイ16世に即位すると、王妃になったマリーは早速デュ・バリー夫人を修道院に送り込み、宮廷から彼女の派閥を一掃してしまったのだ。

こうしてフランス王妃の座を得たマリーの、ヴェルサイユ宮唯一の華として君臨が始まる。彼女は王妃の権力を誇示するように贅沢と遊興、そして賭け事に没頭し、周辺の人間に地位と金をばら撒いて取り巻きを増やしていった。

以降のマリーの散財については、伝説的な逸話がいくつも伝わっている。先代の王妃のころは150頭だった馬を倍の300頭に増やし、博打で一晩に48万リーヴル（現代円で30億円以上！）を失った。宝石好きでもあったマリーは数10万リーヴルもする装飾品を気軽に購入し、年に170点もの服を新調したという。そうした服のうち一着は、120万リーヴルという実に途方もない値段だった。

王妃は芝居好きでもあり、週に一度はパリで、二度はヴェルサイユで観劇を楽しんだ。単に観るに留まらず、劇団を組織し、自ら役者として演じもした。

王妃に対して心理的に負い目を持つルイ16世が妻の好きに任せたため、マリーの尽きることのない享楽には歯止めがほとんどかからなかった。彼女の数々の趣味の中には、故郷ウィーンの宮廷ならば問題にならないようなものもあったのだが、いかんせんすべて目立ちすぎた。既にパンの値段は上がり始め、不況の雲がフランスに迫っていた時期だ。人々は王妃の散財を見て眉を顰め、悪評と陰口が流れるようになった。

夫との蜜月と出産、そして前途に漂う暗雲

こうしたマリーの振る舞いは、王妃であった間を通して続いたわけではない。第一の転機は、兄のオーストリア皇帝ヨーゼフ2世が、お忍びでフランスを訪れたことだった。ヨーゼフ2世は怖気づくルイ16世に、夫としての責任を果たすよう促した。その励ましに奮起したルイ16世は、恐れ続けていた手術を受ける決意をし、包茎を治療する。そして国王夫妻は結婚7年目にしてようやく真に結ばれ、アントワネットは1778年の12月、女児のマリー・テレーズの出産を果たしたのである。

アントワネットは、ルイと結ばれた幸福を、母への手紙の中で「人生最大の喜び」と語っている。この後、彼女は次々と子を産み、最終的に二男二女の母となっている（生き残ったのは長女のマリー・テレーズと謎めいた運命を辿った王太子ルイ・シャルル）。肉体的な結びつきは薄かったようだが、ルイとの夫婦仲は、決して悪くは

なかった。出産を契機に彼女の行状が完全に改まったわけではない。それでも際限のない浪費は徐々に落ち着きを見せつつあったとも言われている(この点については諸説があって定かではない)。

しかしもはや遅すぎた。赤字夫人として非難され、オーストリアの肩を持つ立場で国政に嘴（くちばし）を挟むマリーは、国民からの信頼を失っていたばかりでなく、国の財政を傾ける元凶として見なされ始めていた。折りしも1778年に物価の暴落が起こり、以後1788年まで異常気象が原因の凶作と家畜の死亡が続いた。人々は、自分たちの生活苦の象徴としてマリーを憎んでいた。そこにとどめとなる一大スキャンダルが起こったのである。

王妃の首飾り事件

この「王妃の首飾り事件」は、王妃その人を巻き込んだセンセーショナルな醜聞としてフランスを震撼させ、ある面では歴史さえも動かした詐欺事件である。現代に至っても、繰り返し文芸や映画の題材として取りあげられている。その経緯はいささか複雑だが、なかなか興味深い。

絵図を描いたのは、ジャンヌ・ド・ラ・モット伯爵夫人(ジャンヌ・ド・サン・レミ・ド・ヴァロワ)と名乗る女詐欺師だった。遠くヴァロワ家(過去のフランス王家)に連なる血筋だが、零落した家に育って物乞いの真似をさせられ、犯罪を何とも思わないように育った女である。むろん、ド・ラ・モット伯爵夫人という称号も詐称だった。

この美貌の女詐欺師が目をつけた獲物が、パリの宝石商ベメールが、先の公式寵姫デュ・バリー夫人に売りつけようと目論んで作らせたダイヤモンドの首飾りであった。160万リーヴルの値段がついたこの首飾りは、合計2800カラットものダイヤをふんだんに使用した当時流行の"川"と呼ばれる形式の品だった。だがルイ15世の死去とデュ・バリー夫人の零落によって買い手を失ったまま、宝石商の手元で遊んでいたのである。むろん宝石商は次のヴェルサイユの華であるマリー・アントワネットに売り込んだのだが、さすがの宝石狂の王妃もあまりの値段に即座には買えず、やがて嫌いなデュ・バリー夫人のために作られた品だったと知り、購入意欲をなくしていた。

ジャンヌは、詐術を用いて懇意になっていたロアン枢機卿を騙して、この曰くつきの首飾りを巻きあげることにしたのだ。

ロアン枢機卿という人物は、王族に迫る大貴族の血統であり、僧職にありながら宰相の地位を狙う俗世的な野心家であった。若いころは美男であったという。しかし残念ながら決定的に王妃に嫌われており、それゆえに宰相への道は閉ざされていた。そしてどうも彼は、マリー・アントワネットに道ならぬ恋心も抱いていたらしい。

まこと皮肉な話である。

　女詐欺師は、ロアン枢機卿の王妃への慕情を巧みに利用して彼に取り入り、財政的な援助を引き出していた。偽手紙を用いたり、王妃に容姿のよく似た娼婦を使って夜の庭での密会を演出したりして、ロアン枢機卿にさもジャンヌの仲介のおかげで王妃との関係改善が進んでいるかのように見せかけていたのだ。

　見事に完全な信用を得たジャンヌは、枢機卿にこう吹き込む。「王妃が欲しがっている首飾りを贈れば、寵愛は完全に戻りますよ」と。そうしてうまく首飾りを購入させると、ジャンヌは首飾りを王妃に届けるといって受け取り、実際には裁断して宝石に戻し、売り払ってしまったのだ。

　しかしこの詐欺は、支払いがないのを不審に思った宝石商ベメールが、枢機卿ではなく直接ヴェルサイユに催促に出向いたことがきっかけで露見してしまった（ジャンヌは、後で事実が分かっても意図が意図ゆえに、ロアン枢機卿には表沙汰にできまいと踏んでいたらしい）。激怒した王妃は宮中でロアン枢機卿を逮捕させ、残りの関係者も捕縛させた。

　むろん王妃はこの件と全く関わりがない。ジャンヌの犯行は明らかで、ロアン枢機卿は被害者ではあるものの、その行為は大逆罪に相当した。だが世間はそうは取らなかった。人々は、王妃が"川"ほしさのあまり、ロアン枢機卿の騎士道精神を逆手に取り、体よく首飾りを巻きあげる陰謀を仕組んだのではないかと邪推したのだ。王妃の評判は、それ程までに悪くなっていた。

　そして王妃に反感を抱く高等法院の裁判の結果、ジャンヌには有罪、しかしロアン枢機卿には無罪が言い渡された。これは王妃にとっては予想外の、痛烈な打撃となった。ロアンの無罪……それはつまり事件の背景には王妃がいて、ロアンをはめたのだ、という判断を暗示していたからだ。

　アントワネットはあまりの侮辱に涙にくれた。そしてようやく悟ったのである。自分がどれ程民衆に憎まれていたのかを。

マリーの人となり

　およそ政治的立場にある者は、好悪の感情を一時脇に置いて損得を計算出来る理性的性格であることが好ましい。情を優先してしまえば、様々な害が生じ、治まるものも治まらない。これは古今の歴史が証明している。

　しかしマリーは、理性よりも自分の感情を優先する、情愛豊かな女性であった。ここに彼女の不幸がある。マリーは周囲に集まる多くの取り巻きを取立て悪評を買ったが、それは頼ってくる者を無碍にできない性格ゆえだった。祖国オーストリアとフラ

ンスの戦争を避けるために、オーストリアの兄に会議の情報を流したのも、祖国と自国の対立を避けたい一心からであった。そういう女性だからこそ、情の厚さを利用すべく、思惑ある人々が周囲に群がったのだ。

ただ不幸にも、マリーは他人の感情を慮る細やかな心遣いに欠けていた。自らを尊しとし、他者の感想など意に介さないのは、特権階級にありがちな通弊である。優雅にして威厳がある、とは幼い日のマリーの彼女を評した言葉だが、誇り高き彼女はそれゆえに独善的で頑迷でさえあった。

同様の気質は、実は偉大な女帝と称されたマリア・テレジアにもあった。オーストリアを継承した際、ただ一人頑固にプロシアとの交戦を主張し、勝ち目の薄い戦いに乗り出したのはこの気性ゆえである。しかしマリア・テレジアは国難と宿敵によって鍛えられ、死に物狂いで自分の意思を政治という力で実現する手立てを体得していった。

恵まれた環境で育ち、成長してからはヨーロッパ最大の国の王妃となったマリー・アントワネットには、自らを磨くこの機会が欠けていた。政治的な判断力を持たぬまま、生のままに振舞う彼女は、当然ながら取り巻きには利用され、民衆には様々な行動を悪意に解釈され「我侭で傲慢なオーストリア女」と非難を受けることとなった。

時代も悪かった。当時、フランスの財政は傾いており、人々はその原因をマリーの放蕩に求めた。むろん、彼女一人の散財で国が傾くはずがない。むしろ実際に大きな財政負担になっていたのは、独立戦争支援のためにアメリカに援助された資金だったのだが。

フランス革命、破滅の足音

1789年7月14日、国民議会を国王の軍から守るために武器を求めた民衆がバスティーユ監獄を襲撃し、これを陥落させた。フランス革命が始まったのだ。

破綻寸前に追い込まれた国家財政と、穀物価格の暴騰による食料不足、そしてインフレに対処すべく召集された3部会は、フランス人の大多数を占める第3身分の権利を求める国民会議の結成を招いた。ルイ16世は、表向きはやむをえず国民会議を認める姿勢を見せたが、マリー・アントワネットや王弟アルトワ伯の意見に従い、背後では武力でこれを屈服させる準備を進めていたのだ。それを察知したパリ民衆が蜂起したのが、この歴史的事件の背景だった。

バスティーユ陥落によって、国王の権威が、民衆の前に屈服する先例が作られた。これ以後、革命の波は加速度をつけてフランス全土を覆ってゆく。特権を貪っていた貴族たちは我先にとフランスから亡命するが、マリー・アントワネットは国を離れるこ

とができない。凡庸ではあってもフランス王であることを自覚しているルイ16世が、国を捨てようとしなかったからだ。

そうして運命の日が来た。10月5日の朝、パンの品切れに激怒したパリの女たちが徒党を組んで行進し、パンを要求してヴェルサイユ宮殿を包囲したのだ。小雨の振る中を行進した女たちの数はおよそ8千人であったという。包囲の群集は翌日明け方ころに一部が暴徒化し、ヴェルサイユ宮殿になだれ込んだ。

この時、乱入した暴徒の中にはマリー・アントワネットの生命を狙う暗殺者の一団が紛れ込んでいたという。寝室を抜け出して危うく凶刃を免れた彼女は、続いて「オーストリア女を出せ」と絶叫する民衆の前に姿を現さねばならないという試練に迫られた。しかし荒れ狂っていた群集は、いざアントワネットがバルコニーに姿を現し、青ざめつつも一礼してみせると、その優雅さと威厳に気おされ「王后万歳！」と叫んだ。そういう伝説が残っている。

しかし、真実マリーが生来の威厳で一時暴徒をたじろがせたとしても、この「10月行進」は民衆の完全な勝利に終わった。国王は議会の要求をすべて受け入れ、即座にパリに移住することを約束させられたのである。

王家の逃亡計画

国王一家の新たな住まいは、パリのチュイルリー宮に定められた。

民衆に屈服を余儀なくされたものの、依然として人気が高く、パリ市民に熱烈に迎えられたルイ16世は将来を悲観していなかった。フランスの民衆は依然王を不可欠の存在と考え、彼を敬愛していた。そして優柔不断なルイ16世にも、確固たるフランス王としての自覚はあったのだ。彼は国民との融和を考え、1790年7月の全国連盟祭では、数10万の民衆の前で国民と法への忠誠を誓い、熱狂的な喝采を浴びた。彼は絶対君主制から立憲君主制への変化を受け入れ、新たなフランスと共に歩む覚悟だったと思われる。

しかし誇り高きマリー・アントワネットは、フランスの現状に我慢がならなかった。彼女は国民議会の議員や新憲法を侮蔑しており、成り上がりの輩に従い続けるなら国外逃亡も辞さない覚悟であった。絶対君主制。それだけが、彼女がフランスの政体として認める唯一のものであった。

そこで彼女は親友で愛人とも伝えられるスウェーデン貴族のフェルセンと共にフランスからの脱出を計画を練る。実行の最大の障害となったのはルイ16世の意思だったが、フランスを見捨てられないと言い張った彼も、議会に父祖代々のカソリック信仰を脅かされるに及んで、ついに首を縦に振った。

1791年6月20日深夜、変装した国王一家はチュイルリー宮を抜け出し、フェルセンが手配したベルリン馬車に乗って一路東へと向かった。予定通りに計画が進めば、一家は無事ベルギー国境から国外逃亡を果たしたかもしれない。その後にマリーが頼ろうと考えていたのは、実家のオーストリアであった。

だが行程は一家の油断のために暫時遅れをきたし、国王逃亡を報せるパリからの急使に追いつかれてしまう。変装の見破られ方には諸説あるが、国王一家はヴァレンヌで捕らわれ、送還されたパリにおいて罵声で出迎えられた。

この事件はルイ16世の人気を一転して地に落とした。裏切られた深い信頼は、同じぐらい深い憎しみに姿を変える。国王などいらないと考えるようになったフランス民衆は、この日を境に共和制へひた走ることになるのだ。

マリー・アントワネットの戦い

チュイルリー宮に戻ったマリーの頭髪は、心労の余り真っ白になっていたという。彼女は彼女なりに、歴史と運命という抗い難い敵と戦っていたのである。

王宮に事実上幽閉された国王一家。けれども王妃の誇りは、彼女に屈服を許さなかった。夫が頼みにできなくなると、彼女は自ら戦いに乗り出す。死に物狂いの策略は、とてもフランス王妃とは思えないものであった。

マリー・アントワネットは議会の王党派の同情を利用して王権の維持を図る一方で、ルイ16世を操り議会が母国オーストリアと開戦するよう仕向けたのだ。目論みどおり戦端が開かれると、今度はオーストリアの兄に向けてフランスの軍事情報を流す。当然ながらフランス軍は連戦連敗し、議会の打開策もルイ16世の反対によって停滞する。革命フランスはあっという間に危機に瀕した。

列強の侵攻によって革命政権を打倒させ、フランスを元の王政に復する。それが彼女の狙いであったのだ。哀れなのは、そのために命を落とした名もなきフランスの兵士たちである。アントワネットはフランスの人々から長く「オーストリア女」と陰口を叩かれていたが、確かに心の奥底ではオーストリア人のままだったのではないだろうか。情愛深き女性であったが、その親愛の情は身近な人々にしか及ばなかった。彼女の世界は、悲しい程狭かった。フランス民衆は、生涯特権階級としての矜持と驕りから離れなかったアントワネットの目には、あくまで臣民……いや革命以後は無礼な敵としか見えてはいなかったのだ。

フランス王妃が自ら為した恐るべき利敵行為の報いは、ほどなく彼女自身の身に降りかかった。1792年8月10日、業を煮やして王政打倒のために蜂起したパリコミューンの兵士3千が、チュイルリー宮に迫り、防衛隊のスイス兵と死闘を繰り広げ始め

た。国王の拒否権発動、王妃の敵への内通の噂は、完全に民衆を王家の敵として しまっていたのだ。宮殿を襲撃された国王一家は、隣接する議会に庇護を求め、そ こで国王としての権利停止を言い渡される。この瞬間、ブルボン王家のフランス支配 は終焉した。

タンプル塔の虜囚

　すべての権利を剥奪され、国王一家はパリ市内のタンプル塔に監禁された。そこ は中世の聖堂騎士団が建てた塔で、国王収監に当たって牢獄として補修された。
　監禁された直後、国王一家への扱いはまだ丁寧であり、アントワネットには僅かな がら希望が残されていた。オーストリア・プロイセンの連合軍が破竹の勢いで進撃を 続けていたからだ。しかし9月20日、ヴァルミーの戦いでフランス軍が勝利。戦いの潮 は変わり、フランス軍は戦況を巻き返し始めた。
　そして同時期に、ルイ16世の命運が思わぬところから尽きた。チュイルリー宮殿か ら秘密金庫が見つかり、そこから国王が議会に対して不正な工作をしていた証拠が 出てきたのだ。革命議会は国王の死刑を判決するに至った。
　事実上マリーの工作の巻き添えでギロチンにかけられることになったルイ16世は、 しかし不公平な裁判にも冷静に対処し、1793年1月21日平静のまま死を迎えた。「そ うした行為は多くの人を傷つけ、フランスで内戦が始まってしまうだろう。余はむしろ 死んだほうがいい」武力による救出を示唆した弁護士に対してルイ16世が語った言 葉である。凡庸といわれた王は、死に臨んで非凡を見せた。あるいはブルボン王家 の誇りは、彼によって救われたのかもしれない。
　タンプル塔に収監されてから、36歳のアントワネットは初めて夫を心から愛したとい われている。真の逆境におかれて、彼女はようやく心底から夫の身を案じるように なり、だからこそ彼の死刑の際には激しい苦悩を味わった。ショックでやせ衰え、神 経衰弱に陥ったアントワネットは、しかしそれでも挫けなかった。挫けられなかった。 なぜなら国王に託された二人の子供、マリー・テレーズとルイ・シャルル（ルイ17世）を 守れるのは、もはや彼女だけだったからだ。

カペー家の寡婦

　今や「カペー家の寡婦」と呼ばれるようになったアントワネットは、かつては誇りを 守るために振るった気力を、今度は子供たちのために振り絞った。タンプル塔にい てはだめだ。どうにかして脱出しなくては。

王妃の悲惨な境遇に同情した王党派の人々は、彼女を救出すべく様々な脱出計画を練った。そうした計画に、アントワネットも積極的に協力した。だが反革命の機運に警戒心を尖らせた革命者たちは、タンプル塔の警備を厳重に強化して逃亡を未然に防ぎ、ルイ・シャルルを強引に他の家族から引き離した。アントワネットは悲嘆に暮れて生気を失い、1ヶ月も呆然としたまま過ごした。

　やがて彼女自身にも審判の時が来る。1793年8月1日、アントワネットは突然シテ島のコンシェルジュリーという牢獄に移送された。革命裁判所の留置場として使われ、多くの人々をギロチン台へと送り出した場所だ。この墓場に一番近い場所においてさえ、アントワネットの救出は計画された。だが「カーネーションの陰謀」と呼ばれた最後の脱出計画はきわどいところで露見してしまう。

　そして10月3日、ついに裁判が始まった。結末は最初から決まっていた裁判だったが、アントワネットはすべての容疑に対して毅然として否定を貫いた。彼女が明らかに自身の責任である数々の工作についてまで嘘をついた心境はよく分からない。子供たちのために生き抜こうとしたのか。それとも自分の名誉を守ろうとしたのか……。ただ一度アントワネットが動揺し、激昂したのは実子ルイ・シャルルとの近親相姦の嫌疑がかけられた時だった。検察側の捏造は、傍聴人席の女性に母として語りかけた王妃の言葉に打ち砕かれた。

　しかしほぼすべての容疑に証拠がなかったにも関わらず、アントワネットに下された判決は死刑であった。

マリー・アントワネットの最期

　10月16日、マリー・アントワネットは死刑のために革命広場に引き出された。

　死に臨んで彼女が着ていたのは、フランス王妃の伝統的な喪服である白衣であった。彼女は白い帽子を外すと、無言のまま死刑台の階段を上った。

　刑の執行のために髪を短く切られたアントワネットの頭は、ギロチンの刃が落ちると同時に籠の中に落ちた。死刑執行人が髪を掴んで首を掲げると、周囲の群衆から期せずして「共和国万歳！　自由万歳！」という声があがった。

　こうしてフランス王妃、マリー・アントワネットの物語は終わった。

　彼女は確かに優れた王妃ではなかった。多くの人間的な欠点を抱え、その振る舞いゆえに民衆に憎まれ、フランスの王制が倒壊する切っ掛けを作った。フランスの王妃でありながら外国に通じ、数多の臣民を死に至らしめた。

　しかし、やはり彼女は悪人とは思われない。アントワネットの傲慢にも取れる世界

観は現代的な視点からすれば異様だが、封建制度下の特権階級としては、ごく当たり前の態度だった。善悪ではなく「そういうもの」だったのである。程度の差こそあれ、政略結婚に出された娘が実家の利益を図るのも、これまた当然の話だ。婚家と実家の関係が悪化したり、あるいは実家が没落したりすれば、立場を失うのは姫自身なのだから。

　もしアントワネットがもっと前の時代のフランス王妃だったなら、平穏に生涯を終え、金遣いの荒かった外国生まれの王妃の一人として、かすかに記憶されるに留まったろう。ただ不運にも、彼女は巨大な歴史の節目に生まれついてしまった。旧時代の遺物が暴力的に淘汰されゆく時代において、巧みに変化に適応し、生き抜いていける順応性は、アントワネットにはなかった。そうするには、彼女は誇り高すぎた。母を偉大な女帝たらしめた気性が、今度は娘とヨーロッパ随一の王家を死に至らしめたのだ。

　歴史のドラマは、すべてがうまくいっている国には生まれない。混乱に際してただならぬ才を持った偉人が、あるいは逆に責任を負うには全く向いてない人間が権力を握った時に幕を開ける。母マリア・テレジアを前者とするなら、アントワネットは後者の好例といえるだろう。それは罪ではない。ただ大きな不幸であるだけなのだ。アントワネットは、荷の重すぎる運命を背負わされながらも、古き時代の誇りを貫いて生きた悲劇のフランス王妃だったのである。

　処刑後、アントワネットの遺骸はマドレーヌ墓地にぞんざいに葬られた。だが後に彼女を処刑したフランスの人々は、亡骸を掘り返し、夫ルイ16世と共に贖罪礼拝堂に埋葬しなおしている。

第3章
神秘のプリンセス

P R I N C E S S

第3章　神秘のプリンセス

ファンタージエンの女王
幼ごころの君

The Childlike Empress

地域：ファンタージエン
時代：──
生没年：──
出典：『はてしない物語』

異世界ファンタージエンの女王。
物語を超越する存在の彼女は、自分にふさわしい
名を名付けてくれる者を待ち続けている。

『はてしない物語』

『はてしない物語』は、ドイツの作家ミヒャエル・エンデによるファンタジー児童文学のベストセラーである。児童文学とはいえ2色刷の文章によって虚構の世界と現実の世界が入り混じる複雑な構成と、単純に子ども向けとは呼べないテーマを描いた作品であり、世界各国で翻訳され、子どもたちはもちろん、多くの大人たちにも愛読されている。

『はてしない物語』は、いじめられっ子の少年バスチアンが『はてしない物語』という1冊の本と巡り会ったことからはじまる。作中の中盤までは、作中作である『はてしない物語』を読んでいるバスチアンの視点と、幻想的な世界であるファンタージエンを舞台とした物語が交互に描かれている。バスチアンは本を読み進めるうち、やがて現実からファンタージエンに取り込まれるが、そこで起る様々な体験を通して本当に大切なものに辿りつき、やがて現実の世界へと帰還する成長の物語でもある。

作中で描かれる幼ごころの君は、ファンタージエンに君臨する女王にして世界の中心であり、ファンタージエンとバスチアンをつなぐ重要な存在として登場する。しかし、ファンタージエン全土が"虚無"に侵蝕される滅亡の危機に陥ると同時に、彼女は病に伏せってしまう。

ファンタージエンの危機

『はてしない物語』の冒頭は、バスチアンがいじめっ子たちから逃げるために古書屋に駆け込んだところから始まる。バスチアンは運動も勉強も苦手でなんの取り柄もな

い少年で、母親を亡くしてからは父親ともうまくいっていなかった。空想することが好きで、自分で考えた言葉やものの名前を呟く癖が原因で、同級生から馬鹿にされ、いじめられていた。

　古書店に逃げ込んだバスチアンは、1冊の本を目にする。『はてしない物語』――どういうわけかその本に強く惹かれたバスチアンは、どうしても読みたいという強烈な情熱に駆られ、ついに黙って持ち出してしまう。そのまま学校の屋根裏の物置に忍び込み、この不思議な本を読み進めていく。

　幻想的な王国ファンタージエンに危機が迫っていることが語られている。ファンタージエンは"虚無"に蝕まれ、滅亡の危機に瀕していた。"虚無"に呑み込まれたものは、どのようなものであろうと完全に存在を亡くしてしまうのである。この恐ろしい現象について、だれ一人として説明できず、その対策もできなかった。この"虚無"への対策をうかがおうと、幼ごころの君のもとにファンタージエンの様々な種族が使節団を送る。しかし、幼ごころの君は原因不明の病に臥せっていた。

　幼ごころの君は、女王の称号を持つファンタージエン全土の統治者であるが、同時にそれ以上の存在でもある。彼女は支配することも命令を発することもなく、ただ存在するだけにすぎない。しかし、ファンタージエンのすべての生き物は幼ごころの君が存在していなければ何一つ存在できないのだ。彼女の居城であるエルフェンバイン（象牙）塔は、まさしく世界の心臓である。だからこそ国中の者は幼ごころの君の身を案じた。女王の死は、ファンタージエンの滅亡を意味している。ファンタージエンが不可解な"虚無"によって蝕まれているのも、幼ごころの君の病に臥せったことが原因のように推測されている。

　幼ごころの君の病を癒そうと、5百人もの医師たちが診察し、それぞれに秘術を尽くしたが、女王の病気の原因も治療法もその病気が一体どのような病気であるかすら判明しない。だが幼ごころの君は、ファンタージエンと自らを救う勇士の名を告げる。その者の名は、アトレーユといった。

アトレーユの探索

　アトレーユは緑の肌の種族の幼い少年だったが、勇士の資質をもっていた。アトレーユは「おしるし」、アウリンを託され、ファンタージエンと幼ごころの君を救う探索の旅に出発する。これは幼ごころの君より任命を受けたことを示すメダルで、持つ者は幼ごころの君の代行者として認められる。ファンタージエンの住人は、アトレーユがアウリンを持っていても彼自身に敬意を払うわけではない。アウリンが持つ幼ごころの君の威光に頭を垂れるのである。そのため、アウリンを持っていてもアトレーユ

第3章　神秘のプリンセス

の冒険は一筋縄ではいかなかった。幼ごころの君は、どのようなものもあるがままにあらしめることを許しているため、アトレーユは出会った者たちからうっとうしがられ、時には脅され、実際に危害を加えられることもあった。このアトレーユの冒険は、『はてしない物語』を読み進めるバスチアンの胸を高鳴らせ、すっかり魅了してしまった。

　アトレーユは探索によって、幼ごころの君とファンタージエンを救う方法を知る。それは、幼ごころの君に新しい名前を授けることだった。幼ごころの君は長い時を歳を取らず存在し続けているが、名前なしでは生きてゆけないのだ。しかし、ファンタージエンに生きる者では、幼ごころの君に新たな名前を名付けることはできないのである。新しい名を名付けられるのは外国の人の子だけだ。かつては外国から頻繁に人の子がファンタージエンに訪れ、幼ごころの君に新しい名を名付けていたが、その往来は絶えて久しい。なぜなら、もう人の子はファンタージエンの存在を信じなくなっていたからだ。

　それでもアトレーユは人の子を迎えるためにファンタージエンの彼方を目指したが、外国にゆくと、"虚偽"という存在になってしまうのだと知った。外国の人間にとって、ファンタージエンの住人は『はてしない物語』の登場人物にすぎず、ファンタージエンに"虚無"が広がれば広がる程、人間世界に"虚偽"が氾濫し、人の子はファンタージエンの存在を信じなくなる。ゆえに、人の子がファンタージエンに訪れることは、もうないのだと。人の子がファンタージエンを訪れないと知ったアトレーユの絶望は深かった。

幼ごころの君との謁見

　アトレーユは幼ごころの君に、もう一切の救いのないことを伝えようとエルフェンバイン塔に向かった。

　幼ごころの君はアーモンド形の金色の目を持つ10歳程の美しい少女だった。もくれんの花びらの白さもくすんで見える程の純白の絹の服に身を包み、肩から背へと波打ちながら伸びる長い髪は、雪のように白い。顔は透きとおる程青白く、病の重さを感じさせたが、不安や心配は露程も見せずににっこりと微笑んでいた。失望や叱責の言葉を覚悟していたアトレーユに、幼ごころの君は優しい声をかける。
「そなたはつとめをはたしてくれましたね……」
　幼ごころの君はアトレーユが探索を成功させたことを労い、感謝の言葉を述べる。訳が分からず、自分は失敗したのだと打ち明けるアトレーユに、幼ごころの君は静かに笑って言った。
「けれども、そなたは連れてきてくれたではありませんか」
　幼ごころの君は、救い手は長い冒険や不思議と危険に満ちた物語によってのみ

幼ごころの君

連れてくることが出来るのだと告げる。救い手とは『はてしない物語』を読んでいるバスチアンにほかならなかった。

現実から幻想の世界へ

　『はてしない物語』の読者であるバスチアンは戸惑い始める。第3者として物語を観測している立場から『はてしない物語』へ引き込まれ、物語の登場人物であるはずの幼ごころの君の姿を、一瞬だがはっきりと見てしまう。そしてその瞬間、幼ごころの君に名付けるべきふさわしい名前を思いついていた。しかし、まさか自分のような何の取り柄もない少年が、ファンタージエンの救い手であるはずがないと自信を持てないでいた。もしファンタージエンを訪れても、幼ごころの君は失望するだろうと。

　バスチアンが戸惑い、ファンタージエンを訪れようとしないため、幼ごころの君は最後の手段を講じた。それは、さすらいの古老に会うことだった。さすらいの古老は幼ごころの君とは対極の存在で、書き記すことすべてが生じるという不思議な記録者である。彼の記録した本は、バスチアンが読んでいる『はてしない物語』と全く同じものであった。空白のページには、たった今起こったことがすぐに書き加えられていく。幼ごころの君はさすらいの古老を説き伏せ、最初から彼が記録したことを語るように命じた。これははてしない物語が自身をその中に含んでしまい、本の中の世界が亡びてしまう行為でもあった。しかし、境界を越えて物語に入り込んでしまったバスチアンを決意させるにはこの方法しかなかった。

　さすらいの古老が語り出したのは、なんとバスチアンが古書店に駆け込む物語だった！　そして『はてしない物語』を持ち出して本を開くとアトレーユに探索が始まり、幼ごころの君がさすらいの古老に物語を語らせるという……まるで鏡合わせのように、終わりのない物語が繰り返された。

　バスチアンは、もう『はてしない物語』は自分以外に変えることができず、永久に繰り返されるのだと思い知った。そして幼ごころの君に願いに応えるために「月の子（モンデンキント）！　今ゆきます！」と、思いついた名を叫んだ。

　バスチアンが気づくと、そこは真っ暗なビロードのような空間だった。幼ごころの君は、バスチアンが望み、それを自分が実現させることによって新しいファンタージエンが生まれるのだと語った。バスチアンが望めば望むだけ、ファンタージエンが豊かに様々な形になるのだと。その言葉どおり、バスチアンが生命を望んだ途端、見る間に無数の植物が生い茂り、新たな生命が満たされた。バスチアンの容姿さえ、望みどおり救い手にふさわしい美少年の姿へと変わったのである。

　だが、幼ごころの君は突然いなくなってしまう。バスチアンに「汝の欲することをな

せ」と書かれたアウリンだけを残して。こうしてファンタージエンの救い手となったバスチアンは、次々と望みによってファンタージエンを創造してゆくが、やがては……と、ここから先は実際に読んでいただくことにしよう。

物語と現実の境界に立つもの

　幼ごころの君は物語の枠を大きく超越した存在である。いや、逸脱といってもいいだろう。その視線は『はてしない物語』を読む我々と限りなく近い。読者であるバスチアンに語りかけ、ついには引き込んでしまう。そのうえ彼女はファンタージエンという存在そのものであり、世界はおろか自分が存在している物語を破壊に導くことさえ出来る。

　しかし、それだけの超越者でありながら自分自身のために何かをしようとすることはなく、だれかに名付けられることを待っている。人々の空想によって作られた世界であるファンタージエンを象徴しているかのようだ。何かにふさわしい名付けるということは、そのものがいかなるものであるかを考え、想像を働かせた後に行われる。また、ものに名付けるという行為は、それまで抽象的にしか存在しなかったものを具象化して認識するためのものである。例えば、一輪の美しい花に「薔薇」と名付けたときから、その花は薔薇として認識されるといった具合だ。

　そして幼ごころの君に名付けるのは、バスチアンのような夢見る心を持った人間にしかできないことだ。今読んでいる物語の登場人物に危機を訴えられたとしても、信じることが出来る者は少ない。幼ごころの君にふさわしい名を思いつくことこそがファンタージエンへのパスポートとなるのだろう。

　ある登場人物の口を借りれば「本当の物語は、みんなそれぞれはてしない物語なんだ」ということであるのだ。だとすると、『はてしない物語』以外の物語の中にも、それぞれ幼ごころの君は存在しているのかもしれない。

第3章　神秘のプリンセス

日本最古のSFのヒロイン
かぐや姫

Kaguya

地域：日本
時代：平安以前
生没年：――
出典：『竹取物語』他

誰もが知るかぐや姫の物語。優しいと
形容されながら意地悪なほど頑なに男性の愛を拒む
彼女は、せつない宿命を背負っていた。

『源氏物語』が紹介する「日本最古のSF」

　日本の昔話の中で最も有名な姫といえば、『竹取物語』に登場するかぐや姫に決まりだろう。竹から取りあげられた不思議な出生の赤子が、天下のあらゆる男を虜にする美姫に育つが、帝からの求婚さえはね除ける。そして実は天から流された天女であったことを明かし、悲しみつつも永遠の乙女のまま本来の故郷である月の世界に帰ってゆく。このSFとさえ呼べる想像力あふれる筋書きの伝奇は、実は『源氏物語』において「物語の祖」と紹介されている程古い小説なのである（もちろん「神話」とは異なる意味でだ）。

　かぐや姫の『竹取物語』は少なくとも平安時代以前（9～10世紀）には成立しており、しかもその筋書きが長い時間をかけて練りこまれたと考えられている（当時の原本そのものは現存しない）。

　以来、かぐや姫の物語は『今昔物語集』などの諸本にも収録され、実に10世紀以上にわたって日本人に愛され続けてきた。かぐや姫は日本人が抱く代表的な原ヒロイン像の一人なのである。

　しかしこの月の姫君は、一筋縄ではいかない。月を仰ぎ見る可憐で楚々としたイメージとは裏腹に、優しくも残酷にもなれる乙女の豊かな人間性、そして己の意思を敢然と貫く強い意思をも備えた、類型的とはとてもいえない独創的で魅力的なヒロインなのだから。

竹取の翁とかぐや姫

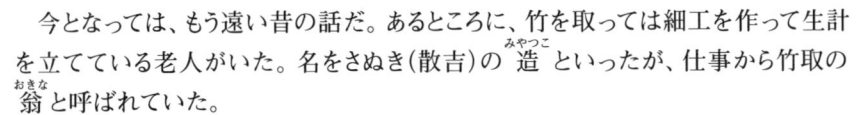

　今となっては、もう遠い昔の話だ。あるところに、竹を取っては細工を作って生計を立てている老人がいた。名をさぬき(散吉)の造(みやつこ)といったが、仕事から竹取の翁(おきな)と呼ばれていた。
　ある日のことだ。翁がいつものように竹を取っていると、今までみたこともない根元が光る竹を見つけた。不思議に思って切ってみると、竹の節の空洞に三寸(約10cm)程のかわいらしい女の子が座っているではないか。
「こりゃ神様が、特にわしを選んでお授けになってくれたお子に違いない。なんたって、わしが毎日扱う竹の中に入っていたんじゃからな」
　翁は小さな女の子をちょこんと手のひら載せると、妻の婆さんの待つ家へと帰った。老夫婦には子供がいなかったので、二人は可愛らしい少女を自分の子として育てることに決めた。するとその日から、翁が竹取りに出ると、節と節の間に黄金が詰まった竹を見つけることが度重なった。おかげで翁の家はどんどんと富裕になり、やがて長者と呼ばれる身分になった。
　連れ帰った少女は老夫婦によくなつき、見る見る大きく育っていった。そして3月程も経つと、不思議にも普通の人と全然変わらない身長の立派な娘に成長したので、衣裳、髪型を大人のものに改める成人の儀式を盛大に行った。老夫婦は御室戸(みむろど)斎部(いんべ)の秋田という人を呼んで、少女に「なよ竹のかぐや姫」という名をつけてもらった。かぐや姫は、他に比べる者がいない程輝かしい容貌をしており、周囲を明るい雰囲気にさせる心映えも美しい娘だった。新しい生き甲斐となった愛娘の姿を見るだけで、翁は浮世の憂さを忘れ、楽しい思いで生きることができた。
　かぐや姫のお披露目には多くの男たちが招かれ、宴は3日3晩続けられた。その間にかぐや姫と接した男たちが、次々と彼女の虜となったのはいうまでもない。翁にとっては困ったことに、かぐや姫の姿をひと目見ようと、屋敷の周囲を恋煩(こいわずら)いの男たちが四六時中徘徊するような有様となってしまった。

5人の求婚者たち

　そうした求愛者の中に、かぐや姫にひときわ恋心を燃やし、正式に求婚をしてきた5人の貴公子がいた。石作(いしつくり)の皇子(みこ)、庫持(くらもち)の皇子(みこ)、右大臣・阿部(あべ)の御主人(みうし)、大納言・大伴(おおとも)の御行(みゆき)、中納言・石上(いそのかみ)の麻呂足(まろたり)。いずれ劣らぬプレイボーイとして知られた人々で、かぐや姫に執着すること並大抵ではなかった。
　だがかぐや姫はまるで興味がない様子で、公子たちの恋文に返事さえ返そうとし

ない。諦められない貴公子たちは、翁に「どうか娘さんをくれないだろうか」直談判を繰り返す。そうして月日が過ぎるうちに、翁はだんだんとかぐや姫の将来が心配になってきた。70を越した自分が世を去った後、独り身のままでは幸福になれまいと、行く末を危ぶんだのだ。

そこで貴公子の一人を選んで結婚してはどうかと勧める翁の言葉に、かぐや姫はすっかり困ってしまった。結婚など考えたこともなく、望みもしない。自分の容貌だけを見て妻に望むような相手など、願い下げなのに。けれど、優しい彼女は実の親も同然に慕っている翁の願いをむげに断れなかった。そこで「相手の本心を確かめずして結婚したくはないし、5人に優劣はつけられない。だからだれよりも自分を妻に望んでくれる証として、指定された宝物を取ってきて見せてくれた方のところに嫁がせて下さい」と翁に懇願した。

それは翁を苦境に追い込みたくはないが結婚は望まない姫が、求婚者を諦めさせるために打った窮余の一策だった。

5つの難題

かぐや姫の希望を翁から告げられた5人の貴公子は、意気消沈して帰っていった。それというのも、それぞれが指定された宝物はいずれも入手不可能と思える程の珍品だったからだ。石作の皇子には仏の御石の鉢、庫持の皇子には蓬莱の珠の枝、阿部の御主人には火鼠の皮衣、大伴の御行には龍の頸の珠、石上の麻呂足には燕の子安貝が求められた。いずれもだれも見たことがない、いや日本中探しても見つからないのではと思われる宝物だった。

だが家には戻ったものの、貴公子たちの脳裏からはかぐや姫の面影が離れない。どうしても諦めることができない。そこで彼らは無理難題と承知しつつ、それぞれの手段で宝物の獲得に乗り出した。もちろん、見たこともないばかりか存在すら定かではない品々である。貴公子たちが入手に策を弄したのも、ある面では無理もない。

まず賢明な石作の皇子は、天竺から二つとない宝を持ち帰るなど到底不可能だと割り切り、3年間程姿をくらませてから、ある山寺から持ち出した古びた石鉢を本物と偽って持参した。だが本物の鉢が不思議な光を放つことを知らなかったので簡単に嘘が露見し、あつかましくも見え透いた言い訳をしたためにかぐや姫に嫌われ、肩を落として退散していった。

策略に長けた庫持の皇子も一計を案じた。同じように姿をくらませた彼は、ひそかに工匠を集めて工房に篭り、財を投じて材料を集め、かぐや姫が望んだものと寸分違わない宝の枝を作りあげさせた。そしてさも蓬莱への命がけの航海から戻った

かぐや姫

第3章　神秘のプリンセス

かのように装い、京に戻ってきたのだ。偽物の出来栄えは見事で、人々の評判を聞いた姫が「私はこの人に負けてしまうのかもしれない……」とふさぎこんだ程だった。屋敷に枝を持参し、もっともらしい航海譚を得々と語る皇子と、彼の不実を疑うも見破れないかぐや姫。だがそこに6人の工匠が現われ、賃金の支払いを求めたことで、巧みに塗り固められた嘘が思わぬところからあばかれた。度を失う皇子と、逆に手を打って破顔一笑するかぐや姫。姫は窮地を救ってくれた工匠たちに恩賞で報い、皇子は立場を失って山の中に隠棲してしまった。

　右大臣・阿部の御主人は、一門揃って大変な資産家として知られた人だった。だから求められた火鼠の皮衣を、富の力で獲得しようとした。中国は唐の国に代金を持たせた使いを出して、貿易商の王慶（おうけい）という者に探し出してくれるよう依頼したのだ。王慶は八方手を尽くし、火鼠の皮衣と称する皮を唐土から送ってきた。紺青色をした、毛の先端が金色に輝く皮衣は、まさしく宝物と呼べる華麗さを備えていた。大金を投じて皮を得た右大臣は、有頂天になって翁の屋敷に参上した。翁はこの人こそ婿殿と右大臣を招き入れたが、かぐや姫はあくまで慎重に皮衣を火にくべるよう求める。本物の火鼠の皮衣は、決して燃えないからだ。はたして炎に投じられた華麗な皮は、3人の目前でめらめらと燃え尽きてしまった。右大臣は青ざめ、かぐや姫は「ああ、嬉しい」と喜色を隠そうともしなかった。

　大納言・大伴の御行は、大勢の使用人を日本の諸方に派遣して龍を探させ、頸の珠を得ようとした。だが使用人たちは「龍など退治出来るものか。ご主人の無理な命令など聞くことはない」と、一向になしのつぶて。1年余り待ってもだれも戻ってこないので、しびれを切らした大納言は「どいつもこいつも頼りにならん。自慢の弓の腕前で龍を退治してやる」と意気込んで龍退治の航海に出た。だが筑紫の海で祟りの大時化（しけ）に遭い、龍退治を諦めることを誓って九死に一生を得るというひどい目に見舞われた。難破して明石の浜に吹き寄せられた時、大伴の御行は疲労と病とで半死半生の有様だったという。病身のまま輿に乗せられて都の屋敷に帰った大納言は、すっかり懲りてかぐや姫を諦めた。

　中納言・石上の麻呂足が要求されたのは燕の子安貝（安産の守りとされる宝貝の一種）だった。家来に聞くと「燕を沢山殺しても、そんなものは見つかりません。卵を産む時だけ生じるものといいますが、同時に人が見ると失くなるともいいます」とのこと。そこで足場を作らせ、20人の家来を待機させて巣を見張らせたが、怯えた燕は巣に近付こうとしない。

　すると下級役人の倉津麻呂という老人が現われ、中納言に知恵を授けた。粗く編んだ籠に乗った男を、巣の側に縄で吊り下げ、燕が卵を産む瞬間に引きあげて子安貝を掴ませれば良いと。それに従っても失敗が繰り返されるので、焦れた中納

言はついに自分で籠の中に入り、機をうかがって燕の巣から見事に固い物を握り盗った。はずみで落下して大怪我を負いつつも大喜びの中納言が手を開くと、そこにあったのはなんと燕の古い糞。重症を負い、また人々がこの体たらくを聞いてなんと思うかと恥じた大納言は、思い患うあまりそのまま死の床についてしまった。さすがに可哀想と感じたかぐや姫が、なぐさめの歌を詠んで送ったが、大納言はそれになぐさめよりも愛が欲しいと返歌をしたため直後に息絶えてしまった。

帝の恋

　こうした出来事が重なると、かぐや姫の噂は否応なく世間に広まった。するとついに帝が興味を抱くようになり、姫の美貌を確かめさせるべく使いを出した。だが俗世の権威に動じることのないかぐや姫は、顔が見たいなどという理由を嫌い、どんなに翁が勧めようとも凛として面会を拒絶した。使いの者が怒ると、ならば私を殺せば良いのですと言ってのける程、その意思は固かった。
「そんな気性が多くの男たちを不幸にしたのだな」報告を聞いて小憎らしいと感じた帝は、翁に官位を授ける引き換えに姫を出仕させよと命じた。だが翁の説得も「5人の貴公子たちの愛情は並々でなかったのに、私はそれを断りました。帝の仰せだからといってすぐに従っては、申し訳がたちません。強いてというのなら死ぬばかりです」と通じない。心から姫を愛し、また娘が本気であると知る翁は、それ以上無理強いもできず、また道理はかぐや姫にあるので、帝に断りを言上するほかはなかった。
　繰り返し拒まれ、逆にどうしてもかぐや姫の姿を見たくなった帝は、ある日、狩りにかこつけて竹取の翁の屋敷に行幸した。家中を光でまばゆく満たすかのような美貌のかぐや姫は、紹介されずとも見間違えようがなかった。一目で彼女の美に心奪われてしまった帝は、驚いて奥に逃げ込もうとしたかぐや姫の袖を握って引き止めていた。「私はここで生まれたこの国の者ではありません。だから帝が強いて連れてゆくことはできません」という姫の言葉に耳を貸さず、帝がそのまま手を引いて連れ帰ろうとすると、奇怪にもかぐや姫はぱっと消えて影になってしまった。
　さすがに姫がこの世の存在ではないことを悟った帝は、強引に連れ帰るのを諦め、ただ姿を現してくれるよう姫に頼んだ。そして元に戻った姫の面影を心に焼き付け、竹取の翁を褒めて、輿に揺られながら帰途についたのだった。

かぐや姫の昇天

とはいえ、帝のかぐや姫に寄せる想いは並々ではなかった。かぐや姫のほうも言いつけに背きはしたものの帝を嫌ってはいなかったようで、互いに折に触れて手紙を交換するようになった。

そうして3年の月日が流れたころ、かぐや姫が月を見あげては物思いにふけり、悲しげな様子で涙を流す夜が増えてきた。翁が訳を尋ねてみると、「実は私は月の都の者なのです。さる事情からこの世界に参りましたが、ついに月の都に帰らねばならない時節が来てしまいました。この月(8月)の満月に、迎えの者が来ます。お別れは避けられません。それがつらくて、月を見ては泣いていたのです」と告白した。
「実の父母は月の都の人ですが、もう全然覚えてはいません。長い年月をこの地で暮らし、もはや月に帰るのに悲しみしか感じなくなってしまいました。けれど私の自由にはならないことなのです」そう語ったかぐや姫と翁は共に泣いた。

一気に老けてしまった程の翁の嘆きを伝え聞いた帝は激しく驚き、そして天から来るという迎えを追い返すべく翁の屋敷に兵士を遣わすことを決めた。

そして8月15日(十五夜)の夜。

翁の屋敷には2千人の弓矢を持った兵士が詰め、屋根や土塀の上に陣取って夜空を睨み、ひしと守りを固めていた。屋敷は足の踏み場もない程。老父母はかぐや姫を屋敷の奥深く隠し、身を挺して天人から娘を守る覚悟だった。しかし、それが無駄な努力であることを知るかぐや姫は、ただ悲しげな様子で別れの言葉を口にするばかりだった。

待つこと数刻。真夜中になると、屋敷の周囲が昼間よりも明るく照らされ、雲に乗った天人の一行が夜空から下ってきた。かぐや姫の予告どおり、兵士や召使、そして翁は、彼らの姿を見ただけで手向かいする心を失ってしまった。それでも翁は、気力を振り絞って天人に哀願するが、高貴な天人の王は、ろくに相手にもせずにかぐや姫を召した。すると姫を閉じ込めていたすべての扉が、だれもいないのにひとりでに開いてしまうではないか。

もはやどうすることもできないと悟って泣く翁の側に寄り、かぐや姫は「わたくしも、心ならずこうして去るのでございます。せめて天に昇ってゆくところをお見送り下さいませ」と慰めた。天人に急かされても動じず、彼女は時間をかけて手紙と着物を、帝には手紙と不死の霊薬の入った壺とを形見として残してから、用意されていた天の羽衣を身に纏った。するとその瞬間、かぐや姫は一切の喜怒哀楽の感情を失ってしまった。この天の羽衣を着た者は、一切の情動を亡くして天人の心持ちとなってしまうのだ。かぐや姫はこうしてすべての情念を失くしてしまうのが分かっていたか

らこそ、帝や5人の貴公子からの求婚を冷たく拒み続けたのだ。失うことが避けられぬ愛ならば、ないほうがいい。だがそれでも帝と淡く心を通わせてしまったかぐや姫の悲しみは、いかばかりだったろう。

だがすべてはさき程までのこと。もはや心まで天上の人となったかぐや姫は、心残りを地上に置き捨て、天駆ける車に乗り込んだ。そして百人余りの天人を引き連れて、天に昇っていった。その姿が地上で見られることは、二度となかった。

かぐや姫が去った後、翁と妻は血の涙を流して悲しんだがどうしようもない。姫のいないこの世などどうでもいいと嘆き続け、やがて病み伏してしまった。

嘆きの深さでは帝も引けを取らなかった。食事も取らず、宮中の催しも中止して塞ぎ込み、やがて石笠という人を召した。そして不死の霊薬と手紙を渡し、最も天に近い駿河(静岡県)は富士山の頂上で燃やすように命じたのだ。多くの兵を引き連れて山に登った石笠は、忠実に命令を遂行した。不死の薬を焼いた煙は不思議に途切れることなく、今も立ち上っているという。

悲しきかぐや姫

かぐや姫の物語は悲劇で終わる。

姫は天上人の宿命に従い、月に上って永遠の存在となった。だが不老不死の代償として、彼女は人としての喜怒哀楽、老父母への愛惜、帝とのかすかな交情さえも失ってしまう。『竹取物語』は月の世界を理想郷、地上を穢れに満ちた煩悩の世界としているが、同時に最後まで不老不死よりも人間の揺れ動く情念を惜しんだヒロインとしてかぐや姫を描く。もう何事にも思い煩う必要のない不変の境地と、喜びと悲しみに揺れながら苦悩と共に生きるありふれた人の心。『竹取物語』を語り継いだ人々は、不老不死も悟りの心も、ありふれた喜怒哀楽と比して格別に尊いとは考えていなかった。それはかぐや姫の扱いを見ても明らかだろう。『竹取物語』は、読む者に人の心とは何か、生きる上で尊ぶべきは何なのかを問いかける、深い文学性を備えた作品なのである。

だがその一方で、ヒロインのかぐや姫がだれの手も届かないまま「高嶺の花」として天に昇ったことが、『竹取物語』を永遠の古典とした側面は否めない。地上の富や権力には一切屈さず、気高く振舞ったかぐや姫は、天に昇って老いることのない永遠の処女という偶像として確立された。

おかげで読者は時代を問わず、絶世の美女の呼び名も高いかぐや姫の美貌を夢想し、時には垣間見た気分にひたることさえ出来る。ただ夜空の満月を仰ぎ見ればいい。かぐや姫は、今も夜空に美しい姿を見せているはずだ。

第3章　神秘のプリンセス

花、咲き誇るが如く

木花之佐久夜毘売

Konohanasakuya

地域：日本
時代：——
生没年：——
出典：『古事記』、『日本書紀』、『風土記』

日本の神話上、重要な役割を持つ女神。
彼女と結ばれたことにより、天孫の一族は咲き誇る
花の如き繁栄、そして儚く散る花の如き定めを得ることとなった。

咲くが如く

　コノハナサクヤ。美しく、そして、なんとも儚げな響きの言葉である。それを己の名とした女性が、『古事記』『日本書紀』『風土記』といった書に登場する女神・木花之佐久夜毘売である。なお、名前の漢字表記は、木花開耶姫、木花咲耶姫など、書によって異なっている。ここでは簡便さを重視し、「コノハナサクヤ」というカタカナ表記に統一する。

　コノハナサクヤの父の名は大山津見神といい、日本の山々を支配する偉大な神であった。山の化身として雄大な姿を誇る大山津見神に対して、コノハナサクヤは山肌を覆って咲き誇る花々の化身である。彼女は、まさに「花の咲くが如くに美しく、花の咲くが如くに甘やかな香りをまとった」少女であったのだ。

　だが、その花を愛でる者はいなかった。なにしろ住処が、豊かな自然に囲まれた場所である。身近な異性といえば、父親の大山津見神くらいのもので、その美を讃え、熱烈に求愛してくれる若者などは望むべくもない。コノハナサクヤという少女は、ただそこに咲き続けるだけの花であり、黙々と機を織る毎日を送っていた。家族と共に暮らしていたから、孤独ではなかったけれど。

天孫との出会い

　ある日のこと。海辺で機を織っていたコノハナサクヤは、一人の立派な青年と出会う。出会いの場所は、吾田の笠狭碕、すなわち現在の鹿児島県薩摩半島の西端部である。『日本書紀』では、この時のコノハナサクヤの様子を「波頭の立つ上に八尋

殿を建てて、手玉もゆらゆらと鳴らして機を織る少女」と表現している。

青年は、挨拶もそこそこに質問してきた。
―――君は何者だい？
初対面の青年に対して、コノハナサクヤは臆した風もなく答えた。
―――私は大山津見神の娘で、神阿多津比売、またの名を木花之佐久夜毘売と申します。
「阿多」とは地名の「吾田」に等しい。すなわち、神阿多津比売とは、その周辺の地域をしろしめす一族の姫君であることを意味する名である。

再び、青年は質問してきた。
―――兄弟はいる？
これに、さらりと答えるコノハナサクヤ。
―――姉が、一人。石長比売といいます。

三度、青年。
―――結婚しない？
これにはコノハナサクヤも即答はできなかった。いかにも性急な求婚である。だが、これも神代のこと。コノハナサクヤは、しばし考え、答えた。
―――……とりあえず、父に聞いてみます。

かくして、コノハナサクヤは、己の伴侶となる青年と運命の出会いを果たした。この青年の名は、天津日高日子番能邇邇芸命。高天原より降臨した天孫・ニニギである。

花と常磐

話を聞いて喜んだのは、父の大山津見神であった。なにしろ、相手は高天原より天下って来た高貴な若君である。異存のあろうはずもなく、それはそれは沢山の結納品をニニギに送り届け、結婚を祝福した。当事者であるコノハナサクヤも、ニニギに一目惚れしたのか、押しの強さに負けたのか、はたまた元からそういう性格なのか、嫁ぐことにあっさりと同意した。

だが、ここで一つ問題が発生した。花嫁が一人増えてしまったのだ。
増えた花嫁は、コノハナサクヤの姉・イワナガ。これは、大山津見神が好意でした

第3章　神秘のプリンセス

ことなのだが、ニニギにとってはありがた迷惑なことであった。イワナガは、ニニギが思わず畏れおののいてしまう程に不器量な娘であったのだ。ニニギは、花嫁はコノハナサクヤだけで十分とばかりに、イワナガを大山津見神の元へと送り返してしまった。

　これは、相手の顔に泥を塗るに等しい行為だ。当然、大山津見神は怒り嘆き、呪いの言葉を発する。
「二人の娘を一緒に嫁がせたのは、ちゃんと理由あってのことだ。姉のイワナガは、天津神の御子の命を、常磐の石のように揺るがぬものにするだろう。妹のコノハナサクヤは、子々孫々に至るまで、花が咲き誇るように繁栄するだろう。しかし、イワナガを返された以上、御子の命は花のように儚いものとなってしまうだろう」
　また、日本書紀では、呪いの言葉を発したのはイワナガとされている。
「私を妻にすれば、生まれてくる子供の命は永久のものとなったであろうに。しかし、あなたは妹だけを妻とした。故に、生まれてくる子供は、花のように散り落ちてしまうでしょうね！」
　これは、恐るべき呪詛である。この過ちにより、天孫の子らは、定命の存在としてなることを運命づけられてしまったのである。また、同じく『日本書紀』の別項には、イワナガが人間すべてに呪詛をかけたとも記されている。人の子の死は、この時より始まったのだ。

火中出産

　さて、コノハナサクヤが嫁いでからしばらくは平穏な生活が続いた。初夜の契りで子を孕んだコノハナサクヤは、喜び勇んでニニギに報告した。
　だが、ニニギは喜ばなかった。自分の妻がたった1夜で孕んだことに疑いを持ち、他の男と密通したのではないかと問い詰めてしまったのだ。このニニギという神、軽率な振る舞いで他者を怒らせる才に長けているようだ。
　かつて父と姉が激怒したように、コノハナサクヤもまた憤慨した。外見は可憐な花だが、その裡には火山の如き激情を秘めている少女であったのだ。彼女はただちに身の潔白を証明するための誓約を行うことにした。
　誓約（宇気比）とは、古代日本で行われた占いの一種で、事の成否や吉兆を神に訊ねることである。コノハナサクヤは、「他の男の子なら無事には産まれず、あなたの子ならば無事に産まれるでしょう」と言い、小屋に閉じこもってしまった。そして、土で出入り口を塗り固め、小屋に火を放ったのである。
　潔白ならば生、不義ならば死。

木花之佐久夜毘売

第3章　神秘のプリンセス

　子を宿した女性の、壮絶な決意の表れであった。ニニギはただ、成り行きを見守るのみ。

　火勢は見る見るうちに強まってゆき———そして、産声が響いた。火勢が最も盛んな時に火照命（ほでりのみこと）、炎が弱まろうとした時に火須勢理命（ほすせりのみこと）、そして鎮火しようという時に火遠理命（ほおりのみこと）、あわせて3人の御子が産まれたのだった。最後に産まれた火遠理命は、穂穂出見命（ほほでみのみこと）、山幸彦ともいい、初代天皇・神武（じんむ）の祖父となる御子である。

　かくして、コノハナサクヤの潔白は証明され、無事に子は産まれた。コノハナサクヤ自身も、火傷一つ負うことなく戻り、ニニギに誇らしげに語りかけた。「そら、ごらんなさい」と。

　この一件で、ニニギはコノハナサクヤに頭が上がらなくなったようだ。どうにも許してくれない妻に対し、ニニギは次のような歌を詠んだ。

沖つ藻は　辺には寄れども　さ寝床も　與はぬかもよ　浜つ千鳥よ
(訳：沖の藻は浜辺に近寄るけれど、私の妻は私に近寄ってくれない。一緒に寝てもくれないのだ。仲睦まじい浜千鳥よ……)

　コノハナサクヤが機嫌を直すまで、どれ程の時間がかかったのかは、伝わっていない。

─── オトタチバナ ～英雄のために身を捧げた姫君～ ───

　愛に殉じた人であった。
　だれのことかといえば、その名も高きオトタチバナヒメのことだ。日本神話史上に輝く、かの大英雄ヤマトタケルの妻にして、その夫を守るために命を散らした姫君である。
　彼女が生きたのは、景行天皇の御世……つまり、3世紀末から4世紀前半のことと伝えられている。とはいえ、半ば以上神話の世界に属する女性と考えても構わないであろう。
　『古事記』においてオトタチバナのことが語られるのは、その鮮烈な最期の時が初めてである。ヤマトタケルとの馴れ初めについては何も語られていない。民間に伝わる説話には様々な異聞が存在しているようで、『常陸国風土記』では、倭武天皇（ヤマトタケル？）が大橘比売（オオタチバナヒメ→オトタチバナヒメ？）を妃にしたという記述がある。
　さて、話を戻そう。オトタチバナは、ヤマトタケルの東征にも随行していた。一行が走水の海……現在の浦賀水道を渡ろうとしていた時のことだ。突如、大風が吹き、海は大荒れに荒れ、船は沈没の危機に見舞われた。その海域をしろしめす海神の仕業である。
　その時、オトタチバナが立ち上がり、夫の側へと歩み寄った。
「これは海の神の祟りですね？」
　淡々とした妻の問いにヤマトタケルは頷いた。それを見たオトタチバナは言葉を続けた。
「それではこうしましょう。私が、あなたの代わりに海に入り、神の心をなだめて参ります。あなたは大君の勅命を果たして下さいね」
　口調こそ静かだが、翻しようのない決意が秘められていた。そして彼女は、家臣に命じ、海の上に「菅の畳を八重、皮の畳を八重、絹の畳を八重」敷かせ、そこへ降り立った。すると、荒れ狂っていた波がたちまち静かになった。船は再び進み始めたが、波の向こうへと消えてゆくオトタチバナの姿に、一行は涙を禁じえなかった。
　7日後──オトタチバナの櫛が浜辺に漂着した。ヤマトタケルは、その場に墓を作り、櫛を納め祀った。彼女の着物の袖が漂着した浜辺は「袖ヶ浦」として、その名を今に伝える。
　その後ヤマトタケルは戦いに戦いを重ね、ついに東方の諸勢力を制圧した。都への帰途、彼は足柄の坂の頂に立った。そこからは、遙か遠くまで、東国一帯を見渡せた。妻の犠牲あって、平らげることのできた地。ヤマトタケルは「吾妻はや、吾妻はや、吾妻はや」と呟きオトタチバナのことを想い、泣いた。東国を「あづま」と呼ぶのは、このためである。
　最後に、オトタチバナが今生の別れに際して詠んだ歌を記す。

さしさね　さがむのをのに　もゆるひの　ほなかにたちて　とひしきみはも
訳：愛しいあなたは、相模の野原に燃え立つ野焼きの炎の中に立ち、私に話しかけて下さいましたね。

　彼女がヤマトタケルと出会い、語らいあった時のことを歌ったものだ。その大切な想い出の歌は風に乗り、幾重もの波を越え、ヤマトタケルの心へと響いたことであろう。

第3章　神秘のプリンセス

砂漠から来た女王

シバの女王

Queen of Sheba

地域：中東
時代：紀元前10世紀ごろ（？）
生没年：──
出典：『旧約聖書』

知恵をもってソロモンと戦い、やがては
彼を愛するようになった砂漠の女王。その伝承は
人々に愛され、ふくらみ、やがて独立した伝説に育っていった。

砂漠の女王の伝説

『旧約聖書』の世界には、神話的な色彩を帯びた数々の英雄が息づいている。箱舟を建造して大洪水を生き延びたノア、髪さえ剃られねば無双の怪力を誇った士師サムソン、小石を用いて巨人を打ち倒した王者ダビデ、この世のすべての叡智を知ると称えられた賢者ソロモン……。こうした『旧約聖書』の偉大な登場人物は、ほとんどが男性である。古代ユダヤに限らず、父権的であった古代の歴史において、女性の活躍が取りあげられることはごくまれであった。

それだけに、聖書中に物語られている非凡な女性の物語は印象深い。とりわけ熱砂の彼方から現われ、賢王ソロモンと知恵を戦わせた神秘的なシバ（シェバ、サバ）の女王の伝説は、人々に好まれ、独特の広がりを見せた。『旧約聖書』の枠を飛び出したシバの女王は、奔放で神秘的な伝説を獲得し、やがてソロモン王に匹敵する重要なキャラクターとして、中東の神話に名を刻むまでに成長したのだ。

聖書のシバの女王

ソロモン王の時代の話だ。

王の名声を伝え聞いたシバの女王は、難問をもって彼を試すべく、香料、多大な金、宝石を運ぶ大規模なキャラバンを率い、自らエルサレムのソロモン宮廷を訪問した。ソロモンと会見した女王は、考えておいた質問を浴びせかける。しかしこの世のすべてを知る賢王は、すべてに明快に回答して見せた。

ソロモンの知恵と豪勢な宮廷を目の当たりにしたシバの女王は、兜を脱いで、ソロ

モンの叡智と彼を守るイスラエルの神を称えた。そして運んできた多くの財を王に贈ったのである。ソロモン王から返礼の贈り物を受け取り、また願いも聞き届けられた彼女は、家臣団を率いて祖国に帰った。

　これが、『旧約聖書』「列王記上」「歴代誌下」に語られている有名なソロモン王とシバの女王の会見の顛末だ。意外の感を禁じえない。シバの女王に関する記述は簡潔で、単なる宮廷記録とさえ読めてしまう。後世において彼女の存在が帯びるロマンティックな神秘性など欠片もない（男性上位の地域社会において、女王が大々的な使節団を率いて堂々たる訪問を果たしたのは、彼女がいかに偉大で力ある女傑であったかを示しているが）。

　もし聖書の中に後のシバの女王のイメージを求めるなら、別の箇所に目を向けねばならない。『旧約聖書』には「雅歌」という、男女の愛の歌が記録されている。「エルサレムのおとめたちよ、わたしは黒いけれども愛らしい」こんな一節を含む情熱的な恋の歌の無名の詠み手は、男の方がソロモン王、女性の方がシバの女王だと、中世に至るまで信じられて来た。つまり昔から「シバの女王とソロモン王の間には、記録には語られないロマンスがあった」と受け止められていたわけだ。

『コーラン』の女王

　次に『旧約聖書』から10世紀以上後に編纂された『コーラン』、そしてアラビアの民話に目を転じてみよう。長い年月が経つ間に、骨格だけであったシバの女王には、いつしか立派な人間としての血肉が備わっていた。ユダヤ人と違って魔術や神秘に抵抗のないアラビア人は、奔放な想像力を駆使して女王の神秘性と物語に磨きをかけていった。彼らにはその権利があった。なんといってもシバの女王はアラビア（あるいはアフリカ）の……彼らの女王なのだから。

　『コーラン』におけるシバの女王は、大変な富を蓄え、燦然たる玉座に座り、太陽神を崇拝しているサバア国の女王である（南アラビアの古王国、サバのこと）。彼女の存在を配下の鳥から知らされたスレイマーン（ソロモン王）は、アラーの名において恭順の意を示すために挨拶に来いと手紙で脅迫する。争いを避けたい女王は、まず莫大な貢物を贈って歓心を買おうとするのだが、スレイマーンにはね付けられる。

　どうあっても女王を屈服させたいスレイマーンは、配下の妖霊に女王の名高き玉座を盗み出させ、会見の際、彼女を威圧するため眼前に示して見せた。女王は賢明に応対して見せたが、王は返答から彼女の知恵の限界を見抜いてしまった。そして王の計略にはまった女王は、素足を王の眼前に晒してしまい、その知恵に敬服してアラー信仰に帰依することを誓う。

第3章　神秘のプリンセス

　なぜ素足を見られただけで女王は降参してしまうのか？　その疑問はアラビアの民話を知ることで氷解する。

シバの女王ビルキース

　ある民話の中では、シバの女王はもはや人ではない。人間の男と妖霊の女の間に産まれたハーフなのだ。砂丘の妖霊に育てられ、若鹿のごとき優美な肢体と狐の機知、そして輝く星のような瞳を備えた彼女は、名をビルキースといった（シバの女王は、元々「シバ国の女王」という意味で、人名ではない。聖書の女王の名は、厳密には記録されていないのだ）。

　20歳になったビルキースは魂のない妖霊たちと生活することに嫌気がさし、都キトールに住む実父の大臣の下に身を寄せる。父は美しく成長した娘を歓迎したが、同時に憂いもした。キトールは若い乙女に目がない暴君に支配されており、比類ない美貌のビルキースの身が案じられたからだ。しかしビルキースは大胆にも王の目に触れて召し出されるように振舞った。首尾よく宮廷に入った彼女は、豪胆にもその日のうちに暴君を討ち果たし、巧みな知恵を用いて大臣や貴族たちに自分を女王として認めさせたのである。

　続く筋書きは、おおよそコーランに準じる。賢く美しい未婚の女王に治められることになったキトールと周辺の領土は繁栄し、やがてその噂は遠くエルサレムの賢王スレイマーンに届く。

　鳥からスレイマーンの召喚を知らされたビルキースは、多大な贈り物で王の真意を探る。金品には釣られず、あくまで女王自身の来訪と服従を求める王が本物の預言者かも知れないと考えたビルキースは、玉座を除く宮殿中の財宝すべてを携え、大勢の廷臣を従えてスレイマーンの宮廷に出向いた。

　王に会見した彼女は、まずその場に置いてきたはずの玉座があることに驚かされた（むろん妖霊の仕業だ）。そして用意してきた謎掛けも、次々たやすく答えられてしまう。力の差に意気消沈したビルキースを、王は王族の待遇でもてなした。女王もスレイマーンと彼の神に興味を抱き、会見後もエルサレムに留まった。当時王には700人の妃と300人の側室がいたというが、二人が速やかに親密になっていく障害にはならなかった。

　この結びつきを、スレイマーンに従属を強要されている妖霊たちが恐れた。そこで妖霊はスレイマーンに、女王は本当は自分たちの同族で、生まれて来る子は妖霊のごとく残忍無慈悲になろうと吹き込んだのだ。

　王は真偽を確かめずにはいられない心になり、自分の館にガラス張りの床を作ら

シバの女王

せた。その下に水を満たし、魚を泳がせると、まるで池であるかように見える。招かれたビルキースは、てっきりそこに水があるものと思い込み、つと裾をあげて素足をスレイマーンの眼前に晒してしまった。

半妖である女王の素足は、妖霊の足そのものではなかったものの、奇妙に歪み、毛深かったという。だが王は一瞬驚きはしたものの、心変わりはしなかった。かえって水薬を作り、毛を抜くようにとビルキースに授けたのだ。その扱いを受けてビルキースは感動し、スレイマーンと共に主を崇めることを誓う。

そして王と結婚したビルキースは、レハブアムという名の王子をもうけ、やがて故国キトールに帰った。シバの女王ビルキースは、その後17年間賢明に領土を守り通したという(もちろんこれは、多様な民話の一つにすぎない)。

シバの女王の故国はいずこ

しかしさて。果たして伝説に真実は含まれているのか。シバの女王は実在したのか？ もしそうなら、彼女はどこから来たのだろう。

この疑問への明確な回答は、まだない。ソロモン王と同じく、シバの女王が実在したことを示す確かな考古学的証拠は見つかっていないのだ。

様々な説は挙がっている。北アラビアの女性族長か女王の一人だったという説。アラビア半島南端イエメンの古王国サバの女王であったという説。あるいはエチオピアの女王であったという説……。それぞれに論拠がある。

特に古王国サバは、ソロモン王の時代に相当する紀元前10世紀には既に文字を持ち、人口2万人を越える都を誇る交易国家として栄えていた。現在、伝説のシバの女王の国として有力視されている場所である。

またエチオピアの伝承も実に興味深い。この国には国家の成り立ちと歴史を記録した叙事詩『国王頌栄(ケブラ・ナガスト)』(14世紀編纂)がある。それによれば、紀元前10世紀ごろのエチオピア(アクスム)処女王マケダこそが伝説のシバの女王であり、エチオピアの祖なのだという。

凶暴な蛇王を退治してアクスムという町(現在も聖都とされている)の女王となったマケダは、エルサレムに旅してソロモン王に出会った。王はマケダに欲望を抱き、策略をもちいて想いを遂げた。その結果マケダは身ごもり、帰国の途中で男子……メネリク1世を出産する。

成人したメネリクは母と同じようにエルサレムに上り、父と対面。多くの技術者や知識人を故国に連れ戻し、国家の礎を築いた。だが帰国の際、彼が持ち帰ったのはそれだけではなかった。天使に導かれ、かの十戒が収められた契約の箱……聖

櫃を盗み出したというのだ。それ以来、神の栄光はイスラエルからエチオピアに移り、神聖なる契約の箱はアクスムにおいてエチオピア・コプト教徒に守られている……今日に至るまで……。

エチオピアでは、シバの女王は昔話の登場人物などではない。彼らの民族の祖であり、今も変わらぬ尊敬を受ける偉大な女性なのである。

勝ったのはどちらか？

ビルキース、マケダ、マルカト、南の女王……様々な名で呼ばれるシバの女王は、最初は旧約聖書の一節に脇役として僅かに顔を覗かせたに過ぎない。だが、いつしか独自の伝説を得て堂々たる主役の座を射止めた。

ソロモンとシバの女王の対面は、どの伝説、どの民話を見ても、ソロモンが上手を取ったことになっている。だがそれは本当だろうか。

誇り高く容易に意のままにならない……「シバの女王のような」女性を我がものにしたい、あるいは逆に翻弄されたいと願うのは、多くの男性に共通する心理だ。賢王とされたソロモンも、シバの女王の魅力には抗いきれず、結局は彼女の望みをすべて聞いてしまった。仮に知恵の勝負では一歩を譲ったとしても、恋の勝負では女王が勝っていたといえるだろう。そして知名度の面でも、今や二人は肩を並べるに至っている。遥かな古代から、男女の勝負というものは、やはり一筋縄ではいかないものらしい。

第3章　神秘のプリンセス

世界の乙女の夢

シンデレラ

Cinderella

地域：世界全域
時代：9世紀以前～現代
生没年：──
出典：『サンドリヨン』、『灰かぶり』他

シンデレラのような幸せを掴みたい！
それは世界中の乙女が心の奥底に秘めた願いだろう。
ここでは世界中にある様々なシンデレラ伝説を紹介しよう。

世界で一番有名なプリンセス

　童話『白雪姫』に登場する、問われれば真実を答える魔法の鏡。もしこの鏡が、一番名高く、かつ人々から愛されているプリンセスの名を問われたならどう答えるだろう？　決まっている。

　シンデレラ。その名を告げるに違いない。

　意地悪い継母と義姉に虐げられながらも、清らかな心根を失わない可憐な少女が、妖精や魔法使いといった不思議な援助者の助けを得て美しく変身し、王子様と結ばれて幸福をつかみ取る。今も世界中の女の子が、この物語に耳を傾けながら、大きくなったら自分にもふさわしい王子さまが迎えに来るのだと、未来への憧れと期待に小さな胸を躍らせている物語だ。

　「シンデレラは身分の低い少女がプリンセスになる話で、プリンセスに分類するのはふさわしくないんじゃないの？」と疑問に思われるかもしれないが、多くの民話では、シンデレラは高いやんごとのなき身分から女中同然の扱いに落とされている。だからシンデレラを姫と見なすのは、ごく自然なのだ。

　ほぼ常に「虐められる継子」から始まるシンデレラ（形式）のお話は西洋の童話としての印象が強い。しかし実際には世界中で類話が語り継がれ、とても長い期間に渡って愛されている民話だ。文献に残された最初のシンデレラ物語は9世紀の中国のものだし、その原型的なルーツを紀元前の古代エジプトに求める人もいる。展開のバリエーションも意外な程豊富だ。最初にシンデレラが母殺しの罪を犯したり、援助者が動物だったり、後妻のつれ子が良い娘だったり、あるいはハッピーエンドにならない（！）話すらある。

それでも、シンデレラのイメージ的な根をヨーロッパに求めるのは間違いではない。というのは、今日の我々が馴染んでいるシンデレラ物語の型は、17世紀フランスの宮廷人で文学家のシャルル・ペローという人が書いた『ペロー童話集』に収録されている『サンドリヨン』というお話を土台としているからだ。そもそも日本で通りの良いシンデレラ(Cinderella)という名は、フランス語のサンドリヨン(Cendrillon)……「灰だらけの娘」という意味の蔑称が英訳され、そこから広まったものなのだ。

サンドリヨン、または小さなガラスの靴

むかし、ある貴族が妻を亡くし、別の女と再婚した。

この後妻は高慢ちきな意地悪い女で、同じように性根の曲がった二人のつれ子の娘と共に、先妻の忘れ形見である美しい娘につらく当たった。先妻の娘はだれより心優しく親切な子だったのだが、継母と義姉たちから女中同然の汚い仕事を押し付けられ、いつも暖炉の側に灰まみれになって座っていた。そんな彼女を見て、継母と上の姉はキュサンドロン(お尻が灰だらけの娘)、下の姉は少しだけ上品にサンドリヨンと呼んでいた。

そんなある日、国の王子が舞踏会を催すことになった(おそらくは花嫁選びを意図して)。招待を受けた義姉二人は有頂天になって、趣味の良いサンドリヨンに衣裳や髪型の準備を手伝わせるが、もちろんサンドリヨン自身は連れて行ってもらえない。出かけたみんなを見送った後で、サンドリヨンは悲しみにくれて泣き出してしまう。

そこに現われたのがサンドリヨンの母親代わりの名付け親だった。正体が妖精であるこの老婆は、本当は舞踏会にいきたくていきたくて仕方がないサンドリヨンを勇気付け、舞踏会にいかせてあげようと約束した。求めに従ってサンドリヨンがカボチャを持って来ると、老婆は中をくりぬいて杖で打ち、魔法で立派な金の馬車に変身させた。6匹のハツカネズミ、大ネズミそして6匹のトカゲを取ってくれば、それぞれ6頭の馬車、御者、6人のお伴の者へと変えた。そしてみすぼらしい姿を恥じるサンドリヨンを杖で打つと、娘の衣服は宝石で飾られたきらびやかなドレスになったのである。最後に一足の小さなガラスの靴を差し出した老婆は、シンデレラに真夜中過ぎまで舞踏会に留まっていてはいけないよ、と警告した。12時を一瞬でも過ぎると、変身の魔法が解けて、すべてが元の姿に戻ってしまうからだ。

うれしい気持ちで一杯になって舞踏会に出かけたサンドリヨンは、会場の賞賛を一身に集めた。はじめて見るこの姫君に王子も完全に心奪われ、ずっとサンドリヨンとだけ踊り続けた。だがその楽しさを忘れられず、翌晩も舞踏会に出かけた彼女は、王子と語り合う甘い時間に夢中になって、つい名付け親の言いつけを忘れてしまう。

第3章　神秘のプリンセス

　そこに鳴り響く12時の鐘。我を取り戻したサンドリヨンは、脱兎のごとく走って逃げてその場を切り抜けたが、その拍子にガラスの靴の片方を落としてきてしまった。
　ガラスの靴を拾った王子は、サンドリヨンに恋焦がれ続け、ついに靴にぴたりと足の合う女性と結婚するとお触れを出した。これに宮廷中の女性が挑戦するが、靴が小さすぎてだれにも履くことができない。靴は二人の義姉のところにも持ってこられたが、どんなに努力しても足に収まらなかった。
「あたしに合わないかどうか、やってみたいんです！」
　その様を見ていたサンドリヨンは、にっこり微笑みながら申し出た。姉たちの嘲りの声を受けながら彼女が足を挿し込むと、するりとガラスの靴に収まった。それを見て周囲が驚いているところに、名付け親が現われてサンドリヨンを杖でぽんと打つ。すると彼女の衣服がきらびやかな衣裳に変わり、舞踏会に来ていたあの姫君がサンドリヨンであったとだれの目にも明らかになった。
　かくしてサンドリヨンは、美しい姿で王子と再会し、ほどなく結婚した。身を投げ出してこれまでのことを謝る義姉を、優しいサンドリヨンは快く許し、自分の結婚式と同じ日に、それぞれ立派な貴族と結婚させたという。

　この話こそ、まさしく私たちの知る『シンデレラ』である。
　ルイ14世の廷臣として宮廷文化華やかな17世紀のフランスで活躍したペローは、民話採集家というよりも作家、詩人だった。彼は民話の原型を保ちながらも、豊かな文才を活かした再話として、シンデレラ物語を語りなおしたのである。ペローが昔話に吹き込んだ上品で華やか、そして優雅な宮廷風の味付けは大変な評判を呼び、後のシンデレラ物語に絶大な影響を及ぼした。
　例えばガラスの靴、かぼちゃの馬車といった私たちがシンデレラといえば連想する小道具は、実はペローが付け加えたものだったようだ。その代わり、彼は元の民話から、農村風の野暮ったさを感じさせる要素をばっさり切り捨てた。多くの民話に見受けられる残酷な描写もない。
　そうして生み出された新たなシンデレラ物語は、やがてこの種の物語の代表格として、世界中で最も愛されている童話となった。ペローは、世界に数多ある童話の中で『シンデレラ』を特別な一作として完成させた人物なのだ。全世界の女の子たちから圧倒的な支持を得たペローの『サンドリヨン』は、民話の原型をどの程度留めているかに関わりなく、もはやシンデレラ系物語のスタンダードの座を不動のものとしている。

　さて、ペローが描いたこのサンドリヨンという少女。上品で控えめ、純真で、他人を

シンデレラ

憎むことなど考えが及ばない程心優しいシンデレラである。いささか内気すぎる程慎み深い彼女は、華やかな舞踏会に憧れつつも、望みをはしたなく口になどできない。継母や義理の姉の横暴に聞き分けよく従い、内心では悲しみつつ舞踏会に出かける家族を笑顔で見送る。

意地悪を受けても相手を恨まず、逆に誠意と善意で報いるサンドリヨンは、心根もたしなみも非の打ち所のない小さなレディだ。それまで酷い扱いをしてきた義姉たちが謝罪すると「そんなことはよろこんで水に流しますわ、どうかいつまでも私を好きでいて下さいね」と、許してしまう程に。

名付け親の妖精は、サンドリヨンをきらびやかな衣裳とガラスの靴で飾った。だが少女は、実は初めからその装いにふさわしいだけの内面の美徳を備えていたのだ。ただそれに気付いていたのは、名付け親の妖精だけだった。

少女よ、周囲のだれも気付いていなくとも、心優しく控えめなお前は居ながらにして美しく、価値がある。だから、その心根を持ち続けなさい。そうすれば、今は不遇に思えても、いつかお前にふさわしい幸福がやってくるだろう。

『サンドリヨン』を読んだ少女は、自分とサンドリヨンとを重ね合わせ、自信と輝かしい未来への希望を育む。サンドリヨンは、様々な小さな不安や劣等感に悩まされがちな繊細な少女を励まし、夢を与え続けている。現在のシンデレラ像の原型的なイメージであるといえるだろう。

『灰かぶり』と『灰かぶり猫』

しかしすべてのシンデレラが、サンドリヨンのように欠点のない「良い子」なわけではない。実は、数多く存在するシンデレラ民話の主人公は、物語ごとに少しずつ性格が違う。その中には、ペロー以降に広まったポピュラーなシンデレラ像しか知らない人には意外であろうシンデレラもいるのだ。

『サンドリヨン』は、童話としての完成度を追求したために、多くの部分でそれまでのシンデレラ民話には定番だった要素を取り除いて整理した。民話にしばしば見られる毒や残酷な描写を避け、より子供向きに美しい話として再構成したのだ。だから民話のシンデレラは、必ずしも『サンドリヨン』のように甘く優しい演出でまとめられてはいない。

こうした古いシンデレラ物語を知ろうとする際によく参照されるのが、『サンドリヨン』と同じようにヨーロッパで最も古く記録され、そして最もよく知れ渡っている二つのお話……グリム童話の『灰かぶり(Aschenputtel)』とイタリアの童話集『五日物語(ペンタメローネ)』に収録されている『灰かぶりの猫(La Gatta Cenerentola)』だ。

グリム童話の『灰かぶり』のほうは、よく覚えてはいなくても読んだことがある読者が多いのではないか。著者のグリム兄弟は、なるべく原型を留めたまま書き記すことを念頭に置いて民話を採取した人々の草分けに当たり(実際には版を重ねるごとに手を加えていったようだが)、その学問的な考え方と手法が大きな反響を呼んだ。それゆえに『灰かぶり』は口承で語り継がれてきたシンデレラの面影を色濃く残すと考えられている。

『灰かぶり』のあらすじ

『灰かぶり』は、ある金持ちの一人娘であるヒロインの少女が生母と死に別れる場面から始まる。信心深く善良に暮らすようにと言い残した母の死を悼み、娘は毎日墓参を欠かさなかったが、父親は一冬が過ぎると後添えをもらった。継母と二人のつれ子の娘はヒロインを目障りに思って女中扱いし、夜はかまど脇の灰の中に寝させて「灰かぶり」と嘲るひどい人々だった。

そんなある日、父が町に出かけることになった。上の義姉二人はおみやげに宝石や着物をねだったが、灰かぶりは「お父さん、帰り道で、お父さんのぼうしに初めてぶつかった若枝を取ってきてください」と頼んだ。そうして手に入れたハシバミの若枝を母の墓に植えると、灰かぶりはさめざめと泣いた。流した涙の雫が落ちて若枝を濡らすと、不思議にも枝はたちまち育って立派な木に成長したではないか。灰かぶりは毎日木の下に通い、涙を流すようになった。すると、いつしか1羽の小鳥が飛んできて、灰かぶりが願うものを落としてくれるようになったのである。

そしてある時、国の王様が王子の花嫁を選ぶための大宴会を開くことを決め、上の二人の娘も招待された。姉の身支度を手伝わされているうちに、灰かぶりもダンスにいきたくて仕方なくなった。そこで何度もいかせてくれと懇願しても、継母は薄汚い格好でいくつもりかいと嘲笑するばかり。けれどあまりに灰かぶりが熱心に頼むもので、灰の中に皿いっぱいの豆をぶちまけると、これを2時間以内に拾えたら連れて行ってやろうと言い渡した。

難題を申し付けられた灰かぶりは、外に出て鳩や小鳥に助けを求めた。すると白い2羽の鳩を筆頭に沢山の小鳥が窓から入ってきて、くちばしで良い豆をえり分け、鉢の中に集めてくれるではないか。灰かぶりは喜び勇んで報告にいったが、それでも継母は承知せず、今度は2皿分の豆を灰にぶちまけ、これを1時間以内に拾って見せるように申し付けた。灰かぶりは再び小鳥の助力を得て、豆を時間内にえり分けてみせる。けれど継母は、綺麗な着物もなく、ダンスもできない灰かぶりを連れていったら恥をかくだけだ、と言い捨てると、約束を破って実の娘だけを連れて出かけ

第3章　神秘のプリンセス

てしまったのである。

　空っぽの家にぽつんと残された灰かぶりは、庭に出て、ハシバミの木に金銀をお願いした。すると小鳥が飛来して、金銀で織られた着物と金銀で刺繍された靴を投げ落としてくれた。小鳥の贈り物で着飾った灰かぶりは、継母と義姉を含めただれもが、どこの姫君かと驚く程の美しさだった。

　宴席に紛れ込んだ灰かぶりは、抜きん出た輝きで注目を集めた。もちろん王子も一目で彼女を気に入った。それどころか夢中になるあまり、宴会の間ずっと側から離れようとせず、夜になって帰ろうとする灰かぶりを、家まで送ろうとまで申し出た。娘がどこに住んでいるのか、突き止めようと考えたのだ。

　正体を知られたくない灰かぶりは、途中で王子の目を盗み、自宅の鳩小屋に逃げ込んで、裏口からするりと逃げた。王子から敷地に逃げ込んだという娘の話を聞いた父親は、灰かぶりではないかと疑いながら斧で鳩小屋を叩き壊した。もちろん、とっくにいつもの汚い灰色の着物に着替えて暖炉の前に座っている灰かぶりが、見つかるはずもなかった。

　翌日も、またその翌日も、宴席では同じことが繰り返された。王子は謎の少女と出会い、正体を突き止める前に逃げられてしまう。だが3日目の晩は、ちょっと展開が違った。今度こそ娘を捕まえようと思案をめぐらせた王子が、階段にアスファルトを濡らせていたのだ。足を取られて捕まるところだった灰かぶりは、なんとか逃げ延びられたが、後に美しい金の靴の片方を残していかねばならなかった。

　王子はその靴を持って、灰かぶりの父である金持ちの家を訪れた。「この金の靴がぴったり合う人を、僕の妻にしたいのだ」

　意地悪い義姉たちが喜んだのはいうまでもない。最初に一番上の姉が靴を借りて自室で履こうとした。だが靴が小さく、指先が入らない。すると継母が入れ知恵をしながらナイフを差し出した。「足の指を切っておしまい」

　王子は金の靴を履いて出てきた上の姉を花嫁と信じ、連れ戻ろうとしたが、途中で鳩に「靴の中に血が溜まっている」と告げられ、慌てて引き返してきた。

　次は中の姉の番だった。こちらの姉は踵が余分だった。そこで継母はナイフを差し出し告げた。「踵を切り取っておしまい」

　しかし今度も鳩に真実を知らされた王子に見破られてしまう。

　3度金持ちを訪問した王子は、他に娘はいないのか、と問い詰めた。最初は否定した父親だったが、やがて王子の剣幕に押されたのか、先妻との間の娘が一人いる、しかし汚らしい姿なのでお目にかけることができない、と告白する。王子のたっての願いで呼び出された灰かぶりは、まず手と顔をしっかり洗ってから王子の前に進み出て、俯いたまま金の靴を履いた。そしてあつらえたように靴がぴったりと足に

入るのを証明してから、始めて面をあげたのだ。灰かぶりの顔をよく見た王子は声をあげた。「これが本当の花嫁だ！」

　王子が本当の花嫁を見つけたと謳う2羽の鳩に見送られ、灰かぶりは王子と共に家を出て、やがて結婚することになった。結婚式に招かれた義姉たちは手のひらを返したように灰かぶりを誉めそやしたが、鳩に両目を突付かれて、以後は目が不自由でくらさねばならなくなったという。

　グリムの『灰かぶり』は、精錬度においてもペローの童話に劣らない上質の物語だ。『サンドリヨン』を参考にしたといわれるだけあって、物語の展開に強引な部分は少なく、わかりやすく整理されている。だが民話において好まれる凄惨な因果応報がそのまま残されている部分は注目に値する。

　さて、灰かぶりとサンドリヨンを比較して、おやと思ったところはないだろうか。あくまで受身の耐える娘だったサンドリヨンと違って、灰かぶりは、かなり積極的なシンデレラではなかろうか。彼女は自分の望みを率直に口にするし、駄目といわれても勝手に舞踏会に紛れ込んでしまう。暖炉の側の「灰かぶり」なのはそう強要されたからであって、サンドリヨンのように唯々諾々と継母の横暴に甘んじた結果ではないのだ。灰かぶりは、不遇な境遇にありながらも現状を脱しようとする意欲を失わない。他者の同情によってではなく、自らの知恵と意思で幸福を掴み取る、強いヒロインなのである。

『五日物語』

　著名なグリム、ペロー童話はともかくとして、『五日物語』という童話集については少し解説が必要だろう。『五日物語』は16〜17世紀のイタリアに生きた著者、ジャンバッティスタ・バジーレ（1575〜1632年）の死後程なくして出版された童話集である。『千夜一夜』のように、最初の物語の登場人物が、進行に従って次々と小物語を紹介していく「枠物語」という形式で書かれている。

　『五日物語』に収録されているのは、著者が収集し、自らの言葉で語りなおした古いイタリアの民話である。1635年前後の出版というのは、ペロー童話集の1690年代、グリム童話の1812年よりも随分と早い。『五日物語』は、ヨーロッパの民話集としては最も初期に記録されたもので、完全な形のシンデレラ物語を収録し、紹介した最初の文献でもあるのだ。そのシンデレラ物語『灰かぶりの猫』は、後の『サンドリヨン』や『灰かぶり』に大きな影響を及ぼしたと考えられている。

第3章　神秘のプリンセス

『灰かぶりの猫』のあらすじ

『灰かぶりの猫』の主人公は、名をゼゾッラといい、妻を亡くしたある殿様の姫である。ゼゾッラは父親にとても愛されており、素晴らしい腕前を誇る裁縫の家庭教師を付けられていた。しかし父親が再婚し、その相手が意地の悪い女だったために、ゼゾッラの毎日はたちまち憂鬱なものとなってしまった。

「あなたがお母さんならいいのに」年若い姫がそう愚痴を漏らすのを聞かされた家庭教師カルモジーナの心に、悪魔が囁いた。ゼゾッラの他愛もない言葉をきっかけに、本当に殿様の奥方に収まりたいと野心を抱いてしまったのだ。

「今のお母さんが亡くなれば、私があなたのお母さんになれますよ」

継母の後釜を狙うようになった家庭教師は、邪魔な継母を殺すようゼゾッラを唆し、詳しい計略を授けた。ゼゾッラは恐怖におののきながらも、命じられるまま、継母が長持ちを覗き込んだところに重い蓋を落とし、頸の骨を折って死なせてしまう。すると次にカルモジーナは、姫の口から殿様に、家庭教師を新しい母にもらってくれるようせがませたのである。

娘に甘い殿様は、姫たっての希望に従って結婚に踏み切る。だが優しくしてくれると約束したはずのカルモジーナは、実の娘6人を城に連れてきて、姫を邪魔者扱いにし始めた。やがて実の父さえもが継母の連れ子のほうを可愛がるようになると、ゼゾッラはきらびやかな衣服と部屋を奪われ、女中の姿で暖炉の側へ追われた。それだけでなく名前までも「灰かぶり猫」と変えられてしまったのだ。

姫がそうしたつらい日々を送っていると、ある時殿様が所用でサルディニア島へ船旅に出かけることになった。土産に何がほしいか訊ねる殿様に、6人の義理の娘は服や化粧品などの嗜好品を次々と頼んだ。だが姫が望んだのは、サルディニア島の妖精たちの鳩に、贈り物を送ってくれるように言づててほしい、ということだけだった。実は父と継母の結婚式のころに、姫は喋る不思議な鳩から、島の妖精に助力を乞うようにと教わっていたのだ。

旅先で、父親は姫の頼みをすっかり忘れていた。だが用事を終えても戻りの船が動かないという怪異に逢って、やっと思い出して妖精の住む洞窟に赴き、娘への贈り物を願ったのである。すると現われた妖精は、ナツメヤシの木と鋤と黄金のじょうろ、そして絹のナプキンを授けた。

帰国した殿様から贈り物を手渡された姫は、金の鋤を使ってナツメヤシを鉢に植え、黄金のじょうろで水をやり、毎日絹のナプキンで拭いてやった。するとたった4日で女性の背丈程に育ったナツメヤシの木から妖精が現われ、ゼゾッラに望みを訊ねてきた。時々妹たちに知られずに外出したいと願った姫に、妖精は木の側で呪文

214

を唱えれば美しい服が出てくるようにしてくれた。

やがて、国王が催す盛大な宴会の日がやってきた。継母の娘たちが着飾って出かけると、ゼゾッラも木のところで呪文を唱えた。そして現われた綺麗な衣裳を纏い、白馬に跨り、12人の小姓を連れて、彼女もまた宴席に遊びに行ったのである。

ゼゾッラの姿を見た王様は一目ですっかり魅了されてしまった。そこでどこの家の娘か突き止めたいと思って臣下に後をつけさせたのだが、姫は機転を効かせて姿をくらます。2日目、3日目の宴席でも同様だった。だが3日目に逃げる際、姫は美しい靴カバーを落としてしまう。召使から靴カバーを渡された王様は、謎の美女（ゼゾッラ）への愛情を自覚し、その正体を突き止めるために国中の女性を集めた祝祭と饗宴を開くことを決意した。

だがありとあらゆる女性を招いたはずの最初の宴席では、だれの足にも靴カバーは合わなかった。父がゼゾッラを連れて行かなかったからだ。その旨を恐る恐る進言した父親に、王様は明日は必ずその娘を連れてくるよう要望した。果たして、翌日連れられてきたゼゾッラを一目見ただけで、王様にはそれが恋焦がれた女性であることが分かった。吟味のために靴カバーが近づけられると、それは一人でに空を飛んで、ぴたりとゼゾッラの足にはまった。王はさっそく姫を抱きあげて、その手で頭上に冠を戴かせた。義理の姉妹たちは嫉妬に狂ったが、どうにもできなかった。

『灰かぶり猫』は、ペローやグリムとは違って、童話として書かれてはいない。子供向けではないので、話の筋や装飾は複雑で、様々な要素がいささか混沌と詰め込まれている。民話の荒唐無稽な面白さを強く残した作品だ。後の『サンドリヨン』や『灰かぶり』が、参考にしつつもどれだけわかりやすく整理したかが伺えるだろう。

またゼゾッラは、我々が抱くイメージとはかけ離れた、驚くべきシンデレラだ。なにしろ義理とはいえ、自分の母親をその手で死なせてしまうのだから。ここにはもはや子供の手本にしたい「無垢な良い子」などいない。ゼゾッラが不遇を味わうのは自業自得で、ラストで不思議な助力に恵まれて幸福を掴み取るのが腑に落ちない、と感じる人も少なくないはずだ。あまりに奇抜な展開に、著者のバジーレが付け加えたエピソードでは、と疑われるかもしれない。

しかし、娘が継母を死なせてしまうシンデレラ話は、決してこの話だけの独創ではない。近東には、同様の母殺しのモチーフを備えたシンデレラ民話が少なからずあるようなのだ。その影響からか、南ヨーロッパにも同様の筋を辿る民話がある。『灰かぶり猫』は、そうした物語の一編なのである。

第3章　神秘のプリンセス

世界のシンデレラ

　冒頭で語ったように、シンデレラ系の「継子いじめ」民話はヨーロッパ特有のものではない。
　……元々高い身分にある母を亡くした娘が、継母にいじめられて不当な立場に貶められるが、亡き母の化身である不思議な助力者（牛や小鳥、魚や植物の例が多い）に助けられ、テストを経て身分の高い人の妃となり名誉と幸福を回復する……。
　このあらすじをおおまかに踏襲する類話は、文字通り世界中に語り継がれている。モチーフの一部を共有している民話となるとさらに数え切れない程に上る。シンデレラ物語には、実に豊かなバリエーションがあるのだ。
　例えば西洋の民話の場合、シンデレラを実母代わりとなって助ける援助者は主に牝牛や鳥、植物であるが、東洋では魚やその骨である例が多い。
　古いインドやエジプトの民話には、シンデレラ役を男性が担っているものもある。死んだ先妻の息子である王子や太子が、家督相続にからんで後妻から邪魔者扱いされ、一時的に流浪の苦難に追い込まれるが、やがて正当な地位を取り戻すという筋書きだ。シンデレラから派生した類話の一種といわれている男性版シンデレラだが、実はシンデレラの原型の一部となったお話ではないかという説もある（男性版シンデレラは、他の地域にも散見される）。
　シンデレラを虐める役も、必ずしも継母で決まりではない。ヨーロッパや中近東には、死んだ妻に日に日に似てくる娘に実の父王が求婚をし、それを嫌った娘が逃げ出して、別の国で貧しい女中に身をやつすという展開を辿るシンデレラ民話がかなり伝わっている。この冒頭のパターンは、やがて父王が娘の姉妹にどれだけ自分を愛しているかを問い、誠実に答えたばかりに末娘が追放される、という形に変化した。そしてこの展開をさらに発展させ、昇華した作品こそシェークスピアの『リア王』である。主役が女主人公（コーデリア）から継母（リア王）に移ってはいるものの、『リア王』は文学作品として一番の成功を収めたシンデレラであるといえるだろう。

　ここにあげた興味深い幾つかの例は、シンデレラ物語の多彩なパターンとタイプのほんの一部でしかない。世界には他にも多くのシンデレラの系譜に属する物語が語り継がれており、そのそれぞれに、独自の魅力を備えたシンデレラがいるのだ。ペローやディズニーが作り出した、おしとやかで優しいシンデレラが主流であるのはもちろんだが、様々なシンデレラたちもいることを覚えておいてほしい。

中国のシンデレラ『葉限』

　さて、こうした数々のシンデレラ系民話から特に選んで紹介するのが、『酉陽雑俎』という中国の書籍に記録された『葉限』というお話だ。
　世界中に広く拡散しているシンデレラ物語は、起源と成立を見極めるのが困難だ。紀元前1500年ごろには、原型的な物語が中近東にあったともいわれているし、古代エジプトの民話にルーツを見る説もある。もちろん最初から現在のシンデレラだったわけではなく、長い年月をかけ、いくつかの民話が混ざり合わさった上で、徐々にその形が整えられてきたのだ。完成に至った時期と場所はわからないものの、少なくとも9世紀には、はっきり現在のシンデレラの類話だと認められる形になっていたことが分かっている。それは、この『葉限』が収められている『酉陽雑俎』が、9世紀唐の宮廷に仕えた段成式という文人によって書き留められているからなのだ。この『葉限』を見出し、1911年に世界へ向けて紹介したのは、日本の有名な民俗学者である南方熊楠である。
　文献に記された完成されたシンデレラ物語の中で、現在までに知られている最も古いものは、意外にも東洋のシンデレラなのだ。

　秦漢の時代よりもっと昔、南の方に呉洞という有力者がいた。彼には二人の妻がいたが、その片方が葉限という賢い娘を残して死んだ。
　残った継母に虐められる日々を送る葉限は、ある日赤ヒレに金の目をした魚を取った。綺麗な魚をかわいく思った葉限が盆の中で育ててみると、魚はどんどんと成長し、しまいには裏の池で飼わねばならない程の大魚になった。魚は葉限に懐き、彼女が来た時だけ池から頭をのぞかせるのであった。
　これを知った継母は憎悪を抱き、葉限の着物を来て池のほとりに近付くと、騙されて頭を出した魚を一刀のもとに切り殺してしまった。継母は魚を煮て食べ、骨はゴミ捨て場に隠してした。
　惨事を知った娘は嘆き悲しんだが、天から降りてきたざんばら髪の仙人じみた男から「ゴミ捨て場にある骨を掘り出しておき、欲しいものがあればそれに祈るがいい。さすれば何でも手に入るだろう」と教わり、助言に従った。
　やがて節句の日が来た。継母は自分の娘だけを連れて祭に出かけ、葉限には留守番を申し付けた。そこで骨に立派な服と金の靴を出してもらった彼女は、こっそりとお祭りに出かけていった。だが運悪く継母の娘に見つけられてしまい、慌てて逃げ戻る際に金の靴の片方を落としてしまう。
　その金の靴を拾ったある人が、隣の島の陀汗国の王に売りつけた。羽毛のよう

に軽く、履こうとすると小さくなってだれにも足を入れられない奇妙な靴に興味をそそられた王は、売主を拷問してまで持ち主を突き止めようとし、国中の婦人に靴を履かせたが該当者がいない。次に靴を道端に放置して、家臣に一軒一軒の家を捜索させると、葉限の家からもう片方の靴がみつかった。

　青色の着物と金色の靴を履いて王の前に出た葉限は、天女のように美しかった。仔細を聞いた陀汗国の王は、葉限を魚の骨と共に連れて帰り、第一の妃とした。意地悪な継母と実の娘は飛んできた石に当たって死に、その墓は「悔いた女の塚」として祀られた。

　陀汗国王は欲深な人物で、魚の骨に際限なく宝物を願ったが、翌年になると骨は願いを叶えてくれなくなった。悔いたのか、王は骨を宝物と共に砂浜に埋めたが、一夜にしてすべて潮に流されてしまったという。

　実母の化身たる援助者が魚だったり、舞踏会や教会で3度繰り返される結婚相手との出会いがなかったりと、西洋とはいささか趣を異にする東洋型のシンデレラである。しかし細かな展開や小道具こそ違っても、筋書きはまさしくシンデレラの王道そのままだ(『葉限』は、アンハッピーエンドである点で、なかなか珍しいシンデレラであるが)。

『葉限』でとりわけ興味深いのは、この段階で小さな靴にぴたりとはまる足が、シンデレラの資格を証明する品物として成立していることだ。中国で小さな靴といえば、纏足の風習が思い出される。小さな足を美人の大きな条件とした昔の中国では、良縁を得るために幼いころから女の子の足を布で緊縛して、人為的に小さな足へと育てあげた。纏足の習慣が成立したのは、10世紀の後唐ないし、その前の唐といわれている。だから、小さな金の靴を見た陀汗国の王が葉限を捜し求めるのには、不自然に見えても立派な理由があるのだ。

「小さな靴」を履けるのが花嫁の条件というのは、西洋のシンデレラの王道である『サンドリヨン』『灰かぶり』でも同じだ。だがよく考えればいささか不自然なその展開も、東洋版のシンデレラの要素が遥かな距離を越えて西洋にまで伝播し、要素の一部(小さな靴が花嫁の条件)が吸収されたとすれば納得がいく。もちろん、これは有力な仮説の一つにすぎない。靴を女性の象徴、あるいは婚姻の条件とする文化は世界の他地域にもある。古代エジプトには鳥が運んできた靴に魅入られたファラオが、持ち主の娘を探し出して妃にする「ロドピスの靴」という民話があった。

　だがそれにしても奇妙な符合である。人々に愛され、世界中に伝播したシンデレラ系物語(日本にさえ、『鉢かづき』のように明らかにシンデレラ系と分かる継子話がある)が、その後も相互に影響を及ぼし合って完成していったと考えても、そう無理

はないだろう。その一つの証拠として、「葉限」は、他のシンデレラ系話より頭一つ抜き出て重要な意味を持っているのだ。

再生を続けるシンデレラ物語

　ヨーロッパの代表的な民話として親しまれ、圧倒的な知名度を誇る姫君、シンデレラ。罪なく不遇をかこつが王子様に見初められ、ついにはだれもが羨む幸福を手に入れる彼女は、しかし近年否定的イメージで語られることも多かった。"いつか素敵な王子様が自分を救い出してくれる"と信じて自立から遠ざかる女性心理を現わす「シンデレラ・コンプレックス」に、その名が使われ、まるでその代表選手のような印象を植え付けられてしまったからだ。
　けれどシンデレラは、そんな画一的なくくりで言い表せてしまえる程底の浅いキャラクターではない。伝統的な「継子話」に登場する彼女は、気が遠くなる程昔から人々の間で語られ、それぞれの時代と地域に応じて姿を変えてきた。その中には、幸福を掴むために積極果敢に行動する『灰かぶり』や、償いようのない罪を犯してしまう『灰かぶり猫』など、お話の数だけ様々なシンデレラがいるのだ。
　そして彼女たちは、ほぼ常に、試練を通して自分が幸福を得るにふさわしい娘であることを証明する。決して、漫然と幸せが向こうから歩いてやってくるのを待っているヒロインではない。もしシンデレラが、ただ運がいいだけで玉の輿に乗る娘であったなら、この物語がかくも長く語り継がれることはなかっただろう。優れた美質を備えながら周囲の人に認められずにいる娘が、己の真価を証明し、幸福な結婚を手に入れる。シンデレラは、ただ苦難が過ぎ去るのを待つのではなく、幸福を掴むにはいつかそれを乗り越えねばならないのだと、物語を通して読者に語りかけるヒロインなのである。苦境にあっても挫けず、知恵と誠意をもって立ち向かうその姿が人々の心の琴線に触れるからこそ、この物語はかくも長く人々に愛され、『リア王』に代表される文学・芸術作品のテーマとして再生を繰り返してきたのだ。
　優れた物語には、時代を経ても色褪せない普遍的な魅力が備わっている。シンデレラは、読者の心を和ませ、揺り動かす力を備えた、そんな本物一つだ。今まで同様にこれからも、新しいシンデレラ物語は、いつまでも生まれ続け、そして語り継がれてゆくことだろう。

第3章　神秘のプリンセス

いばらに守られて眠る永遠の少女
ねむり姫
Sleeping Beauty

地域：世界全域（主にヨーロッパ）
時代：――
生没年：――
出展：『グリム童話』他

森の奥、いばらの垣根に守られて、100年に渡り
清らかなまま横たわるねむり姫。しかし清純なそのイメージは、
ルーツの民話では少し違っていた。

最も有名な民話の一つ

　ディズニーの『眠れる森の姫』で世界的な知名度を獲得した「ねむり姫」の物語は、ヨーロッパに多くの類話が伝わる古い民話だ。ただ『シンデレラ』のように世界全域に類話が分布してたわけではなく、どんな国の女の子でも筋書きを知っているようになったのは、それ程昔の話ではない。

　この「ねむり姫」系の民話を世界に紹介した功労者が、有名なグリム兄弟の『いばら姫』、そしてディズニーのアニメによる再話『眠れる森の姫』である。ふつうの人が「ねむり姫」に抱いているのは、このどちらか、あるいは両方を元にした美しい清らかなイメージのはずだ。呪いにより魔法の眠りに落ちた姫君を、後世の勇敢な王子がキスで目覚めさせ、結婚して末永く幸せに暮らす。広く知られた「ねむり姫」は、あらすじをかいつまめばそういう幸福なお話だ。

　しかし、これは語り継がれてきた「ねむり姫」のパターンの一つでしかない。より民話としての色を残した類話には、あまり知られていない凄惨な後日譚や、中世欧州の艶っぽい慣習を記憶する要素が含まれているのだ。

スタンダードとなったグリムの『いばら姫』

「ねむり姫」の類話の中で、定番ともされているグリムの『いばら姫』。版によって微妙な差はあるが、その筋書きは以下のようなものだ。

　むかし、子供を望みながら子宝に恵まれない王様と王妃がいた。ある時王妃が

水浴びをしていると、水の中から一匹のカエルが這い出てきて「あなたの願いは叶えられます。一年とせぬうちに子供が生まれるでしょう」と予言した。するとほどなく王妃は懐妊し、たいそう美しい女の子を出産した。

喜んだ王様は盛大な祝いを催し、子供の未来を祝福してもらおうと、国内の12人の賢い占い女を宴会に招待した。しかし王国には、実は13人目の賢い占い女も住んでいたのだ。除け者にされた13人目は恨みを抱き、占い女たちが赤子に美貌や徳、富といった奇跡の贈り物を授けている場面に復讐に現われた。

「王女は15歳になったら、紡錘(糸をつむいで巻くための細い棒)に刺されて死ぬだろうよ!」

唐突に呪いの予言を吐くと、13人目の占い女は素早く立ち去った。しかし幸いにも、まだ12人目の占い女が贈り物を授ける前だった。そこで12人目は、取り消すことはできないものの、悪い予言を和らげる贈り物を授けた。

「王女様は、死ぬのではなく100年の深い眠りに落ちることにしましょう」

それでも安心できなかった王は、国中の紡錘を捨てるように命令を出し、それは守られたかのように見えた。

月日は瞬く間に過ぎ、王女はすくすくと成長した。占い女たちの贈り物を得て、美しく、賢く、思いやり深い娘となった王女は、だれしも愛さずにはいられない魅力的な少女に育っていた。

そして王女の15歳の誕生日が来た。奇しくもその日、王様と女王は城を留守にしていた。そこで活発で好奇心旺盛な王女は、これ幸いとお城の探検にかかり、やがて螺旋階段を備えた古い塔を見つけた。頂上の錆び付いた鍵が刺さったままのドアを開けてみると、そこでは老婆が紡錘を手に、せっせと亜麻を紡いでいた。おばあさんは、ずっと塔に閉じこもったままだったので、王様のお触れについて何も知らなかったのだ。くるくる回る紡錘に好奇心を刺激された姫は、おばあさんから錘を受け取り、自分でも使ってみようとした。すると予言どおり錘は姫の指に刺さり、深い眠りに落としてしまったのである。

不思議なことに、その場でベッドに倒れこんだ王女に釣られるように、城全体を眠りの魔法が襲った。ちょうど帰城した王と王妃、召使いたち、馬や犬、果ては暖炉の炎までが、眠りの波に襲われ、静かに寝込んでしまった。動くもののいなくなった城は、やがて茨の垣根に完全に覆われ、外からはまるで見ることができなくなってしまった。

やがて王国には茨に覆われた城に眠る「いばら姫」の伝説が生まれた。我こそはと信じる王子たちが時々現われては、姫を見つけ出そうと茨の森に挑戦したが、例外なく茨に刺されて無残に死す運命を辿った。

長い歳月が過ぎたころ、新たな一人の勇敢な王子が国を訪れた。これまでの挑戦者が辿った運命を語って諫める地元の老爺を振り切り、王子は多くの生命を奪った茨の垣根に挑んだ。すると一面に美しい花を咲かせていた茨は、今度の王子の前には自然に道を開いた。実はこの時ちょうど100年の時が過ぎ、呪いが解けようとしていたのだ。難なく城に足を踏み入れた王子は、眠りこける人々の間を縫って進み、塔の階段を登った。

最上階の部屋のベッドには、魔法の眠りに落ちた姫が、100年前と寸分違わぬ姿で横たわっていた。少女の美しい寝姿に心奪われた王子は、かがみこんで優しくキスをしてしまった。すると姫はゆっくりと目を開くと、うっとりとした目で王子を見つめた。眠りの魔法は破られたのだ。王も王妃も、召使いも、馬も犬も、城のすべての者が同時に目を覚ました。人々に祝福を受け、姫と王子は盛大な結婚式をあげ、末永く幸せにくらしたという。

民話の陰惨な後日譚

『いばら姫』は、完成された素晴らしい童話である。しかしグリム童話は、実は純粋な民話を採取した記録ではない。物語としての完成度を高めるために、相当グリム兄弟による添削が入っていることが分かっている。

原典になったとおぼしい、より民話に近い形の「ねむり姫」の物語——フランスの詩人ペローの昔話集(『眠れる森の美女』)、イタリアの民話集『ペンタメローネ』(『太陽と月とターリア』)に収録されているお話では、目覚めた姫と王子の後日譚が語られている点が大きく異なる。

こうした後日譚には、王子役の配偶者や姑が登場して、姫と王子の新生活の邪魔をする。例えば『太陽と月とターリア』では、姫(ターリア)を目覚めさせる王は既婚者だ。王は眠れる姫に心奪われて抱いてしまい、双子を出産させる。そして目覚めた姫と子どもたちの元に足しげく通うのだが、それを知った正妻たる王妃は嫉妬に狂い、料理人に命じて双子の子どもたちを料理させ、王自身に食べさせようとする。そしてターリアも王妃の策略で炎の中に投げ込まれそうになるが、真相を知った王の手で逆に王妃が焼かれ、姫と双子は王と共に末永く幸福に暮らすことになる。

ペローの『眠れる森の美女』の方では、ねむり姫と王子の恋を阻むのは、王子の母の王太后の役目だ。こちらの物語でも、王子は恋人となった姫のところへ2年に渡って通い続け、男女の子をもうける。恋人と子のことを両親に教えなかったのは、母が人食い鬼の一族の出身で、子供の安全を危ぶんだからだった。

王子は、父王の死と同時に姫を王国に迎え、盛大な式をあげて正式に結婚した。

ねむり姫

しかし王子の危惧は当たっていたのだ。彼が戦争のために王国を留守にすると、かねてから孫の姉弟に食欲をそそられていた王太后は、嫁と子供たちを森の中の別荘に追いやり、そこで料理番に調理させようとする。だが情に厚い料理番の機転で姫と子どもはかくまわれ、急遽戻った王（王子）の手で王太后は毒蛇の入った桶に突き落とされて死ぬという筋書きとなっている。

どちらも前半部分の美しいイメージとはかけ離れた、凄惨な後日譚だ。

姫君とつむぎ棒の隠喩

「ねむり姫」の物語には、しばしばセクシャルな寓意が込められているといわれる。類話も含めて、眠り姫は紡錘に指を刺されて眠りにつく。中世欧州では糸を紡ぐのは女性の仕事であった。主にフランスやドイツを中心とする農村部では、未婚女性たちが糸紡ぎ部屋に集まって、世間話を楽しみながら夜なべをしたそうだ。若い娘が集まれば、そこに村の青年たちも集まるものだ。糸紡ぎ部屋は、若い未婚男女の交流の場として機能していた。そこで雑談を交わし、飲食を共にし、時には音楽や踊りを楽しみながら、村共同体の若者たちは自分にふさわしい配偶者を品定めしたのである。交流はしばしば性的な接触やアピールを含むところまで及んだ。この「糸紡ぎ部屋のどんちゃん騒ぎ」は、しばしば教会によって禁止されたきわどい習俗だったのである。

こうした事情から、民話における紡錘は男性自身の象徴であると考えられている。ならば「ねむり姫」が紡錘に刺されるというのは、王子と夫婦の関係を持つ、あるいはその運命にあることの隠喩であるというのも、容易に納得し得るだろう。その証拠として、ルーツとなった民話において「ねむり姫」は救助者である王や王子との間に子どもをもうけている。

中世の風俗をもとに読み解けば、元々の「ねむり姫」には性愛を連想させる要素がかなり通俗的な形で含まれていたことが分かるのだ。

物語は変わり続け、永遠の生命を得る

この民話を世に知らしめたグリム兄弟は、子どものための童話として完成させるために、「ねむり姫」からきわどい要素を可能な限り取り払った。性的な連想を喚起する部分を削り、恐ろしい後日譚をも取り払い、純粋に美しい筋書き、清純で貞節な姫君のイメージを強調した。こうした編集をしたため、グリム兄弟の童話はルーツに含まれていた毒を薄めたと指摘を受けることもある。

しかし、グリム兄弟の判断なくして「ねむり姫」の物語がこれ程に広く世に知られることはなかったのではないか。
　物語——特に民話は生きものだ。幾度も繰り返し語られるうちに、読者や聞き手の反応が乏しい部分は切り捨てられ、より洗練されてゆく。「ねむり姫」の場合、おとぎ話のようなハッピーエンドのストーリーとして純化していくことが、人々の声にならない望みであった。だからこそグリム兄弟の童話、ディズニーのアニメは、世界的な人気を博したのだ。もし「ねむり姫」から清純なイメージと相反するような要素——子供の出産や陰惨な後日譚が削ぎ落とされていなかったら、この物語はヨーロッパで細々と記録されるだけに留まり、やがては忘れ去られてしまったかもしれない。
　「ねむり姫」は、現実の人間の負の感情や習俗との繋がりを残した民話ではなく、完全にファンタジックな童話の主人公として描かれることで、静かに眠る永遠の姫君としての存在を確立した。永遠の清純さと若さ——それは日々年齢を重ねていく現実の人間には保ち得ないものだ。だがだからこそ、親は失われた青春の日々を思い、娘にはなるべく長く若く清純であってほしいとの願いを込めて、「ねむり姫」を読んで聞かせるのである。この循環がある限り、「ねむり姫」は童話の中で、永遠の若さを保ち続けることだろう。

第3章　神秘のプリンセス

囚われぬ心

虫愛づる姫君

Mushimeduruhimegimi

地域：日本
時代：平安時代後期
生没年：──
出典：『堤中納言物語』

好奇心！　その言葉を体現するがごとき、
自由奔放なる童姫。宮廷文化の埒外へと踏み越えたがゆえに、
他の誰にも真似のできぬ魅力を誇る、高貴なる野性。

平安の短編小説

「虫愛づる姫君」──それは、とある物語の題名であり、本項で紹介する姫の名でもある。「虫愛づる姫君」は、『堤中納言物語』という物語集に収録されている。読者の方々も、古典の授業で一度ならず耳にしたことがあるかと思われる。『堤中納言物語』は、10編の物語を収録した、本邦初の短編物語集である。成立年代も平安時代後期と考えられているが、作者・編者を始めとした諸々の詳細についてはいまだ謎が多い（物語中の一編「逢坂越えぬ権中納言」だけは、小式部の作であることが確認されている）。

風変わりな姫君

虫愛づる姫君──彼女の名は記されていないので、以降は「姫君」とだけ表記する──の父親は、按察使の大納言として朝廷に仕える貴族であった。按察使とは本来地方行政の監督官のことで、従四位にあたる官職だが、平安時代にはただの名誉職となっていた。なので、この場合、大納言が正式な官職になる。大納言といえば、正三位の堂々たる高級官僚である。そんな恵まれた家で生まれ育った姫君は、周囲の人々から、それこそ「蝶よ花よ」と愛しまれて育ったのだった。

だが皮肉なことに、姫君自身は蝶も花も愛しむことはなかった。彼女は言ったものである。

「世間の人は、花や蝶の外見を可愛がるよね。でも、それはあさはかなことじゃないかなぁ。人には誠の心があるでしょ？　そして、物事の本質を追求しようとするでし

ょ？　その心が立派なのだと思うんだけど」
　では、花や蝶の替わりに彼女が愛したものは何か？　それは、虫である。特に、人々が嫌う毛虫の類をことのほか愛していた。あれやこれやと虫を集めては籠に飼い、手のひらに載せて遊んだりしながら、せっせと世話をしていた。
「この虫、これからどういう風に変わるのかな？」
「烏毛虫(かわむし)っていいよねぇ。この、のんびりした動きが、とっても奥ゆかしいんだよね」
「虫に生えた毛は、なかなか風情があるのに、それにまつわる歌の一つもないのよね。残念残念」
　こんな調子であるからして、姫君の家に仕える年若い女房たちは恐れおののき、戸惑うばかり。当然、姫君の世話などできようはずもない。姫君の方は、それを気にした風もなく、近所に住む身分の低い少年たちを身辺に侍らせては、遊ぶのであった。また、「普通の名前なんてつまらないよね」とばかりに、けらお、ひきまろ、いなかたち、いなごまろ、あまひこ……などと虫をもじった名前をつけた。なんとも、ガキ大将といった感さえある。少年たちは少年たちで、この飾らない姫君のことを好いていたようで、あれやこれやと虫集めに精を出した。少年たちと一緒に庭を歩き回り、虫を愛で、大声で歌う。どれをとっても、この時代の貴族、それも女性としては決してありえない破天荒な振る舞いであった。

無為自然

　姫君が変わっていたのは、その虫愛好の趣味だけではない。身だしなみについても、かなりのものであった。ここで、当時の女性について簡単な解説を述べる。まず、10代の始めころになると裳着(もぎ)という成人式を行う。眉毛をすべて抜き、眉墨で眉を描く。歯は、いわゆるお歯黒にする。だというのに、姫君は眉を抜きもせず、お歯黒も拒否した。
「大事なのは本質だって言ったでしょ。化粧なんかでごまかすのはいけないんだったら」
「眉を抜いたり、歯を汚く染めたり。そんなの下品、下品よ」
　子どものころならいざ知らず、年ごろになってもこの調子である。楽観的だった父親も、さすがに心配になってきたので、お説教をすることにした。
「なあ、娘や。おまえの言うことはもっともかもしれないが、世間体というものがあるだろう。気味の悪い毛虫を観察する姫などと、世間の人が聞いたらどう思うか。少しは考えなさい」
　しかし、姫君も負けてはいない。

第3章　神秘のプリンセス

「世間体など、わたしは気にもなりませんわ、お父様。世の万物を見、その変わりゆくさまを見届けてこそ、その本質を理解出来るのです。毛虫はやがて変わり、蝶となるのですよ」

「それから、着物に使う絹のことを考えて下さい。どうやって作るかご存知ですか？　蚕（かいこ）が蝶になる前に、その繭（まゆ）から糸を紡ぎ出して作るものなのです。蝶となって繭を破ってしまったら、もう絹糸は作れないのですよ」

　立て板に水といった調子で、父親に向かって堂々と言い返す姫君。父親も、こうなってはぐうの音もでない。すごすごと退散するほかはなかった。この時、姫君は「鬼と女は、人に見られぬ方が良いのです」などと嘯（うそぶ）き、父親と顔をあわせぬように帳の陰に身を隠しながら話していた。当時の常識としては、たとえ肉親であっても、貴族の女性は異性に直接顔を晒してはならなかったので、それ自体は正しいことである。しかし、この姫君のことだから、帳の向こうではあくびやあかんべえなどをして父親の話を聞いていたのかもしれない。

蛇騒動

　さて、そんな姫君だからして、浮いた噂の一つもないのは当然の仕儀であった。しかし、いつの世にも物好きというか、変わった趣味の男はいるものである。その男の名は右馬佐（うまのすけ）という。彼はさる上達部（かんだちめ）（公卿）の息子で、物怖じしない性格の美男子であった。ひとつ、「虫愛づる姫君」を驚かせてやろうと考えた右馬佐は、帯に細工をして蛇そっくりの姿にし、動く仕掛けを作った。これを袋に入れて、手紙と共に姫君の家へ届けさせた。

　それを受け取った姫君が袋を開けると、中から姿を現したのは、なんと蛇！　周囲の女房たちは、あまりのことに悲鳴をあげて騒ぎまわった。さすがの姫も蛇は苦手だったようで、手を出すことができない。だがそれでも、精一杯の虚勢を張って、蛇を側に引き寄せた。

「き、気味悪がってはダメよ！　ほら、ぜぜぜ前世の親が転生した姿かもしれないでしょう」

　そうは言うものの、やはり落ち着きがない。普段の様子とのギャップに、逃げる女房たちも笑いを隠せない。この様子を聞きつけた父親は、すわ娘の一大事とあって、太刀を引っさげ駆けつけた。だが、さすがに父親は、蛇の正体が玩具に過ぎぬことを見破った。玩具の精巧な作りに感心する父親であった。同封の手紙には、次のような歌がしたためられていた。

虫愛づる姫君

第3章　神秘のプリンセス

はうはうも　君があたりに　したがはむ　長き心の　かぎりなき身は
(訳：這い回りながら、あなたのお側につき従いましょう。この蛇の体のように、長く変わらない心を持つ私ですから)

　このような悪戯とはいえ、殿方から歌を送られたのだから、返歌をしないわけにはいかない。姫君は、「面倒だなあ」とぼやきながらも、歌をしたためた。
紙は、風流からは程遠いごわごわの紙。文字は、男性が使うようなゴツゴツしたカタカナという、まっこと色気のいの字もない返歌である。

契リアラバ　ヨキ極楽ニ　ユキアハム　待ツ我ニクシ　虫ノ姿ハ　福地ノ園ニ
(訳：御縁があったら、死後に極楽浄土で会いましょう。だって、今のあなたは蛇なのですから、人間の私とはちょっとアレですし。それじゃ、また極楽で)

　返歌を受け取った右馬佐は思った。
「なんて変な手紙だろう。『虫愛づる姫君』……面白い！」
　ますます姫君への興味を募らせるのであった。変人に興味を持つ彼もまたやはり変人であったようだ。

覗き見

　こうと思い立ったら、すぐに行動しなければ気がすまないのが右馬佐である。友人を強引に誘い、姫君の姿を直接見に行くことにした。一応の変装として、女性の衣に身を包んだ二人は、首尾よく大納言の邸宅に忍び込むことに成功した。
　垣根からこっそり様子を伺っていると、少年たちが植え込みを見ながら「この毛虫、すごいよなぁ。たくさんいる」「姫様に見せようよ！」などと囁きあって、家の中に入ってゆく。簾の向こうにいた姫君は直に毛虫を見ようと、勢いよく飛び出してきた。
　着ているものは、きりぎりす模様の小袿(こうちぎ)に、白袴。まるで男のような装束だ。髪は、さっぱりとはしているけれど、手入れをしていないためかつややかさがない。眉は真っ黒、お歯黒もしていない。持っている扇は無骨な白扇、しかも端々に漢字の手習いが書かれている。けれど───
「可愛いじゃないか」
　姫君の姿を見て、右馬佐はそのように感じた。そう、姫君は、確かに顔立ち自体は非常に愛らしく、美しかったのだ。これで、ちゃんとした身だしなみをすればどれ程魅力的になるだろう───なんとも残念に思う右馬佐であった。

このまま帰るのは惜しいと思った右馬佐、懐から畳紙を取り出して歌をしたためた。側に生えていた草が筆代わり、汁が墨代わりであった。

かはむしの　毛深きさまを　見つるより　とりもちての　みまもるべきかな
(訳：毛虫のような眉のあなたをみて、あなたを手のひらに載せ、見守りたく思います)

　この歌を見て騒いだのは女房たちである。名家の姫が虫遊びに興じている様を、直接見られてしまったのだ。しかも、何も身だしなみをしていない（いつものことだが）ところを、である。これはとんでもないことになったと騒ぐ女房を尻目に、姫君は平然としたものである。
「悟ってみれば、別に恥ずかしいとかそんなことはないわ。わたしたちは、夢幻のように儚い世界に生きているのよ。何が良いか悪いか、だれにも分かるはずなんてないの。ぜーんぜん、ないのよ」
　そういって、姫君は再び自分のことに没頭してしまった。右馬佐の歌のことなど、歯牙にもかけていない。もしかしたら、内心では初めての恋の予感に胸を躍らせているのかもしれないが、残念なことに原文から彼女の心境を推し量ることはできない。
　貴人に対し、返歌もせずに放っておくのはまずいと思い、女房の一人が気を利かせて、代理の返歌をしたためた。

人に似ぬ　心のうちは　かは虫の　名をとひてこそ　いはまほしけれ
(訳：世間の人とは異なるわたしの心は、毛虫の名を知るように、あなたの名を知ってから申しあげようと存じます)

　これを読んだ右馬佐、姫君からの直接の返歌でないことを残念に思ったが、それにもめげず、続けて一首、供の友人に歌った。

かは虫に　まぎるる眉の　毛の末に　あたるばかりの　人はなきかな
(訳：毛虫と見紛うばかりのあの眉毛！　あの眉の端っこ程の眉ですら、他の女性は持ってはいない。いやはやなんとも、すごい姫君だ)

　かくして、右馬佐と友人は笑いながら大納言邸を後にした。原文では、「二の巻にあるべし」……すなわち「次の物語に続く」という言葉で締めくくられている。姫君のこれから、右馬佐の想いが成就するのか否かといったことは、読者の想像に委ねられるのだ。一人の風変わりな、そして美しい姫君の物語、これにて幕。

第3章　神秘のプリンセス

魂の救済を求めた悲しき妖精
メリュジーヌ

Mélusine

地域：フランス
時代：中世
生没年：――
出典：『メリュジーヌ物語』

メリュジーヌは、フランスはポワトゥー地方に
語り継がれる悲しい妖精だ。半人半妖の彼女は、
人間の夫に裏切られ、悲しい別離を迫られる。

妖精妻の伝説

　美しいがどこか謎めいた恋人とめぐり合った若者が、奇妙な約束を条件に結婚する。おかげで若者は幸福と富を得るが、ふとした猜疑心から約束を破って、異界の者である最愛の人の正体を知ってしまう。禁忌を破られた異形の恋人は、涙ながらに人間の伴侶の元を去る……。

　こういった筋書きを持つ伝説は、世界中に広く存在する。日本には「雪女」「鶴の恩返し」があり、インドには人間の王と生き別れになる天女ウルヴァシーの物語がある。ギリシアではエロスとプシュケーの神話が有名だろう。

　妖精の姫メリュジーヌの物語は、こうした妖精妻伝説のフランス版で、最も有名なものの一つである。中世フランスで栄えた有力貴族リュジナン家の祖とされている妖精メリュジーヌは、人の王と妖精の母の間に生まれた姫君であり、毎週土曜日になると下半身が蛇体になるという呪いを受けていた。良きキリスト教徒として救済されるには、彼女は人間の男と結婚せねばならない。メリュジーヌは、これぞと思う青年騎士を選び、彼と一つの約束を交わして結婚する。しかし……。

若き騎士レイモンダンの苦悩と泉の不思議な乙女

　むかし、ポワティエに一人の若き騎士がいた。名をレイモンダン（またはレイモン）・ド・リュジニャンという。子沢山のフォレ伯の末子であったが、博学で人格者のポワティエ伯エムリに引き取られていた。

　レイモンダンが、有力な伯エムリに仕えながら育ち、5、6年を経た日のこと。趣味の

狩猟のため、伯は多くの供を従えてクロンビエの森へと出かけた。一行の中には立派で美しい騎士に成長したレイモンダンの姿もあった。レイモンダンは夢中で猪(いのしし)を追う伯に引き離されまいと懸命に追いかけ、いつしか主従は他の者と離れ、2騎だけとなっていた。

そしていざ猪を追い詰めたところで悲劇が起こった。レイモンダンの槍が誤って伯爵を突き、死なさしめてしまったのだ。

恩人を事故とはいえ殺してしまい、絶望に打ちひしがれるレイモンダンは、乗馬の導くままクロンビエの森をさ迷った。そして"渇きの泉"と呼ばれる澄んだ泉のほとりで出会ったのが、妖精のように優美で不思議な3人の貴婦人だった。そのうち、レイモンダンに語りかけてきた一番優美な乙女こそ、彼の運命の人となるメリュジーヌだった。

「レイモン、あなたのしたことはすべて知っています」

この不思議な乙女は、レイモンダンを襲った不運を、その場で見ていたかのように逐一語ってみせ、こう続けた。「力を落としてはいけません。私が元気になるように助けてあげます。神に次いで、私はあなたの味方です。私のことを本当に信じてくれさえすれば多くの富を得られます」

不思議な乙女は、莫大な富と家門の繁栄、そして名誉が得られると青年に持ちかけたのだ。だがこの奇妙な申し出には、二つの条件があった。「私と結婚することと、だれがあなたにいかなる言葉をかけようと、土曜日に私がどこにいるか、どこに行き何をするかを詮索しないこと」そして誓いを守らねば「あなたは私を失い、二度と姿を見ることはないでしょう。そしてあなたの子孫は没落を始めることになります」と予言した。

メリュジーヌの不思議な威厳と優しげな雰囲気、そして何よりもその美貌に心奪われた騎士レイモンダンは、決して誓いを破らぬと誓約した。

鹿の革とメリュジーヌの結婚

メリュジーヌから忠告を授けられたレイモンダンの心は、激しくゆれた。だが乙女の言葉を信じることに決めて、ポワティエに戻ると罪悪感に駆られつつも皆と同じように伯を見失ったと報告した。だれもそれを疑わず、そして伯の遺体が発見された。下手人は見つからぬまま、人々は伯の死を悼んだ。

葬儀が終わると、レイモンダンはメリュジーヌに教わった通り、「"渇きの泉"近くの土地を、鹿の革一枚に包み込めるだけいただきたい」と新伯爵(エムリの長男)に申し出た。若き騎士は、それは忠実にエムリに仕えていたので、だれしもがその報酬を

第3章　神秘のプリンセス

妥当だと考えた。新伯爵は鷹揚に許可を与えて証書を作成したが、戻った見届け人から「切り裂かれた鹿の革の紐は広大な土地を囲ってしまいました」という報告を受けて心底驚いた。伯は何か不思議なことが起こりつつあることを知り、強い興味をそそられた。

一方で、新たに領地となった"渇きの泉"のほとりでレイモンダンを待っていたメリュジーヌは、いよいよ自分と結婚する準備はできているか、と問うた。むろんレイモンダンに異論はない。彼の心は、とうにこの不思議な乙女の虜となっていたのである。

再度ポワティエに出向いたレイモンダンは、結婚の証人としてポワティエ伯を始めとする多くの高貴な人々を式に招いた。招待の時に、当然ながらポワティエ伯は嫁となる貴婦人の素性を尋ねた。レイモンダンは誠実に、だがメリュジーヌとの誓いどおり答えた。「自分は彼女の家柄を知りませんが、まるで王女のように高貴な態度です。私は彼女程美しい人を他に知りません。気に入ったので、結婚したいのです」

釈然としないままに出発したポワティエ伯一行は、レイモンダンの新領地であるコロンビエ村に整えられた魔法のような式準備に驚き、天使か女神としか思えない程美しく着飾ったメリュジーヌに二度驚かされた。新婦の気品に圧倒された伯たちは彼女を称え、結婚式は盛況のうちに執り行われた。

新婚の床で、メリュジーヌはレイモンダンに囁いた。「もし約束を守るなら、あなたは家系で一番幸運な境遇を得られます。けれど逆のことをしたなら、あなたは大変な苦しみを味わい、領地の大半を失います。決して忘れないで下さい」

レイモンの幸運とリュジャナン家の繁栄

メリュジーヌは、夫が新たに獲得した領地を開拓させ、そして一族が住むことになる城を建造させた。莫大な費用を要したはずだが、人夫にはなぜか決まって土曜日に、十分な賃金が支払われた。メリュジーヌが持つ富には際限がないように思われた。城はポワティエ伯との相談の上、メリュジーヌの名前（「決して終わることのない不思議」という意味）を元にリュジニャンと名付けられた。メリュジーヌは同様に数多くの城や町、教会を建造させたといい、建設者として名高い。

一方レイモンダンは、メリュジーヌの言葉に従って出征し、ブルターニュの父祖伝来の領地を回復するという武勲をあげた。

レイモンダンとメリュジーヌの夫婦は仲睦まじく連れ添い、息子を10人もうけた。不思議なことに、この子たちのうち上の8人には身体に奇妙な特徴があった（顔が奇妙な形状だったり、先天的に赤かったりした）が、総じてどの子も人並み外れた能力の持ち主で、成長すると各地の王や侯となった。

メリュジーヌ

中でも一番の勇者となったのは、産まれた時から3cm程も歯が突き出ていた6男の"大歯のジョフロワ"である。このジョフロワは、二人の巨人を打ち倒し、数々の戦争に勝ち、父亡き後の領地の管理を任される。だがその大胆かつ冷酷な気性のため、家門没落のきっかけを作ってもしまう。

また兄弟の中で唯一、7男のフロモンだけが世俗に背を向け、マイユゼの修道院入りして敬虔な生活を送るようになった。

フォレ伯爵の失言と第一の裏切り

月日が流れ、子供たちは成長して各地の領主となり、リュジニャンは強大な権勢を誇る一族となった。

そんなある日のこと、現フォレ伯（レイモンダンの兄）が前触れもなく土曜日にレイモンダンの元を訪ねてきて、奥方に会いたいと切り出した。無論、土曜日はメリュジーヌが行方を詮索しないでと誓わせた日だ。妻を深く愛しているレイモンダンは、約束を守るために拒絶した。だが世間の様々な噂を聞き、弟が奇怪な奥方の魔法にかけられているのではないかと案じるフォレ伯は、いまだに若々しく美しいメリュジーヌが土曜になると姿を消すのは不倫しているからだというもっぱらの噂だ、調べてみろとレイモンダンをそそのかした。

嫉妬に我を忘れたレイモンダンは、剣を片手に妻が土曜になると篭る部屋へと駆けつけた。そして逡巡したのだが、結局疑惑には勝てずに、剣の切っ先で鉄の扉に穴を開け、中を覗いてしまったのだ。

「目をこらすと、メリュジーヌが風呂に入っているのが見えた。臍(へそ)までは、枝につもる雪のように彼女はとても白く、すばらしく瑞々しくきれいな体をし顔もさわやかで端正であった。本当のところ、かつて彼女程美しい女性はいなかった。しかし、その下には蛇の尾があり、全く大きく恐ろしかった。白と青の横縞がついていた。尾で強く叩き、水をかきまわしていた（『メリュジーヌ物語』松村剛訳）」

レイモンダンは、長年愛した妻の正体を今こそ知った。彼女は半人半蛇の妖精だったのだ！　むろん彼はショックを受け、思わず十字を切った。だが彼の胸に去来してたのは怒りではなく、妻の貞節を疑い、彼女がなんとか隠そうとした秘密を暴いてしまった苦い後悔だった。レイモンダンは悲憤のあまり兄にメリュジーヌは潔白だと罵声を浴びせると、城から追い出した。

エリナス王とプレシーヌ

　半人半蛇の妖精メリュジーヌ。実は彼女がレイモンダンの妻となるまでには、ある因縁の物語があった。

　彼女の父はアルバニア（スコットランド）の王エリナス、妻は妖精のプレシーヌという女性だった。レイモンダンがそうであったように、エリナスもプレシーヌと泉の側で出会って魅せられ、求婚した。やはり結婚にも「産褥の間は私を見てはなりません」という条件が付けられていた。

　プレシーヌはエリナスの治世を賢明に助け、国は富んだ。やがて二人の間には3人の娘が生まれた。メリュジーヌ、メリオール、パレスチーヌである。だが義母を憎んだ先妻の息子が言葉巧みに王をそそのかし、王に誓いを破らせ、3人の娘が産湯に浸かっている光景を覗かせた。タブーを破られたプレシーヌは、やむなく娘たちを連れてアヴァロン島へと帰らなければならなかった。彼女は島の女王の妹だったのだ（モルガンの妹ということになる）。

　プレシーヌは、約束を破られてもなお夫を愛し続けていた。だが15歳になって母から真実を告げられた娘たちは、全く逆の感情を抱いた。優しい母を裏切った父を憎悪し、妖精の力を駆使してノーサンバランドにある魔法の山に封じ込めたのだ。

　娘たちの復讐を知ったプレシーヌは激怒し、呪いで厳しく娘たちを罰した。

　パレスチーヌはカニグーの山に父親の莫大な財宝と共に幽閉された。そして彼女たちの血統に連なる騎士が財宝を発見し、聖地の征服に使うまで、その幽閉は続くと決められた。

　メリオールが閉じ込められたのは、大アルメニアの通称"ハイタカ"の城の中だった。この城には名の由来となった見事なハイタカが飼われており、メリオールはその番人とされた。ここで彼女の代わりに3日3晩寝ずにハイタカの番をした騎士には望みの褒美が与えられるが、彼女の体と心だけは望んではならなかった。永遠の乙女であることもメリオールに与えられた罰の一部だったからだ。

　そして最も罪の重かったメリュジーヌには、毎週土曜日に下半身から下が蛇に変じるという呪いがかけられた。

　半妖精から文字通りの妖精と化すこの呪いを逃れ、生涯を一人の人間の女性として暮らすための条件が「お前を妻に望み、土曜日に決してお前を見ないと約束する男と出会うなら、もしその男が少しもおまえの正体に気がつかないか、気がついてもそれをだれにもいわないなら、お前は普通の女として生涯を送り、普通に死ぬでしょう」ということだったのだ。

第2の裏切りとメリュジーヌの別れ

　自責の念に駆られてベッドで震える夫を、メリュジーヌは優しく抱きしめた。彼女は夫の裏切りを知らなかったわけではない。ただ深く後悔する夫を、見かねて、愛ゆえに一度は黙ったまま許したのだ。
　だが悲運は続く。7男のフロモンがマイユゼの大修道院に入ったことに激昂した6男"大歯のジョフロワ"が、そのことで修道士たちを憎み、あろうことか大修道院の百人の修道士を弟もろとも焼いたのだ。その現場を見て戻ったレイモンダンは、絶望的な思いでフロモンを悼み、ジョフロワを死なせる決意を固め、己の運命を呪った。そして私室に入ってきてジョフロワを擁護するメリュジーヌを、臣下たちの目前にもかかわらず「この蛇女め！　おまえの一族は一生よい行いはしないぞ！」と、激情のままに罵ってしまった。
　これを聞いたメリュジーヌは、衝撃のあまりその場に気絶して倒れた。
　レイモンダンはすぐに後悔したが、もはや後の祭りであった。介抱を受けて目覚めたメリュジーヌは、「ああ、何たること、レイモン！　間違いなくあなたに会ったのが不運だった」と嘆きながら、自分の愛が本物であったこと、誓いが破られた上は彼女は去らねばならず、家門は没落の一途を辿るであろうことを語った。その悲しげな様は、涙なくしては見られないものだった。だが残ってくれという夫の懇願に、メリュジーヌは静かに「それは無理」といい、子どもたちの行く末について予言と指示を残して、ふらりと城の窓枠の上に立った。「さようならレイモンダン、私が純粋な心で愛した方。もう二度と会うことはありません」
　彼女は自分が愛したすべてにさようならを告げ終えると、高い窓からさっと身を躍らせた。すると身体は見る間に翼を持つ巨大な蛇の姿に変じ、大空に羽ばたいた。メリュジーヌは、まるで別れを惜しむように3度城の周囲を回り、鳴き声をあげた。それはとても奇妙だったが、どこか物悲しく、哀れを催させる声だったという。
　こうしてメリュジーヌは、レイモンダンの眼前から姿を消した。後に彼女は、後に残した幼い息子たちに乳を与えるためにリュジニャン城に姿を現したというが、それを目撃できたのは、金縛りにあった乳母だけだったという。
　そして遠い地で修道士となって隠遁したレイモンダンが生涯を終える3日前になると、リュジニャンの城に大きな雌蛇が現われた。「城主の交代が迫るたびに、その3日前に現われる」とメリュジーヌが宣言していた通りに。この蛇は、その後フランス王と城主が交代するたび姿を見せたと伝説は語る。

妖精姫の系譜

　現代に伝わるメリュジーヌの伝説は、大筋を14世紀の物語作家が相次いで著した本に拠っている。この二冊の本において、メリュジーヌは当時既に没落していたリュジニャン家の祖先であったとされている。リュジニャン家は、キプロスやエルサレムなどの王を輩出したフランスの有力貴族であったが、この当時には没落しており、本領のポワティエも失っていた。二冊の本は、それぞれポワティエを回復しようとする旧リュジニャン家の関係者が、己の正統性を主張するために書かせたプロパガンダ的な色調の強いものだった。

　だがメリュジーヌ伝説自体の起源は、これより古い。リュジニャン家は、ポワティエに伝わるメリュジーヌの物語を自分たちの縁起神話に組み込むことに成功したが、「夫に幸福をもたらすが正体を暴かれて消える妖精妻」の伝説は、もっと昔からこの地方に伝わっていたのだ。

　メリュジーヌ自身の直接的なモデルが、イギリスとフランス二つの国の王冠を被り、ポワティエ公爵夫人でもあったアリエノール・ダキテーヌであることに疑いの余地はない。アリエノールはスコットランドの出身であり、ポワトゥー地方に教会や要塞などを数多く築いた建設者であった。元フランス王妃にもかかわらずイギリス王と再婚した彼女は、フランスにおいては淫魔のごとく悪し様にいわれたし、子孫はヨーロッパの王侯として数々の偉業を為し、没落していった。だがそれも、「この物語上でのモデル」だ。

　さらに古い、リュジニャン家に縁起付けられる前の民間伝承における妖精妻は、教会のミサに出席することを拒み、魔法を使い、動物（特に蛇）の正体を暴かれて消え去るという共通の特徴を備えている。物語において、メリュジーヌ（プレシーヌ）がアヴァロン島に縁付けられているのは、故なきことではない。彼女はキリスト教によって排斥された古い異教の魔女であり、その根を辿れば古代の地母神までたどり着くのだ。

　妖精であり人間ではないメリュジーヌは、いくら望もうと審判の日に救済を得ることはない。唯一、彼女がそれを得る道は、愛した男の手によって断たれた。だがこれ程の裏切りを受けつつも、彼女は自分の子孫たるリュジニャン家とポワトゥーの人々を見守り続けた。それはメリュジーヌが、半分は人間の血を引く混血児として人に否応なく惹かれる宿命のせいであり、また限りない慈愛を持つ大いなる母、地母神の系譜に連なる妖精の姫だからなのだろう。

────── ラプンツェル ～塔の中の乙女～ ──────

　人里離れた森の中に、寂しく立つ一本の塔。
　塔の根元には、一匹の恐ろしい竜がとぐろを巻いて眠り、だれも塔に近付かぬよう見張っている。竜が守るのは、一人の美しい姫君だ。塔の最上階に囚われたまま、わびしく青春の日々を送っている。いつか勇ましい王子が現われ、自分を虜の身から解き放ってくれるのを待ちわびながら……。
　ファンタジー物語や西洋の民話で定番の、高い塔の上に幽閉された囚われの姫君というイメージ。その源泉であるのが、ここに紹介するラプンツェル姫だ。
　『ラプンツェル(髪長姫)』は西洋に広く伝わる民話の一つで、日本ではグリム兄弟が記録した版が有名である。

　物語のヒロインである「ラプンツェル(野ヂシャ：欧州によく見られるサラダ菜)」の名は、彼女の母親が妊娠中にラプンツェルを食べたくて食べたくて仕方なくなってしまい、夫に頼んでお隣の魔女の菜園から盗み取ってもらったことに由来する。盗みの現場を押さえた魔女は、「産まれてくる赤子を譲り渡すなら大目に見てやろう」と脅し、怯えた夫を首尾よく承知させた。魔女は女の赤子が無事に産まれるとすぐさま現われて、女の子をラプンツェルと名付けると、連れ去ってしまったのである。
　魔女のもとで12歳になったラプンツェルは、世界で一番美しい子供に成長した。そこで魔女は彼女を、出入り口や階段がなく、てっぺんにだけ部屋と小窓がある塔に閉じ込めてしまった。用がある時には、塔の下で叫べばよかった。そうすればラプンツェルが髪の毛をほどいて窓から垂らすことになっていたので、それを梯子がわりに塔に登ったのだ。
「ラプンツェル、ラプンツェル。お前の髪をたらしておくれ」
　ラプンツェルの髪はまるで金糸を束ねたかのような、それは見事な金髪で、編み解いてしまえば塔の下まで届く程の長さだった。
　少女が閉じ込められてから、ずいぶんと歳月が流れたある日、森の中を通りがかった若い王子が、たまたまラプンツェルが塔の窓辺に立って美しい声で歌っているのを見かけて、一目で恋におちてしまった。階段も入り口もない塔への入り方を、魔女のやり方を盗み見て知った王子は、夜陰にまぎれて合言葉を語り、ラプンツェルを声色で騙して髪を降ろさせた。
　上ってきた王子を見て、ラプンツェルは最初こそ驚いたものの、すぐに若い王子に好意を抱き、魔女に内緒で毎日愛し合うようになった。だが無垢なラプンツェルに、秘密を守り通すことはできない。つい口を滑らせてしまったために、罰当たりめと罵る魔女に3つ編みの髪をジョキジョキ切られ、荒野に追放される。すでに身ごもっていた彼女は、荒野で男女の双子を出産した。
　そうとは知らぬ王子は、いつもどおり合言葉を言い、降ろされた髪の毛を伝って塔へと

上った。そして待ち受けていた魔女から辛らつな嘲りの言葉と共に恋人と引き離されたことを知らされ、絶望のあまり発作的に塔の窓から身を投げてしまう。一命は取り留めたものの、王子は両目を失い、木の根や草を食べながら2、3年も森の中をさまようことになった。やがて荒野へとたどり着いた彼は、運命に導かれるようにラプンツェルの住処へとたどり着く。そして再会に涙するラプンツェルの涙の雫が王子の両目に落ちると、不思議にも王子の目は癒え、二人は幸せに暮らした。

　出入り口のない高い塔の最上階に幽閉された若く美しい姫君。塔の下まで届く程長い姫の金髪に、それを伝って逢瀬を重ねる恋人。
　幻想に満ちたイメージに彩られるラプンツェルの物語は、数あるグリム童話のなかでも特に人気があり、絵本の題材に選ばれることも多い一編だ。勇者の救出を待つ囚われの姫君の物語は古くから数多いが、グリムの「ラプンツェル」は19世紀に世界に紹介されるや否や、たちまちそうした物語の代表作の一つにあげられるようになった。不遇な姫君は塔に幽閉されて助けを待つもの、という広く定番となっている情景イメージは、この「ラプンツェル」が作りあげたものといっても過言ではないかもしれない。決して古いものではないだけに、グリム童話が物語の世界に及ぼした影響には驚かされる。
　さて、ラプンツェルという姫君は、なかなかに興味深いキャラクターだ。女の子としての自覚を抱く年ごろになると、魔女は彼女を世間から隔離し、塔に閉じ込めて育てあげた。つまり、ラプンツェルは大事に育てあげられた完璧な箱入り娘なのである。グリムの書いた初版では、ラプンツェルと王子の密会は、お腹が大きくなってきた姫が魔女に「洋服がきつくなって着られなくなったんだけど、どうしてかしら？」と訊ねたことから発覚する。ラプンツェルは子供はどうして出来るのか、妊娠するとどうなるかさえ知らない程、純情無垢な娘だったのだ（この描写は、あまりに露骨に性を意識させるということで、後の版では刺激の少ない形に変えられた）。
　しかしその純潔を惜しげもなく捨て、姫は恋する王子との愛に踏み出し、結果として早すぎる妊娠と生活苦を背負ってしまう。苦労を重ねながら双子の子供を育て、やっと王子と再会したラプンツェルは、もはや昔の何も知らない姫ではない。立派な母親であり、責任を負った大人へと変わっている。
　「ラプンツェル」は、いつまでも娘を無垢なまま保護しようとする親（魔女）から、娘（ラプンツェル）が痛みを伴う自立を果たす物語……成熟と成長の過程を描いたお話なのだ。

　ところで、グリム兄弟が『ラプンツェル』を書くにあたって手本にした原典は、実は民話ではない。彼らは18世紀の小説を、元はドイツの民話に違いないと信じて童話に仕立て直したのである。しかしこの小説は、17世紀フランスの女官が書いた妖精小説を翻訳したものだった。そしてその女官は、地中海沿岸諸国に広く伝わっていた民話を題材として小説を書きあげたのだ。

第3章　神秘のプリンセス

　イタリアとその周辺に特に多く伝わっている原典とも呼べる民話では、ラプンツェルはプレッツェモリーナ（パセリちゃん）と呼ばれることが多い。お話の大筋はグリムのものとそう変わらない。妊娠中に何かの野菜を食べたくなった女が、魔女の菜園で盗みを見つかり、お腹の子供と引き換えに許してもらう。12歳前後に成長した娘は魔女に引き取られ、塔に閉じ込められて様々な魔法を学ぶ。そして髪を伝って会いに来た若い男と恋仲になるのだ。

　ただ明らかにグリム童話と違う点は、魔女が最初から育てたプレッツェモリーナを食べてしまうつもりの人食い婆であること、そして恋人二人が駆け落ちして魔女を出し抜くか、あるいは倒してしまうところだ。これは呪的逃走の民話であって、主人公の娘は悪辣な魔女の企みから逃げ切ることで、恋人との幸せな生活を手に入れる。元来は姫とその恋人が悪を懲らしめる、しごく王道な冒険譚という形でまとめられていたわけである。むしろこちらの結末のほうが、民話としても娯楽としても（ありふれているが）妥当な流れだろう。

　しかし世界により広く知られたのは、グリム兄弟が小説から仕立て直したラプンツェルのほうだった。グリム版は、塔の上に幽閉された髪長姫の儚いイメージと叙情的なエンディングを強調することで、元々は滑稽味すらあったお話から別の魅力を引き出した。そしてラプンツェルも、愉快な勧善懲悪物語のヒロインから、苦難を通し内面的な成長をするプリンセスへと新たな役柄を与えられ、再生したのだ。こうして誕生した『ラプンツェル』がどれ程強く読者の心を捕らえたか、もうわざわざ繰り返すまでもないだろう。

第4章
波瀾万丈の姫

PRINCESS

第4章　波瀾万丈の姫

戦国を生きた美人姉妹の運命

浅井三姉妹

Hatu, Gou, Yodo

地域：日本
時代：戦国時代
生没年：──
出典：──

お市の方を悲劇のうちに死なせた因縁は、
彼女の忘れ形見……3人の娘にも襲い掛かった。
戦国に翻弄された名家の三姉妹の運命を追う。

美しさゆえの悲劇

　戦乱の時代においては、血統には力がある。血筋がよく健康な跡取りの存在は、権力を固め、揺るがぬ支配を打ち立てるのに欠かせない。それゆえに、高貴な血統の姫君にとっては受難の時代とならざるをえない。血統に見目の麗しさが加われば、なおさら意に沿わぬ生涯を強いられることになるだろう。

　尾張織田氏の姫、お市の方は、まさにこの通りの悲劇的な人生を送った。戦国の世に生まれ、政略結婚と戦争に女の幸福を翻弄された彼女は、二度目の夫の自刃に殉ずることで、ようやく魂の安息を得た。

　しかし物語はそこで終わりではない。お市の方の忘れ形見の浅井三姉妹。今度は年若い彼女たちが、母の美貌と共に受難の宿命をも受け継ぐことになったのだ。

三姉妹それぞれの運命……次女、初

　お市の方の遺児たちは、天下人への道を邁進する豊臣（羽柴）秀吉の庇護下におかれ、大阪城に移り住んだ。卑賤の出身だった秀吉にとって、三姉妹は織田家の血というブランドを備えた、政略結婚の持ち駒だったのだ。

　この時長女の淀（茶々）は16歳、次女の初は15歳、3女の小督は11歳。戦国時代の娘としては、もう年ごろといっていい。ずっと一緒に育っていた三姉妹は、ここからそれぞれの運命を歩み始める。

　まずは次女の初（1570～1633。生年については異説あり）。彼女は三姉妹の中では、最も普通の結婚をし、波風の少ない生涯を送った。だが憂いと無縁だったわけ

ではない。

　初は大阪城でしばらく養育された後、天正15年(1588年)に18歳で京極高次という武将に嫁いだ。京極家は、元々は北近江の守護だった名門で、浅井家にとっては主筋に当たった。

　京極高次は浅井家滅亡後に信長に取り立てられた武将だが、能力は凡庸で、とりわけ状勢判断を苦手としていた。生涯に幾度も大失敗をして、自分の立場を危うくしている。例えば本能寺の変では明智光秀に与し、その後には柴田勝家を頼りと、誤った選択ばかりしていたのである。

　二度も敵対した高次が秀吉に許され、最終的には大津6万石の大名にまで取り立てられたのは、ひとえに閨閥の力のおかげだった。具体的には高次の姉(松の丸殿)が秀吉の側室であり、また初を正室としてもらっていたおかげだったのだ。そのため"ホタル大名"などと世のあざけりを受けたが、結果として京極家を再興した事実は高く評価されていいだろう。

　それに後年の高次は、最も肝心な所で状況判断を間違わなかった。その場面とは、慶長5年(1599年)の関ヶ原の合戦前夜。大津城という主戦場付近の要衝を領する高次は、大阪方(淀)に人質を送りながら徳川家康(小督の夫、秀忠の父)と誼を通じ、家康の西進に呼応して大津城に籠城したのだ。大阪方に攻められた大津城は1万5千の西軍を釘付けにするという大殊勲をあげた。東軍勝利の陰の立役者である。

　その功を家康に認められ、戦後に若狭一国8万石を与えられた高次は、その後つつがなく国を治め、慶長14年(1608年)に没した。高次と初の間には子どもができなかったので、小督の娘の初姫を養子にもらい、妾が生んだ長男と結婚させて、京極家の家督を継がせている。子宝には恵まれなかったものの、夫と添い遂げた初は幸福な結婚に恵まれたといえる。高次も武将としての評価はともかく、夫としては上々の人物だったのではないか。

　高次が没すると、初は38歳で剃髪し常高院と号した。関ヶ原合戦の裏切りで一時は疎遠となった姉、淀との関係も修復されており、そのまま仏門で夫の菩提を弔う平穏な日々を送るつもりだったろう。

常高院の奔走

　だが歴史は、この女性にもう一つ大きな役目を用意していた。

　慶長19年(1614年)11月に勃発した大阪冬の陣において、開戦時にたまたま大阪城内にいた常高院は、講和斡旋に奔走することになったのだ。大阪方の事実上の

第4章　波瀾万丈の姫

トップである淀の妹、将軍徳川秀忠の正妻である小督の姉、そして僧侶でもある常高院は、講和交渉にはうってつけの人材だった。

　大阪方の使者として二度の和平交渉に臨んだ常高院は、本気で両者の和を取り持とうと心を砕いた。その努力が実り、二度目の交渉で和議が結ばれた。常高院はほっとしたろう。しかし老獪な徳川家康は策士だった。常高院が苦心の末に締結した和睦条件をあっさり破り、大阪城の二ノ丸、三ノ丸の堀まで一気に埋め立てさせ、防御力のない裸城にしてしまったのだ。一言でいえば、常高院は大阪方を騙すために、体よく立場を利用されたに過ぎなかった。

　だがそれでも、常高院は東西の和解を諦められなかった。家康の実力をよく知っている彼女は、なんとか淀と秀吉の遺児、秀頼の命だけは助けたい一心だったのだろう。翌、元和元年（1615年）4月に、徳川家康が満を持して再出撃してくると、大阪方の使者として名古屋城にまで出向いて家康に会っている。だがそこで彼女を待っていたのは、厳しい最後通牒だった。「秀頼の国替えに応じるか、大阪城に集めた浪人を放逐せよ」

　持ち帰ったこの勧告を淀が黙殺し、大阪方が言い逃れのできない軍事行動を開始した時、さすがに常高院も望みをほぼ捨てた。しかし、彼女はまだ、落城必至の大阪城に留まった。肉親の情として姉を見捨てられなかったし、まだ交渉で淀と秀頼を救う手立てがあるのではないかと望みを繋いだのだ。

　だが奇跡は起こらなかった。大阪方は5月6、7日の会戦で大敗し、そのまま本丸だけの大阪城に、東軍がなだれ込んだ。交渉の機会を待ちながら城内に留まっていた常高院は、この時点でやむなく城を落ちている。東西の軍兵が入り乱れる中の、危険な脱出劇であったという。その際どさが、常高院がどれ程深く姉の身を案じていたかを示している。

　秀頼と淀は8日早朝に自刃、大阪城は焼け落ち、豊臣家は滅亡を迎えた。

　おそらく世の無常を深く感じたのだろう。彼女は余生を江戸の一角でひっそり過ごし、二度と表舞台に立つこともないまま、寛永10年（1633年）8月に64歳で没した。

三姉妹それぞれの運命……3女、小督

　小谷城落城の年に生まれた最も年若い小督（1573〜1626年）は、お市の方の娘というよりも、徳川家の2代将軍秀忠の姉さん女房として有名な女性だ。

　小督は、三姉妹のうちもっとも年少であるにもかかわらず、秀吉によって嫁に出されたのが一番早かった。北ノ庄城が落城した翌年である天正12年（1584年）、まだわずか12歳の時に、佐治一成という尾張大野城の16歳の城主に嫁がされているの

浅井三姉妹

だ。大変な幼な妻であるが、当時はこのくらいの年齢で結婚することもまれではなかったようだ。

けれど、このままごとのような結婚生活は1年も続かなかった。同年に小牧・長久手の合戦が起こったからだ。佐治一成の主君である織田信雄が、徳川家康と連合して羽柴秀吉と争った戦だ。一成も、当然ながら信雄に従って戦った。だが和睦後に、小督を与えたのに味方せぬ一成はけしからんと憤慨した秀吉が、強引に夫と離婚させてしまったのである。

生木を裂くように最初の夫との仲を割かれた小督は、文禄元年(1592年)に、秀吉の姉の子で当時の岐阜城主、羽柴秀勝と再婚することになる。秀吉の養子である秀勝は23歳、成長した小督は20歳であるから、今度は年齢、格共に釣り合いが取れた、似合いの夫婦といえた。だが結婚直後に文禄の役に出征した秀勝は、戦地で病死してしまう。

20歳にして二度も夫を失った小督は全く不運だ。しかし彼女は3度目の結婚で、ついに幸福を掴み取る。徳川家康の3男、徳川秀忠との婚儀。これこそ彼女の運命を一変させた、一大転機だった。

姉さん女房、小督

当時、小督は23歳で2度の結婚経験あり。秀忠のほうは初婚で17歳。姉さん女房の上に、いささか釣り合いが取れていないようにも思えるが、この結婚は存外にうまくいった。謹厳実直でまじめな人柄の秀忠が、年上の小督に惚れ込んでしまったのだ。後の人は、小督の他には一人しか側室を持たず、すっかり女房に頭が上がらなかった秀忠を"恐妻家"と笑った。そして若い夫を巧みに操縦し尻に敷いた嫉妬深い妻だったと、小督を評している。

だが2度も夫を失った小督が、3人目の夫で最愛の人である秀忠を、今度こそ決して離したくない、独占したいと願ったのは、むしろ女性の心理として当然ではないだろうか。秀忠だけでなく、小督の方も夫にぞっこんの可愛い妻だったのである。そして彼女は、夫を独占しても他人に文句をいわせないだけのことはきちんとやってのけた。女子ばかり続いて少し遅かったが、慶長9年に男子の竹千代(後の徳川家光)、慶長11年に国松(徳川忠長)を出産して見せたのだ(なお、先に生まれた娘の一人である千姫は、慶長8年に大阪城の豊臣秀頼の所に嫁入った)。

秀忠が慶長10年(1605年)に2代目将軍に任じられ、徳川幕府の基礎が着々と固められていた時期だ。将軍職が徳川家に世襲される流れが作られた丁度その時に、タイミングよく世継ぎを二人も産んでみせた小督は、さぞや得意であり、また幸福で

あったろう。
　そのために少し増長したものか、小督は病弱な竹千代(家光)よりも、聞き分けの良い次男の国松を可愛がって、末は将軍にしたいと願った。そして夫を丸め込んだはいいが、竹千代の乳母であるお福の方と対立し、家康にたしなめられている。小督悪妻説の根拠の一つとされる事件だ。
　天下の将軍を操る小督も、さすがに家康の意思はないがしろにできなかった。小督は、家康が治世策として定めた「長幼の序」の効用を理解できなかったわけだが、そもそも秀忠自身が3男で、次男の徳川(結城)秀康を差し置いて家督を継いでいる。この件で彼女を責めるのは、いささか酷ではないか。
　淀と秀頼の豊臣家を、夫の徳川家が攻め滅ぼした大阪の陣では、小督も心を痛めたはずだ。大阪方の淀は姉、秀頼は甥、そして嫁に出した千姫は自分の腹を痛めた娘である。気を揉まないはずがない。だが常高院(初)と違い、小督は表立って合戦を防ぐための行動はしていない。立場もあるだろうが、心情的に完全に徳川家の人間になっていたのだ。
　そのせめてもの罪滅ぼしなのか、小督は戦後の元和7年(1621年)に、淀によって建立された父、浅井長政の菩提寺で、焼亡した養源寺を再建させている。浅井一族のみならず、数奇な運命によって敵味方に分かれてしまった姉の淀と秀頼を弔う意味もあったのだろう。
　小督は、息子の家光が3代将軍の座に上ったのを見届けた後、寛永3年(1626年)に江戸城で世を去った。享年54。その血脈は、将軍家のみならず、娘の和子を通して皇室にさえ流れた。栄華を極めたといっていい。はじまりは不運ながら、三姉妹の中では最も幸福な一生を送った姫だった。

三姉妹それぞれの運命……長女、淀(茶々)

　長女の茶々(1567〜1615年)は、姉妹の中で最も数奇な運命に翻弄された姫だ。
　最年長の彼女は、秀吉に保護された天正11年(1583年)には16歳になっていた。結婚には一番ふさわしい年ごろである。なのに幼い妹たちばかりが嫁に出されるのを目の当たりにした彼女は、秀吉が自分の中に恋慕を寄せた母の面影を見て、欲望を抱いているのをひしひしと感じたはずだ。
　茶々には、母のお市に劣らず、豊臣秀吉を憎むに足る理由があった。さらに生来勝気な性格で、多感な年ごろである。簡単には運命と割り切れなかったろうが、秀吉は他ならぬ人蕩らしの天才だった。おそらく焦らず時間をかけて憎しみを風化させ、自分に靡くように導いていったに違いない。茶々の中で、憎しみは葛藤となり、

第4章　波瀾万丈の姫

やがて30歳以上も年上の秀吉を受け入れる心境へと形を変えていった。淀を悪役とする歴史小説などで描かれるように、豊臣家を滅ぼすための深慮遠謀とか、栄華に目が眩んだためとは到底思えない。

仇敵の愛妾として

　茶々が秀吉の側室となった正確な年月は不明だが、天正16年（1588年）には秀吉の子、鶴松（つるまつ）を懐妊している。翌年にはお産のために、淀（よど）（古）城が築城（正確には大改修）され、茶々は女主人としてそこに移り住んだ。歴史上、茶々が淀（淀殿、淀の方）と呼ばれるようになったのは、この時点からだ。

　この懐妊は一大事件だった。正室のねねの他にも多くの側室を抱えながら、長い間子宝に恵まれなかった秀吉は、跡継ぎの男子をほとんど諦めていた（それゆえ、現在に至るまで淀の浮気説がまことしやかに囁かれている）。それが53歳になって男子を授かったのだ。秀吉が狂喜したのはいうまでもない。子供は"棄（すて）"と名付けられ、次いで鶴松という幼名を与えられた

　鶴松の誕生は、政治的にも大きなインパクトをもたらした。天下統一への道を着々と歩んでいる秀吉……つまりは豊臣政権に、跡継ぎができたのだ。その生母である淀は、この時期から少しずつ存在感を増してゆく。

　天から思わぬ授かりものを得た秀吉は、天下人への意欲を新たにした。天正18年（1590年）に敢行された小田原征伐も、愛児に統一された形で天下を譲り渡したいという親心に後押しされていたのだ。もちろん、秀吉の淀への寵愛は大変なもので、小田原城包囲中の陣に特に名指しして呼び寄せている。

　だが両親の鍾愛（しょうあい）を一身に受けた鶴松は、天正19年の8月5日に病であっけなく他界した。せっかく北条氏、次いで島津氏を討伐し、日本統一を達成したというのに、譲り渡すべき相手がいなくなってしまったのだ。秀吉の落胆と憂悶はひどかった。同年に実行に移された朝鮮出兵は、3歳の愛児を失った秀吉が悲しみをまぎらわそうとしたのが直接の原因だという説さえある。この説は事実無根だが、秀吉は実際に「もう実子には恵まれまい」と観念し、関白の座を姉の子である秀次（ひでつぐ）に譲り渡して、自分は太閤として隠居する心境にまでなっていたのだ。

秀頼の誕生

　秀吉とは対照的に、淀は諦めてはいなかった。そして老いた夫を奮い立たせるように、文禄元年（1592年）に再び玉のような男子を産み落としたのだ。"拾（ひろい）"と名付

けられたこの子こそ、後の豊臣秀頼である。

　最後の気力を振り絞った秀吉は、死までの5年間を秀頼を天下人とするために捧げた。その熱意は常軌を逸しており、一時は後継者の座に据えていた関白豊臣秀次を、秀頼の邪魔になるからといって切腹に追い込み、一族を処刑させている。

関ヶ原合戦前夜

　だがこれ程秀頼の将来に心を砕いていた秀吉が慶長3年(1598年)に没すると、にわかに豊臣政権の先行きが怪しくなる。

　秀吉に膝を屈しながら静かに時を待っていた徳川家康が、一気に存在感を増し、天下の蚕食を始めたのだ。諸大名を自陣に取り込もうと工作する家康に、5奉行・4大老……特に石田三成を中心とする一派は反発を強め、やがて両派の対立は抜き差しならぬところまで高じてゆく。

　こうして勃発したのが、戦国時代最大の野戦、関ヶ原の合戦である。天下に野心を燃やす徳川家康の東軍7万4千と5奉行筆頭の石田三成率いる西軍8万4千は、慶長5年(1600年)9月15日に関ヶ原にて激突。激闘の末、寝返り工作を進めていた東軍が勝利を収めた。この結果、本気で秀頼と豊臣政権の未来を憂いていた大名の大半が壊滅してしまった。

　この天下分け目の戦いにおいて、淀と秀頼は意外にも中立を保った。秀吉の死後、二人は政治の中心である大阪城西の丸に入城し、主となっていた。この時大阪城には、西軍の総大将として毛利輝元が入っている。だから秀頼は西軍の旗印のようにも取れるが、実際にはあくまで「臣下どうしの争い」で介入しないという立場を貫いていたのだ。

淀という女性

　淀は、お市の方譲りの美貌ではあったものの、性格的には対照的な勝気で誇り高い女性だったといわれている。秀吉の手元で掌中の玉として慈しみ育てられたため、確かに気位は高かったようだ。それに流されるあまり、秀吉の死後の時代の流れを見誤った面はある。

　だが淀を悪者に仕立てあげた多くの創作物が描くように、彼女が驕慢と愚かさゆえに豊臣家を滅亡に導いた元凶というのは、少し違うように思える。そうした創作物や伝記の中では、淀を"武将"としての物指しで評価している。政略、軍略に長じ、生死の判断を下すことに慣れた男と同格に置いて語っているのだ。しかし淀は武

将ではない。蝶よ花よと育てられた姫君であり、秀吉の側室である。その彼女が、未亡人になるや否や、幼い秀頼の生母としていきなり政治に関わらざるをえない立場に置かれた。

淀は、慣れぬ役割を懸命に果たそうと努力した。秀頼を立派な跡継ぎになるよう熱心に教育し、家康との交渉では時にヒステリックに見える程豊臣家の面目に固執したのも、その懸命さの裏返しなのだ。生来の武将ではない彼女は、確かに幾度か現状認識を誤り、豊臣家を滅亡へのレールに乗せる手助けをしたかもしれない。だが豊臣家を滅ぼした主犯は、徳川家康なのである。淀は、その流れを止めようとしながら、逆に利用されてしまった哀れな未亡人……被害者なのである。そこを忘れてはならない。

削がれてゆく豊臣家の力

関ヶ原の合戦のおよそ3年後に当たる慶長8年(1603年)2月、徳川家康は征夷大将軍に任じられ、名実共に天下の実権を握った。

着々と徳川幕府の地盤固めを進める一方で、家康は淀に対する懐柔策も打っていく。征夷大将軍職は一代限りのものだと説明して不安を取り除き、秀頼を内大臣に任じ、孫娘で淀にとっては姪にあたる千姫を秀頼に嫁がせた。また無尽蔵とも思える豊臣家の軍資金を吐き出させるべく、淀に秀吉の菩提を弔うためと近畿一帯の寺社仏閣の修理や建立を勧めている。

人の好い淀が家康の巧みな政治手腕に翻弄されているうちに、豊臣と徳川の政治的実権は、完全に逆転した。家康が「秀頼の政務代行者」から事実上の「天下人」となったのは、だれの目にも明らかだった。その明白なものが見えないように、淀はあの手この手で目を眩まされていたのである。

秀頼の成長を待った日々

どうやら淀と大阪方は、秀頼が15歳で元服した暁には、徳川家から政権が返還されるものと信じて疑っていなかったらしい。だがその希望は、慶長10年(1605年)に家康が征夷大将軍職を3男の徳川秀忠(小督の夫)に譲ったことで、打ち砕かれた。徳川家康は、それまでの曖昧な態度を脱ぎ捨て、もう実権は徳川家で世襲するので、秀頼に戻す気はないと示して見せたのだ。

当然ながら淀の受けた衝撃は大きく、それまで協調路線を取っていた家康に対して態度を硬化させる。だがすでに時は遅く、時代の趨勢は覆せないところまできて

いた。慶長16年(1611年)、19歳の豊臣秀頼は、上洛して二条城に入った70歳の家康の所まで挨拶に出向き、両家の力関係が完全に逆転したことを内外に示した。淀は息子の暗殺を恐れたが、杞憂に終わった。

しかし……老いた家康は、豊臣家が表面上屈服の姿勢を見せただけでは、もはや安心できなくなっていた。一説には、二条城で会見した秀頼が想像以上の立派な青年に育っており、その将来の成長に恐れと不安を抱いたためともいう。淀はかなり教育熱心な母親であったから、秀頼がいまだ目覚めないとはいえ、前途有望な青年に育っていたとしても不思議ではない。

焦った家康は、慶長19年(1614年)に有名ないいがかり「方広寺鐘名事件(淀と秀頼が建立した寺の鐘銘に、関東が難癖をつけた事件)」を捏造すると、それをきっかけに豊臣家に最後通牒をたたきつけた。豊臣家と秀頼に徳川傘下の一大名に転落せよとする最後通牒を、淀と秀頼は蹴った。そして大阪城に13万もの兵を集めると、決戦の意思を表明したのである。

大阪冬の陣

こうして大阪冬の陣は勃発した。

淀は、秀頼が挙兵すれば豊臣恩顧の大名が駆け付け、まだまだ家康と互角の勝負が出来ると計算していた。だが関ヶ原で取り潰された元大名以外、現役の大名は誰一人として大阪城に入城しなかった。

これは大きな誤算だった。この時点で、さすがの淀も秀頼を天下人にする夢からは醒めたはずだ。

だが家康の方も、おおいに目論見は外れた。城攻めの名人、故太閤秀吉が築いた大阪城は、想像以上に堅固な難攻不落の大城郭で、さらに城内には12〜13万の関ヶ原浪人が守備兵として篭っていた。徳川方は20万の大軍で城を囲んだのだが、半月かかっても攻略の糸口すら見つけられなかったのだ。逆に唯一の弱点である南側の真田丸を攻め、手痛い敗北を喫した程だった。

見切りを付けた家康は、得意の謀略に切り替えた。まず大阪城中、淀の居室付近を狙って、大砲の一斉射撃をやらせたのである。そのうち一弾が居間の櫓を打ち崩し、淀の側に侍っていた女たち数名が打ち殺された。こうして淀など城内の女性陣(普通の武家と違って大阪城内では意思決定にまで関与していた)に恐怖心を与えたところで、すかさず和睦交渉を持ち出したのだ。

淀と秀頼にすれば、望んで始めた合戦ではない。和睦交渉に否やはなかった。けれど淀の妹、常高院(初)が奔走してまとめた講和条件には、家康の罠が仕掛け

られていた。和平締結後、徳川方の一方的な……だが計略どおりの破却作業によって、大阪城は外堀をすべて埋め尽くされてしまう。こうして太閤の遺産大阪城は、軍事拠点としての機能をほとんど失ってしまったのである。

大阪夏の陣……そして豊臣家滅亡

　そして冬の陣の終結から3ヶ月後の元和元年(1615年)4月、再び難癖をつけた家康は、豊臣家に大阪城の浪人を放逐するか、大阪城を出て国替えに応じるかの二択を迫った。淀と秀頼はこれを蹴っている。淀がつまらぬ意地から拒絶させたという説もあるが、家康の一連の横暴な行動を見れば、是が非でも豊臣を潰す気なのは明白だ。おなじ滅ぶのなら、せめて一戦に及んでと考えたのだろう。この時、もしかしたら淀の脳裏を、実の母であるお市の最期がかすめたかもしれない。

　夏の陣は戦う前から勝負がついていた。大阪城は、一切防御力を持たない裸城だ。落城は時間の問題でしかなかった。5月6日に戦端が開かれると、劣勢にも関わらず野戦を強いられた豊臣軍は、次々と出撃して華々しく玉砕していった。真田隊などは、圧倒的な劣勢の中で家康の本陣まで突入し、敵将の老い首まであと一歩の所に迫っている。だが大筋において徳川軍はよどみなく進撃を続け、早くも5月7日の夕刻には大阪城に突入。淀や秀頼、豊臣方家臣を本丸に封じ込めた。

　本丸の淀と秀頼、そして正室の千姫は、徳川方が迫ったら、天守閣に登り潔く自害する覚悟だった。二人とも戦の帰趨（きすう）に幻想は抱いていなかったのだ。しかし人の心は弱いもの。土壇場で近臣の懸命の懇願に動かされ、千姫を脱出させて秀頼の助命嘆願をさせることになった。そして自分たちは山里曲輪（やまざとぐるわ）の糒庫（ほしいぐら）に身を潜め、一縷の望みを託した吉報を待ったのである。

　勝気で自負心の強い女性ながら、淀は結局最後には、なんとか愛息秀頼の身を守りたいという願望に傾いたのだ。だがすでに時遅し。翌日8日の昼ごろ、徳川方の井伊直孝（なおたか）の軍兵が糒庫に鉄砲を放った。この砲声で助命交渉が不調に終わったと悟った淀、秀頼母子は、糒庫に火を放ち、炎の中で自刃して果てた。淀47歳、秀頼23歳。波乱に生きた淀は、生涯3度目の落城経験で、身に余る重責ばかりを背負わされた生涯についに幕を閉じたのである。

兄を凌いだお市の天下統一

　戦国一の美姫とうたわれながら、炎の天守閣に消えた薄幸の女性、お市の方。その血を継いだ浅井三姉妹も、3者3様ながら波乱の生涯を送った。

　戦国は男の世界である。女性は子供を産むための道具、政略結婚の道具とみなされた。系図にも名前さえ記されないことが多い。そこで美しく生まれついた姫に、自分の生涯や伴侶を選ぶ自由は与えられなかった。今日の基準で言えば、それはまごうことなき不幸だろう。

　けれどここで男の都合で綴られた系図を無視し、女の血統から戦国時代を眺めてみると、意外な事実が浮かび上がってくることがある。この浅井三姉妹の例など、その最たるものだ。戦国の争乱のはてに敗れ去り、途絶えたはずの浅井家の血……それが連綿と織田、豊臣、徳川に受け継がれているのだ。

　お市の方の兄、覇王織田信長は、天下布武に野心を燃やし、そのためには多くの人々を踏み潰し、血の河を渡りながら統一目前に本能寺で倒れた。

　だが野心の犠牲者の一人であるお市は、兄とは全く正反対の手段で天下を獲ってしまった。3人の姫君は、戦国の権力者たちに縁付き、子供を産むことで、結果として戦国時代を徐々に安定に導いた。淀と秀頼のような悲劇もあったが、それを乗り越えた後に徳川200年の太平を導いたのは、お市の血脈だったのだ。

　戦国時代は、男が武力を用いて生き抜こうとした時代だ。だが女も戦っていたことに変わりはない。己の身と血を介してできた繋がりを辿り、なんとか身内の戦乱を収め、平和を招こうとしていたのだ。

　そして最後に勝ち残り、天下統一と平和を実現したのは、信長の血統ではなくお市の血統だった。徳川家の3代将軍で名君として知られる、徳川家光。彼はお市の3女、小督の長男だ。戦乱の中においてさえ、武だけが争いを収める唯一の方法ではない。彼女たちの生涯を辿れば、そんな意外な真理が見えてくるだろう。

第4章　波瀾万丈の姫

復讐の連鎖を断ち切った姫
エレクトラ

Electra

地域：ギリシア
時代：——
生没年：——
出典：『エレクトラ』、『オレステス』ほか

母とその愛人の陰謀によって父を殺された少女は、復讐の怒りに燃えた。彼女は躊躇する弟を説得し、彼とともに実の母親の殺害を実行する。

アガメムノンの娘たち

　心理学に「エディプス・コンプレックス」という用語がある。これは古代ギリシアの悲劇からとられた言葉で、オイディプスという名のギリシアの一人の王が、運命の巡り合わせから父を殺して母と結婚してしまったという物語から、「男子の父への憎悪と母への愛情」を指して用いられる。

　一方、逆に「女子が父を愛し、母を憎む」という場合もあり、心理学用語ではこれを「エレクトラ・コンプレックス」と呼ぶ。エレクトラは、愛人と結託して父親を殺害した母に復讐を誓い、肉親殺しの悲劇へと突き進んだ気丈な姫君だったからである。

　ホメロスの描く叙事詩では、トロイア戦争においてギリシア勢の総大将となったアルゴスの王アガメムノンには、イピアナッサ、ラオディケ、クリュソテミスという3人の娘がいたとされている。この3人の名は後のギリシア悲劇ではイピゲネイア、エレクトラ、クリュソテミスと呼ばれるようになり、アルゴス王家の悲劇に関与することになった。

　事件の発端は、トロイア戦争に向かうギリシア勢を襲った長期の凪だった。風が吹かなければ軍勢を乗せた船団がエーゲ海へと出航できず、総大将アガメムノンは事態の解決を神に祈り神託をうかがった。だがアポロン神のお告げは、アガメムノンの長女イピゲネイアを生け贄として差し出せば順風が吹くであろうというものだったのである。

　アガメムノンは最愛の娘を犠牲にすることに悩んだが、数万の軍勢と諸国の英雄たちを従えているという責任感、そして勝利を手にしたいという野心と重圧に彼は決意。イピゲネイアが生け贄として神に捧げられると、港には風が吹き始め、軍勢はトロイアへと出撃することができたのであった。

だが、このことは戦中戦後のアガメムノンの人生に大きな影を投げかけてしまった。ギリシア軍最高の勇者であるアキレウスは、アガメムノンに己の名誉にしか関心のない非情な大将という印象を抱き、二人の関係の悪化は戦争を長引かせる原因となってしまった。

また、アガメムノンの故郷アルゴスでは、愛する娘を殺された妻クリュタイムネストラが激怒し、アガメムノンにはもはや家族への愛はないと、夫の従兄弟である愛人アイギストスと結託していた。勝利の帰還を果たしたアガメムノンは、待ちかまえていた妻とその愛人に謀殺されてしまったのだった。

だがこの家族殺しの呪いは、復讐の連鎖となってクリュタイムネストラにも降りかかることとなった。次に刃を握ることになったのは、クリュタイムネストラの子供たち、長男オレステスと次女エレクトラだったのである。

エレクトラの復讐

エレクトラの母とその情夫への復讐劇は、古代ギリシアの3大悲劇詩人と呼ばれたアイスキュロス、ソフォクレス、エウリピデスがそれぞれ作品を残している。3つの物語には筋の進行や設定にかなりの相違があるが、共通しているのは父殺しに対する復讐を行うべき長男のオレステス以上に、その姉であり女であるエレクトラが執念を燃やし、激しい気性をさらけ出すという点である。

そんなエレクトラの物語は、父アガメムノンが殺され、その従兄弟にして殺人者であるアイギストスと母クリュタイムネストラが王位に就いた直後に始まる。夫アガメムノンを殺し、愛人アイギストスと結ばれたクリュタイムネストラは、アガメムノンとの間の子であるエレクトラとオレステスの存在が邪魔だと思うようになっていた。自分がイピゲネィアを生け贄に捧げたアガメムノンに対する怒りを覚えたように、子どもたちも父親を殺した自分を恨むに違いないと考えたのである。彼女は己の行為の結果を、ことの後にようやく悟ったのだ。

もちろん新たにアルゴス王となったアイギストスにとっても、真の後継者であるオレステスは邪魔な存在である。二人はまだ12歳になったばかりのオレステスの殺害を試みた。だが弟の危機を察したエレクトラは、彼を密かに王宮から連れ出し、ポキスという国へ脱出させた。

オレステスを逃がしたこと、そして父の殺害を公に非難したことで、エレクトラは母とその情夫から恨まれ、奴隷同然の召使いとして迫害され、虐待を受けた[注1]。それ

註1：3大悲劇詩人の各作品ではそれぞれ、エレクトラの境遇には若干の差がある。エウリピデスの『エレクトラ』では、エレクトラは名もない貧しい農夫と結婚させられた。

は妙齢のエレクトラに求婚者が現われ、その世継ぎが復讐者となることを恐れたためでもあった。二人はエレクトラとクリュソテミスの二人を女として扱わず、妻となることを許さなかったのである。

だがエレクトラは反抗的な態度を改めず、夜になると一人で涙を流した。彼女の支えは、いつか成長した弟が、復讐を果たしてくれるはずだと信じることだけだった。

一方、エレクトラの妹であるクリュソテミスは、姉よりも気が小さく、慎重で、現実的だった。クリュソテミスは父に対する正義といったエレクトラの漠然とした怒りとは反対に、悲惨な今に耐え、運命がより一層悪くなるのを防ぎたいと考える女性だった。彼女は心の奥底では姉と同じように母とその愛人が玉座にあることを嫌悪していたが、母の言葉に素直に従い、恨み言や反抗的な態度はいっさい表に出さなかった。

エレクトラはそんな妹が歯がゆくてしかたなかった。もちろん、彼女も自分と同じように苦しんでいることは分かってはいたが、その母に対する従順さは時として、苦悩に耐えて反抗を続ける自分を惨めに見せた。

クリュソテミスはいつも姉のことを気にかけ、彼女が母親に頼まれたアガメムノンの墓への供物を供えようとした時、エレクトラが「お願いだからあんな女の捧げものを、神聖な父の墓に置かないで」という姉の願いを聞き、供物を投げ捨てたりもした。

だが、彼女の方からエレクトラに願い出た、母や新たに父となったアイギストスを怒らせ、境遇をより厳しくしないようにという訴えはエレクトラを怒らせ、彼女は妹を臆病者、卑怯者となじり、二人の仲はかえって険悪になってしまった。

そんなある日、一人の使者がアルゴスの王宮へとやってきた。彼の持ってきたのは、エレクトラが唯一の望みを託していた弟オレステスの死の知らせであった。エレクトラはこれを聞くと絶望にうちひしがれた。

クリュソテミスはそんな姉に同情し、自分に出来ることであれば力になりましょうと申し出た。弟を失った以上、もはや復讐の術はないと落胆していたエレクトラは自暴自棄となり、女で二人ならばどうにかなるかもしれないと、妹に自分と共に復讐を果たそうと持ちかけた。クリュソテミスは恐怖におののき、そんなことはできないし無謀すぎると姉の申し出を断ってしまった。

苦悩し、躊躇するクリュソテミスを見つけていたエレクトラは、いよいよ頼れるものは自分だけだと感じた。だが、クリュソテミスがいうように女二人でも不可能であろう復讐を、自分一人で出来るわけなどない。そう思うと、それまで張りつめていた気持ちはぷつりととぎれ、彼女は悲しみに顔を覆った。

そんな時である。クリュソテミスが彼女の前に再び現われ、晴れやかな顔でエレクトラを呼んだ。何が起きたのだろうといぶかしがるエレクトラにクリュソテミスは、父アガメムノンの墓に一房の髪の毛が供えてあったと伝えた。そのころの習慣では、そ

エレクトラ

第4章　波瀾万丈の姫

んな供物を捧げるのはアガメムノンの肉親でしかあり得ず、しかも愛人に熱中している母親はいうにおよばず、ずっと屋敷にいた二人の姉妹もそんな供物は捧げていない。となると、考えられるのはオレステスが実は生きていることだけだった。

そしてその直後、そのオレステス本人がエレクトラの前に姿を現したのである。彼はアポロン神のお告げに従って、父の復讐を果たすためにようやくもどってきたのであったが、宮廷での身の危険を感じたため自らの死という偽情報をあらかじめ宮廷に流しておいて、その後に密かに帰還を果たしていたのであった。これは放浪の生活を続けた間、ずっと彼の面倒を見ており、アルゴスまで彼と共にやってきたピュラデスという名の友人が発案したアイディアだった。

この思いがけぬ再会にエレクトラの心は安堵に満たされ、次いで新たな闘志がわき起こってきた。オレステスは親友ピュラデスと二人で武器を構え、宿敵であるアイギストスの帰宅を待ち受け、父の殺された浴室で復讐を遂げた。

だが、次に母クリュタイムネストラを刃にかけようという時、オレステスの心に不安がよぎった。彼女を殺せば、自分は肉親殺しとなってしまう。そもそもアガメムノンとアイギストスの対立は、かつて兄弟だった二人の祖先が殺し合ったために生じた呪いだった。オレステスは、そんなアルゴスの王家に伝わる血なまぐさい伝統に、自分も加わってしまうと恐れたのである。

そんなオレステスを見たエレクトラは、母殺しの罪を担うことになると躊躇する弟に、復讐を果たさねば神託を与えたアポロン神に背くことになると訴え、彼が自分を育ててくれた母に剣を向けるなど出来るものかと嘆くと、その母親は自分たちの父を謀殺したのだと励ました。

そしてついに決心したオレステスが、母クリュタイムネストラの胸に刃を突き立てようとした時、エレクトラは弟の握る剣に手を添えて力を込めた。彼女は弟と母殺しの罪を共有したのである。それは弟の決心を力と責任の両面で後押しする行為であり、さらに自分自身の怒りと苦悩を、それを与えた母へ送り返す、彼女自身の復讐の一撃なのだった。

姉弟の復讐は成就し、長年アルゴスの王家を襲い続けた肉親殺しの連鎖には終止符が打たれた。父が息子を、弟が兄を殺し続けてきたこの家系において、娘の母殺しが唯一、男同士の血で血を洗う争いの連鎖を断ち切ることができたのだった。

こうしてオレステスはアルゴスの王位を継ぎ、エレクトラは弟の親友で、彼の陰となり日向となって力となってくれた誠実なピュラデスと結婚した。彼女は夫をポキス国の王へと押しあげ、自らその王妃となったという[註2]。怒りと悲しみだけが命の糧だっ

註2：一方、末妹のクリュソテミスは独身のまま生涯を終えた、とされている。

たエレクトラは、復讐の心を絶やさず、執念を燃やし続けた結果、ついに幸福と呼べるものを手に入れたのであった。

イピゲネィアの運命

　さて、エレクトラの復讐の物語の他に、アルゴス王アガメムノンを死に追いやる直接の原因となった事件、つまり実の娘を名誉と勝利のために生け贄に捧げた出来事にも、実は後日談がある。アガメムノンの長女にして生け贄の犠牲となったイピゲネィアの運命である。実は、イピゲネィアは生け贄の儀式で命を落とすことはなく、遠く離れた土地でトロイア戦争の結果も家族のその後の悲劇を知ることもなく、新たな人生を営んでいたのだった。

　物語はギリシアの軍勢が凪で足止めされていたアウリスの浜辺へと戻る。カルカスという名の予言者に「この凪は女神アルテミスの呪いであり、女神をなだめるために総大将の娘の血が必要だ」と告げられたアガメムノンは、家族への愛と軍の総大将としての責任に悩んでいた。

　だが彼は、そもそもこの戦争が、自分の弟であるメネラオスが妻ヘレネを奪われたために起きたものであることを思い起こし、戦いを続けることも家族への愛なのだと己を納得させたのである。そしてアガメムノンは、第一の勇者であるアキレウスが、自分の娘と結婚したがっているという嘘の手紙を家に送り、長女イピゲネィアを戦場へと呼び出したのであった。

　娘があまたの世に名を知られる英雄アキレウスの嫁となると聞いた、アガメムノンの妻クリュタイムネストラは、喜んで娘をアウリスへと連れてきた。だが、来てみるとすぐに様子がおかしいことに気づく。勇者の求婚の噂などどこにいっても伝わってこず、肝心のアキレウスはそんな話は聞いていないというのである。しかもさらに聞いていくと、どうやら総大将アガメムノンが、戦のために生け贄を必要としているというではないか。

　一方、何も知らないイピゲネィアは愛する父を抱きしめ、再会を喜んでいた。彼女は3人の娘の中で最も、後に父への愛から復讐を決意するエレクトラ以上に父親に対する愛情が強かったのである。アガメムノンはそんな娘の姿に心を痛め、娘に見せる作り笑いには悲しみの皺が刻まれていた。

　そんな時、真相を知った母クリュタイムネストラがやってきて、怒り狂って夫に詰め寄った。イピゲネィアはこの時ようやく、自分が花嫁になるためではなく、生け贄に捧げられるために呼ばれたのだということを知った。彼女は動転し、驚きと悲しみとに言葉を失った。自分が最も愛する父が、そして自分を愛してくれてもいるはずの父が、

第4章　波瀾万丈の姫

なぜ自分を殺そうとするのか理解できなかったのである。

イピゲネィアの心の動揺は治まる術を知らなかった。目の前では父と母とがこれまでに見たこともないような怒りの形相で言い争い、彼らがいる天幕の外では、大勢の兵士たちが「生け贄を捧げろ」と叫んでいる。さらにそこへ、彼女の許嫁だとされていた勇者アキレウスまでやってきた。イピゲネィアは偽りの花嫁とされたことを恥じ、とてもアキレウスの前には姿を見せられないと物陰へ身を隠そうとした。

そのアキレウスも、その顔は怒りに歪んでいた。彼は父親が娘を殺すための道具として、自分の名前が使われたことを恥じ、激怒していたのである。そして彼はまた、自分と結婚するのだと思いこんでここへ連れてこられたイピゲネィアに対して同情もしていた。彼はアガメムノンに怒りの言葉をぶつけ、自分の目の黒いうちは、断じてイピゲネィアを殺させはしないと言いはなったのだった。

イピゲネィアの周囲は喧嘩と怒号が渦巻いた。彼女はその中でただ震えおののくばかりだったが、次第に自分の命が原因で人々が争っているのだということに心を痛め、悩んだ。そしてそのうちに、父が自分を憎んでいるのではなく、彼もまた愛する娘を犠牲にしなければならないという立場に苦しんでいるのだということに気づいた。

そして彼女はついに口を開き、「みなさん、私の命のために争うのはやめて下さい。そもそもこの戦争は、ヘレネという一人の女性を巡って人々が争ったために生じたのです。私はそのような諍いを望みません。お父様がそうしなければならないと申されるのなら、私は喜んでこの命を捧げましょう。私の犠牲によってみなさんが戦いを終わらせることが出来るのなら、そのようにして下さい」と語った。

その声に周囲は静まりかえった。アガメムノンは娘の決心に安堵しつつも悲しみを新たにし、クリュタイムネストラは絶望に目を閉じた。名誉を汚された怒りとイピゲネィアの悲運への同情心から彼女を守ろうと立ち上がったアキレウスは、このイピゲネィアが見せた強さに心惹かれ、彼女を本当の妻にしても良いとまで思った程である。

だがイピゲネィアはアキレウスの愛情と献身の申し出を涙ながらに断り、自ら死の祭壇へと歩みを進めた。もはやだれにも、その決心を揺るがすことなどできず、彼らはただ一人の死を覚悟した女性を見守るほかなかった。イピゲネィアは死の刃の前にその身を横たえ、来るべき運命を待ちかまえた。

しかし、そんな彼女を見つめるものがもう一人いた。生け贄を捧げられることになった女神アルテミスそのひとである。アルテミスはなんの咎もない若きイピゲネィアが、自らのために進んで命を差し出そうとする姿に心を打たれたのである。

アルテミスは振り下ろされた刃がイピゲネィアの首を捉えるその瞬間に、彼女の身体を山羊と取り替え、その命を救った。人々は犠牲の祭壇に横たわった死体がイピ

ゲネィアではなく動物の屍であることに驚いたが、その命が女神のもとへ行ったのだということを疑うものはなかった。

　こうして生け贄の儀式は終わり、ギリシア軍はトロイアへの遠征を続けた。アガメムノンは娘を犠牲にした報いからか、帰郷後に妻と従兄弟に殺された。娘の死を悲しんだ母クリュタイムネストラも復讐の犠牲となった。だが、この悲劇のきっかけとなったイピゲネィアには、全く異なる運命が待ち受けていたのである。

　女神アルテミスは、助けたイピゲネィアをギリシアから遙か彼方の土地である、黒海沿岸のタウロイという国へと送った。そしてその地の領主に拾われた彼女は、アルテミス神殿の巫女としてそこに住まわせていたのだった。イピゲネィアはこうしたいきさつで、ギリシアとトロイアが戦っている間も、父王アガメムノンが妻に謀殺されている間も、その子どもたち、つまり彼女の妹弟たちが復讐を遂げている間も、何も知らずにタウロイの巫女として暮らしていたのである。

　しかし、巫女としての役目は彼女にとって、決して楽しいものではなかった。タウロイの民には旅人を捕らえて犠牲に捧げる習慣があり、イピゲネィアの仕事は捕らえられて殺されようという犠牲者に清めの儀式を施すことだったのだ。

　女神の思し召しによって生け贄を逃れた彼女が、自ら旅人の命を奪う手助けをすることになるとは皮肉なものである。イピゲネィアは毎日、与えられた宿命から逃れようと祈り、もはや青年に成長しているであろう、かつての幼き弟オレステスがいつか助けに来る日を願っていた。そして数年後、その願いがかなう日が来た。オレステスが親友ピュラデスと共に故郷アルゴスを出て、イピゲネィアの住むタウロイへとやってきたのである。

　実はオレステスは母親に対する復讐を果たした後、自らの罪の重さに苦しみ、精神的に不安定となり、アルゴスに住んでいられなくなっていた(註3)。そして、そんな彼を慮って同行したピュラデスと共に放浪の旅を続けていた。

　そんな彼らにアポロン神は「タウロイの国にあるアルテミスの神像をアテネに持ち帰れば、オレステスは救われるだろう」という神託を与えた。二人はこれを頼りに、姉の住む国へと誘われてきたのであった。ところが旅人を犠牲に捧げる国へやってきた彼らは、女神の像を手にすることなく囚われの身となってしまった。そして生け贄の儀式を行うためイピゲネィアの前に連れてこられたのである。

　イピゲネィアは幼い時分に別れ別れとなった弟の姿を見分けることはできなかったが、一目見て、彼らがギリシアの民であることを悟った。懐かしさがこみあげてきた。彼女は犠牲者たちに名を尋ねたが、二人は「これから死ぬ身であれば名乗らぬほう

註3：オレステスは復讐の女神に追われてアルゴスを飛び出した、とする伝説もあるが、意味するところは同じであろう。

第4章　波瀾万丈の姫

が名誉に傷がつくまい」と答えない。だが色々話すうち、イピゲネィアには彼らが自分の故郷であるアルゴスの者だということに気づいた。

　そこで彼女は、二人を助ける代わりに自分の境遇を書いた手紙を故郷アルゴスへ届けて欲しいと申し出た。オレステスとピュラデスは同意し、互いに約束を守ることを神に誓った。ところがその時ピュラデスは「もし自分が帰る船が難破し、手紙が失われ命だけが助かっても、約束を破ったことにはしないで欲しい」と条件を出した。イピゲネィアはしばらく考え、「ならば手紙の内容を聞いていって下さい。そうすれば手紙そのものがなくなっても、伝言は無事届くでしょう」と記されている己の境遇を二人に語り始めたのである。伝言は「弟オレステスが生きていたら、タウロイに住む姉を救いに来て欲しい」と結ばれていた。

　オレステスは話を聞いて驚愕した。では目の前に立っている女性こそ、死んだと思っていた実の姉イピゲネィアなのだ。彼女は生きていたのだ。彼は不意の再会に涙を流しながら、自らの正体を姉に告げた。姉弟は奇跡のような出会いに堅く抱き合った。

　こうなればことは単純である。女神の像を手に入れ、3人でこの国から逃げれば良いのだ。イピゲネィアは生け贄が「母殺し」の不浄にまみれた身体で神像に触れたので、儀式を行う前に両方とも海水で清めたいと願い出て、まんまとオレステスとピュラデスを、女神の像と共に海へ連れ出すことに成功、タウロイの領主が気づくころには、遙か洋上へと逃げおおせてしまった。こうしてアウリスで犠牲に捧げられ、父母の対立を呼んでしまったイピゲネィアは、ようやく無事故郷へと戻ったのであった。

　ところでイピゲネィアは再会の後、オレステスから父の謀殺と母への復讐について聞き、なぜそんな悲劇が起きたのかを弟に尋ねた。その原因がイピゲネィア自身の運命にあったことを知っていたオレステスではあったが、彼は「私が母に復讐を果たしたが、そのことはこれ以上聞かないでくれ」と言葉を濁したと神話は伝えている。

　故郷へ帰ったイピゲネィアは、エレクトラやオレステス、クリュソテミスらが苦しんだアルゴス王家の呪いを知ることになったであろう。そして自らもその苦しみの一端を担っていることで苦悩したであろう。だがそのことは伝説では語られてはいない。あるいはオレステスがアルテミスの神像を持ち帰ったことで呪いは解け、彼女は苦しまずにすんだのかもしれない。

　いずれにしても、イピゲネィアの犠牲によって始まったアガメムノン王とその子供たちを巡る一連の悲劇は、イピゲネィアの帰還によって幕を閉じたのである。

破滅をもたらす美女

夏姫

Xiaji

地域：中国
時代：紀元前6世紀ごろ（春秋時代）
生没年：──
出典：『春秋左氏伝』他

古代中国。ひとりの女性を巡って、幾人もの男が人の道から堕落し、あるいは祖国を裏切り、そして命を失った。その女性の名は夏姫。妖艶の美女である。

傾国の妖女、夏姫

　色に溺れて過ちを犯す男は数多い。それが戦乱の世において、国の要職をしめる程の人物であれば、色欲の末に待つものは多くの場合、非業の死である。
　同じ春秋時代に生きた傾国の美女である褒似や驪姫を差し置いて、中国4大美人の1に数えられる夏姫。彼女に溺れた多くの男たちも、当然のながら破滅し、無念の死を遂げた。
　夏姫は鄭の穆公と、その妾であった姚子との間に生まれ、隣国の陳へと嫁いだ女性である。その名が史書に現われるのは、実のところ紀元前600年を皮切りとしたほんの10年あまり。それも、断続的な記述の中に散見されるに過ぎない。
　しかしその間、夏姫は常に男たちの垂涎の的であった。その肢体を腕に抱こうと熱望した者は数知れない。そうした淫欲の徒はむろんのこと、周囲にまつわる人々をも巻き込んで、悲劇は次々と巻き起こる。
　渦中にある夏姫自身は、何を思うかただ静かに、諸々と男たちの思惑に従うのみ。宮廷に昇り詰めて権勢を振るったり、豪奢な生活に溺れようなどという動機は一切見当たらない。
　そのある種不気味な沈黙が、夏姫の妖しさを一層引き立てる。日本においても中島敦を始めとした多くの作家が題材とし、今なお一定の人気を博すのも頷けよう。夏姫には他の悪女とは一線を画す不思議な魅力がある。これから語られるのはその夏姫の半生、まさに妖艶と呼ぶにふさわしい、春秋時代の傾国の物語である。

第4章　波瀾万丈の姫

夏徴舒の乱

　鄭の公女として育った夏姫は陳の有力者であった夏氏の許に嫁ぎ、一人の息子を授かる。これはいわば政略結婚で、南北を強国に挟まれた小国の鄭が、隣国の陳との結びつきを強めるためのものであった。しかし、夏姫の陳入りは、結果として陳の寿命を縮める結果となる。夏姫の妖しい魅力が、権力者たちを虜にしたのであった。

　息子の徴舒（ちょうじょ）も成人に達したころ、夏姫は3人の男性と不倫関係にあった。時の陳の支配者霊公と、その側近ともいえる地位にあった孔寧・儀行父（こうねい・ぎこうほ）の二人が、貪欲にもその熟れた身体を欲したのである。

　夏姫は、国務も放り出して通い来る霊公ら3人を受け入れた。すっかり夏姫に入れ込んで正気を失った3者は、時に朝廷で堂々と夏姫の肌着を身につけてふざけ合うこともあったという。たまらず諫言した部下は、すぐに暗殺されてしまう有様であった。

　国は荒れに荒れた。遠方からの使者には迎えの者すらいない。人々は夏姫のための台を建築させられる名目で、不当な労働を強いられる。道路の整備も行き届かず、道も道と分からぬ程に雑草が伸び放題となっていた。

　それでも、夏姫が主賓となった背徳の饗宴は、飽くことなく続く。国のトップに言い寄られては拒む術もなかったとも想像出来るが、ともかく夏姫は求められて自ら拒絶するということをしない人間であった。

　夏姫がもたらす退廃の雰囲気を間近で見、最も居たたまれない想いを抱いていたのは、夏姫の子の夏徴舒であっただろう。ある時増長した霊公の言葉をきっかけに、ついに夏徴舒は行動を起こす。

　霊公はいつものように夏姫の家に上がり込んだ酒の席で、同じく欲にまみれた儀行父に向かって「徴舒は、お前に似ておるぞ」と趣味の悪い冗談を言ったのである。

　これに儀行父も「我が君にも似ております」と笑って返す。

　夏姫が多数の男性と通じていたため、息子はだれの子か知れたものではないと嘲弄したのである。憤慨した徴舒は、公が邸から出る時を見計らって、厩の陰から矢をもって射殺してしまった。徴舒の突然の造反に肝を冷やした孔寧と儀行父の二人は、自分の屋敷に戻ることもなくそのまま楚国へと逃げ去った。

　ここに陳は指導者を失う。紀元前599年の出来事である。翌年の冬、楚の荘王（そうおう）が夏徴舒の討伐を理由に陳へと進攻し、夏徴舒を討った。これにより、何とか陳国は再建することができたものの、夏姫の容色が引き金となり国が乱れたことは間違いない。まさに傾国の美女と呼ぶにふさわしい美の魔力である。

夏姬

第4章　波瀾万丈の姫

夏姫争奪戦

　夏徴舒が討たれた際、陳の腐敗の渦中にいた夏姫もまた、捕らえられて処刑されたとしても何ら不思議ではなかった。彼女によって犠牲を強いられた民衆の感情を考慮するならば、むしろ当然といってもいい。しかし、そうはならなかった。妖しく光る宝石のごとき容色が、ここでも男たちを魅了する。第二の波乱の幕開けである。今度は楚の国で、夏姫の争奪戦が始まった。

　はじめに夏姫は、楚国の台頭に大きく貢献し、春秋五覇と呼ばれる覇者の一人に数えられた荘王に見初められた。次いで武官の子反に、妻になるよう乞われる。しかし、夏姫を不祥の女と断ずる巫臣という男が強く諌めたため、夏姫はどちらの閨にも収まることはなかった。

　結局夏姫は、荘王の命により襄老という家臣に娶られる。楚での夏姫を巡る争いは、一時的な小康をみた。

　しかし、問題はすぐに起こった。紀元前597年、楚が北の大国である晋を打ち破り一躍威勢を轟かせた邲の戦いが勃発する。大局的には楚が勝利したこの戦いであったが、新たな夫の襄老は戦死し、亡骸を晋に奪われてしまったのである。

　なおも、夏姫の妖艶なる魔力はひと時たりとも男を巻き込む力を緩めない。その後夏姫は、襄老の息子の黒要と結ばれた。この黒要も、のちに悲劇的な末路を遂げることになる。

　こうした状況の中、虎視眈々と夏姫を狙う男がもう一人いた。だれあろう、荘王や子反を諌めて夏姫を諦めさせた巫臣である。彼は夏姫を我がものとするため、冷静に諌言するふりをして他の者を夏姫から遠ざけようとしていたのである。彼は襄老の死をきっかけに、夏姫の許へとやってきて言う。
「貴女はわたしがもらうから、いったん生家の鄭へと戻りなさい」
　巫臣は用意周到なことに、彼女の祖国鄭にも、夏姫を連れ戻すよう使いを送っていた。
　かくして巫臣の謀に乗せられた鄭から、夏姫へと使いがやってくる。
「襄老の亡骸を取り戻せそうなので、是非引き取るため鄭に帰ってきてほしい」
　夏姫はそれを王へと告げた。すると王は巫臣に助言を仰ぐ。巫臣は、巧みに嘘を紡ぎ王を信じさせ、夏姫を鄭へと送ることに成功した。さらに巫臣は鄭に手を回し、夏姫を妻に迎える手筈を整えると、慎重に自らが夏姫を追って出国する機を窺った。

　この時代、女性に結婚の相手を選ぶ権利はまずない。実家に手を回されて婚儀を決められては、夏姫はそれに従うしかない。夏姫は静かに時を待った。間もなく、荘王が没し次の共王が即位した時に変化が訪れる。晋・魯・衛の3国が斉へと攻

め入ったのに対し、楚は斉へと救援を送ることになったのである。これに先立って斉への使節へと選ばれた巫臣は、この機に乗じて家財をすべて携えて夏姫の許へと馳せ参じた。

巫臣は鄭へ着くと、副使に斉への礼物を持ち帰らせ、夏姫をともなって鄭を離れた。斉へと向かう手筈であったが、斉は戦に敗れたばかりであったので、方向を変えて晋へと向かい、晋の家臣となった。紀元前589年のことである。

巫臣一族の滅亡

巫臣に連れられ晋へと移った夏姫の耳に飛び込んだのは、楚での夫襄老の子にして自らの身体にも手を伸ばしてきた黒要の死、そして巫臣の一族滅亡の報であった。

これは、先に巫臣の忠告によって夏姫を断念した子反の仕業である。子反は、巫臣の出国を聞いて憤り、同じく巫臣に恨みを抱く者と共に、楚に残っていた黒要ほか、夏姫や巫臣に縁ある者を殺し、家財を奪い取る凶行を働いた。夏姫に近づいた黒要は父と同様に不幸な死を迎え、巫臣もまた闇雲に夏姫を求めたがゆえ、無為に罪なき一族を失うこととなった。

恨みを抱えた巫臣は晋公に助言し、楚の背後にある呉と親交関係を結び、己の息子を外交官として呉に遣わせた。楚は、晋と呉に挟撃されることになった。

夏姫を欲した子反は、その後晋との戦いのさなか主君である共王に殺された。陣中で飲酒し、王の招致に応じなかったのが原因であった。

楚は今や、賢者巫臣を失い、優秀な武官であった子反も失った。さらに、背後から呉はよく楚を侵した。関わるものを災いへと導くかのような夏姫の魅力は、過たず楚の国そのものにも降りかかり、楚の国力を大いに低下させることとなった。

夏姫と巫臣の生活はその後、歴史の影でひっそりと営まれる。夏姫を中心に不幸が引き起こされることを悟った巫臣が、あえてそのようにしたのかもしれない。少なくとも一人の娘がいたことを、歴史は伝えるのみである。

第4章　波瀾万丈の姫

破滅をもたらす女

　夏姫に関わろうとした者は悲劇の奔流に浚われていく。夏姫とは、何であったのか。

　夏姫は結局、多くの男性を魅了しながら、権力を得たわけでも大金を得たわけでもない。それどころか次々と周囲の者の死に見舞われ、陳から楚、楚から晋へと波乱に満ちた放浪生活を送る。それは例えるならば、誘われる方向にただ流れる水のようである。

　ほぼ同時代を生きたとされる老子は、流れる水の素晴らしさを説く。水は万物の中で最も柔軟で、謙虚に万物よりも下へと流れる。あるいは夏姫とは、当時としては理想の女性像であったのかもしれない。それゆえ多くの男性が惹きつけられたとも考えられよう。

　しかし夏姫は、あまりに柔軟すぎた。求めても求めてもすべてを受け入れるため、底が見えない。男はついつい深入りしすぎて、自ら底のない沼へと飛び込み、引き返すことも適わなくなるのである。歴史の記述を追えば、夏姫は男たちの欲望と戦乱の時代に翻弄されているようにも取れるが、その実、やはり翻弄されているのは男たちの方であったのだろう。老子はこうも言う。天下に水程柔軟でしなやかなものはない。しかし堅く手強いものを砕くのに、これに勝るものもまたない、と。

驪姫

　春秋時代の国を揺るがす程の女性としては、他に晋の献公夫人・驪姫が有名であろう。
　晋は現在の山西省西南部を占めた大国である。献公の時代は周辺の小国を滅ぼし精力的に領地を拡大していた。紀元前672年、晋の献公は驪戎を討ち、長の娘を連れ帰り妻とした。これが驪姫である（驪戎とは現在の西安の西、驪山に住まっていた者たちで、当時の王朝に従わず西戎と呼ばれた民族の一つである）。以来、献公は驪姫を寵愛した。
　献公にはすでに申生・重耳・夷吾の3男がおり、後継ぎは申生であると見られていた。しかしここで、さらに驪姫との間に奚斉が、驪姫の妹との間に卓子が生まれる。
　驪姫は自分の子を後嗣にと願った。宮中内での権力争いの始まりである。公の気に入りの優（俳優あるいは道化）であった施と密通し助言を受け、梁五と嬖五の二者に賄賂を送り、他の公子を都から遠ざけるよう公に進言させた。謀は功を奏す。公子らはそれぞれ辺境の地を奉ぜられ、中央には驪姫と息子の奚斉が残ったのである。驪姫はまず申生に狙いを定め、しきりに申生の不義を讒言し始めた。
　紀元前660年、献公は申生に辺境の夷狄を攻めるよう命じた。夷狄は大軍で勝利の見込みは少ない。驪姫に唆された献公が、申生を除きにかかったのである。このままでは申生は、戦死するか逃げ帰って罪に処せられるしかなかった。思惑を見抜いた部下が国を去るよう勧めたが、孝行者である申生は君命に背けず決死の覚悟で戦に向かった。その覚悟に部下も奮起したか、結果献公や驪姫の思惑は外れ、申生は夷狄を打ち破った。
　しかし、これで諦める驪姫ではない。紀元前656年、驪姫の次なる奸計が牙を剥く。今度は、孝に厚い申生の性格を利用した。驪姫の策略に乗せられて亡き母を祀る祭りを行った申生は、祭祀に使った酒肉を献公の許へと送った。驪姫は密かにその酒肉に毒を盛った。献公が酒を祀って地面に注ぐと、土が盛り上がる。不審に思って肉を犬に食わせば死に、宦官に与えるとやはり死んだ。すべて申生の仕業であると、驪姫は白々しくも泣いて訴える。これにより、窮地を悟った申生は自殺して果てた。申生はその気になれば釈明も可能であっただろう。しかし、自分の罪が晴れれば、逆に献公が讒言に踊らされたことが周知となる。父の名誉が汚れることを嫌った申生は、黙って自害を選んだのであった。
　驪姫はこの機を逃さず、「重耳・夷吾の両名も今回の件を承知していました」と献公に告げる。重耳と夷吾は献公の暗殺を避けて、別国へと逃亡する身となった。
　こうして巧みに公を誘惑した驪姫は、公の死後、まんまと自分の子の奚斉を公として立てることができた。しかし、卑劣な手段で他人を陥れて手にした栄光が、長く続くはずもない。すぐに反乱が起き奚斉は殺され、次いで立った卓子もまた殺された。この反乱で、驪姫も死に追いやられたのである。
　驪姫の伝承は、夏姫に比べて明確に政治に干渉しようとする意図が見て取れるため、より典型的な「悪女」の逸話といえる。

第4章　波瀾万丈の姫

復讐の姫君
クリームヒルト
Kriemhild

地域：ドイツ
時代：中世
生没年：──
出典：『ヴォルスンガ・サガ』、『ニーベルンゲンの歌』他

愛する夫ジークフリートを殺されたクリームヒルトは復讐を誓うが、それは血で血を洗う戦いとなり、実の兄や己の命をも滅ぼすこととなった。

ニーベルンゲンの伝説

　ドイツの英雄伝説で今日最も知られている物語の一つが、ワーグナーの『ニーベルンゲンの指輪』で描かれている「ジークフリート伝説」である。この物語は民族大移動期のころに誕生したとされ、その後中世のドイツ及び北欧へと語り継がれていった。
　クリームヒルト(註1)はこの伝説に主人公ジークフリートの花嫁として登場するが、ワーグナーの楽劇ではワルキューレであるブリュンヒルドとジークフリートの関係にスポットライトがあてられ、天翔る乙女や不死身の英雄、ラインの黄金、勇者の剣といった有名なモチーフと比べると影の薄い存在となってしまっている。
　だが、北欧に伝わる『ヴォルスンガ・サガ』及び中世ドイツの叙事詩『ニーベルンゲンの歌』では、彼女は伝説の中心的役割を演じる一人で、しかも物語の途中でジークフリートが死ぬと、その後は彼女自身が主役といえる立場を担うこととなる。
　伝説に語られるクリームヒルトは激しい気性と執念とで、勇者ジークフリートに勝るとも劣らぬ強烈な印象を残す。そこには後の騎士物語に登場する貴婦人とはひと味違う、古代ゲルマンの女性像が描き出されているのである。

英雄ジークフリートの花嫁

　叙事詩『ニーベルンゲンの歌』によれば、クリームヒルトは古代ゲルマン民族の一つであるブルグンド族の王女で、兄グンターが治めるライン川流域で暮らしており、彼

註1：クリームヒルトは『ヴォルスンガ・サガ』やワーグナーの楽劇では「グドルン」あるいは「グートルーネ」という名で呼ばれている。

女には王であるグンターの他にゲールノートとギーゼルヘルという弟がいた。
　さらに彼女の宮廷には知謀の家臣ハーゲンや豪腕の詩人フォルカーといった英雄たちが集い、その勇猛さは広く知られていた。そしてクリームヒルト自身も、幼いころから美しい姫として世間にその名を知られ、成長するに従いその美貌の噂はあまたの宮廷あるいは農村にまで広まっていった。
　だが、そんな豪傑の揃う宮廷に育ったためか、クリームヒルトは少女のころから淡い恋愛を夢見ることもなく、恋は儚く、悲しみをもたらすものだと信じて、母親にはいつも「自分は恋などせず、一生清いままでいたい」と打ち明けていた。
　しかし、そんな彼女はある晩、不思議な夢を見た。一羽の鷹が二羽の鷲に取り囲まれ、爪で引き裂かれるというものだった。目が覚めたクリームヒルトは、傷ついた鷹の記憶に心を痛めた。
　そんなある日のこと、姫の宮廷に一人の男が現われた。クリームヒルトはその男を一目見た瞬間、彼こそ自分が夢に見た鷹に相違ないと感じた。高潔で雄々しく、力と俊敏さを兼ね備えたその姿に、彼女は瞬時に恋に落ちたのである。
　その男は名をジークフリートといって、クリームヒルトの住んでいた宮廷から、ライン河を遙かに下ったネーデルラントに住むヴォルスング族の王子だった。ジークフリートはかつて、悪名高き竜を滅ぼし、その血液を身に浴びて不死身になるとともに、竜が持っていた「ラインの黄金」と呼ばれる莫大な財宝を手に入れたと伝えられていた。
　そして実は、このような勇者がクリームヒルトの宮廷を訪れた理由こそ、己に相応しい花嫁は、だれよりも美しいと噂される姫、つまりクリームヒルトに求婚することだったのである。
　クリームヒルトが即座に彼に恋心を抱いたように、宮廷に入ったジークフリートもまた、噂に違わぬ彼女の美貌にすぐに魅入られた。彼は彼女の兄であり王であるグンターに、王のために自分の力をすべて捧げるかわりに、クリームヒルトを妻にもらいたいと申し出たのであった。
　ジークフリートは己の力を証明するために、グンターにとって脅威であった周辺の国々を平定し、さらにグンター自身の花嫁捜しに協力した。グンターはそんな彼の献身と豪腕を信頼し、クリームヒルトは彼の活躍に心を熱くした。
　こうしてクリームヒルトは兄グンターの許しを得てジークフリートの妻となり、最も秀でた夫と皇太子妃の座、そして莫大な資産を手に入れたのである。だがこの時、運命は破滅の種をも、二人の間に植えつけていたのであった。

第4章　波瀾万丈の姫

ブリュンヒルトとの確執

　クリームヒルトがジークフリートと結ばれたのと同じころ、彼女の兄グンターも、ブリュンヒルトという美しい女性と結婚した。彼女はある北の国の女王で、しかも並の男では歯が立たぬ程、力も技も秀でた女戦士であった。

　ブリュンヒルトは己を妻に欲しいという男なら、自分と武術の勝負をして勝たねばならないと宣言していた。グンターはそんな彼女を屈服させるために、ジークフリートの力を借りたのである。

　ジークフリートは竜退治の時に手に入れた姿を消す魔術を使い、武術の競い合いではグンターの代わりにブリュンヒルトの一撃に耐えて彼女を打ちのめし、力比べでは姿を消したまま手伝い、グンターが豪腕の持ち主であるかのごとく見せかけた。

　そうとは知らないブリュンヒルトは、グンターの妻になることを承諾せざるを得なくなった。それでも初夜の床でグンターに抱かれることを拒んだ彼女だったが、またしても姿を消したジークフリートに組み伏せられ、素早く入れ替わったグンターに心を許すこととなったのだった。

　こうしてジークフリートは、グンターのためにブリュンヒルトを屈服させたのだが、己の勝利の記念にと、密かにブリュンヒルトの身につけていた腕輪を抜き取り、持ち去っていった(註2)。ところが、この腕輪の一件が、宮廷の二人の姫に不和をもたらすこととなったのである。

　王妃となったブリュンヒルトは、家臣であるはずのジークフリートが夫や自分に対して尊大な態度を見せることに苛立ち、また、クリームヒルトが自分の夫はどこのだれよりもすぐれた勇者だと自慢げに話すことに腹を立てていた。

　そして彼女はクリームヒルトに、なぜあなたはグンター王の妹でありながら王の家臣の妻となったのか、そしてどうしてクリームヒルトとジークフリートが、自分の夫である王と同等の扱いを受け、グンターがそれを許しているのかと尋ねた。

　クリームヒルトは、自分の夫は遠くネーデルラントの王子であり、兄グンターに力を貸しているだけで下僕ではないのだと主張したが、ブリュンヒルトは納得しないばかりか、自分の夫に対してジークフリートは謙った態度で接するべきであり、その妻クリームヒルトも自分に対して同じことをしなければならないと訴えた。

　これを聞いたクリームヒルトもブリュンヒルトの尊大さに腹を立てた。そして、彼女

註2：北欧の伝説『ヴォルスンガ・サガ』では、ブリュンヒルド（ブリュンヒルト）は周囲を燃えさかる炎で囲まれた館に住み、その炎を超えられる勇者だけが彼女を手に入れられるとされ、シグルド（ジークフリート）はグンターの代わりにその炎を超えて彼女を手に入れた。そして、その時にブリュンヒルトの腕輪を手に入れたことになっている。

クリームヒルト

第4章　波瀾万丈の姫

は夫から贈られた腕輪をブリュンヒルトに見せつけ「あなたとの力比べに勝ち、あなたを初夜の床で組み伏せたのが、実は私の夫であることをご存じないのですか」と、グンター王の結婚の秘密を暴露した。

クリームヒルトに恥をかかされたブリュンヒルトは激怒した。そして自分に屈辱をもたらしたジークフリートに復讐を誓ったのである[注3]。こうしてブリュンヒルトとクリームヒルトの口論は、宮廷を血に染めることになるのであった。

夫の死

ブリュンヒルトはこうしてジークフリートの死を願うようになったのであったが、グンターの宮廷には、これに乗じて利を図ろうとするものがいた。王の家臣の一人ハーゲンである。

彼はジークフリートが死ねば、彼が持っているラインの黄金をグンターの宮廷にもたらすことが出来ると考えた。そしてある戦いに出陣する際、クリームヒルトに不死身のジークフリートにもし弱点があるならば、私がそこをお守りしましょうと申し出た。

まさかハーゲンが邪心を抱いているとは知らないクリームヒルトは、夫を愛し、その身を案ずるあまり、ジークフリートの弱点が背中であることを打ち明けてしまった。彼は竜の血を浴びて不死身の力を身につけた時、背中に一枚の木の葉がついていたために、そこが弱点となっていたのである。

そしてやってきた出陣の時、ハーゲンはジークフリートの真後ろにぴったりと付き従い、戦場の混乱の中でその弱点に槍を突き立てた[注4]。そして彼の財宝を奪って川に沈め、何食わぬ顔で宮廷へと帰ってきたのであった。

夫の死を知ったクリームヒルトは悲しみと絶望に我を忘れた。なにしろ、決して恋はすまいという思いを超えて愛した、ただ一人の相手である。彼女は己のすべてをジークフリートへの愛に捧げていたのだ。

涙が去った後、彼女の心は夫を殺した敵に対する復讐の炎に満たされた。ゲルマンの民は身内に対する刃には必ず復讐を誓うのが常であり、しかもクリームヒルトは英傑揃いのグンターの宮廷に生まれ、その優しき身体には並の勇者以上に英雄の血が流れていたのである。

註3:『ヴォルスンガ・サガ』では、シグルド(ジークフリート)は以前にブリュンヒルド(ブリュンヒルト)に対して、彼女以外の相手を妻に娶らないと誓っていたが、グドルン(クリームヒルト)の母の魔術によって記憶を失ったためグドルンと結婚した。ブリュンヒルドは誓いを破ったジークフリートへの怒りを感じていたのである。

註4:『ヴォルスンガ・サガ』では、ホグニ(ハーゲン)は弟をシグルド(ジークフリート)の寝床へ送り込んで闇討ちにしたとされている。

クリームヒルトは、ジークフリートの弱点を知っていたのがハーゲンだけであり、証拠はないものの、彼こそが夫殺しの犯人であると確信していた。そして彼が自分を騙して、その口から秘密を聞き出したことに対して、ジークフリートを殺害した事実以上に怒りを感じていたのであった。
　それからの日々、彼女はハーゲンに対する復讐にすべてを捧げ、怒りを胸に秘めつつ、その機会をじっと待ち続けたのである(註5)。

フン族の王妃

　そのころクリームヒルトの兄グンターは、夫を失った悲しみを癒してやろうと、新たな結婚相手を探していた。そんな時、東方に覇を唱えるフン族の族長アッティラがクリームヒルトの美貌を聞き、妻に欲しいと使者を送ってきた。
　すべてをジークフリートに捧げ、他の男に嫁ぐことなど考えてもいなかったクリームヒルトは、この申し出に従うつもりなどなかった。そのため、新たな幸せを手に入れるべきだという兄弟たちの助言も、彼女の耳には入ってこなかった。
　だが、アッティラの使者であるリューデゲールという騎士は、主君とこの美しい女性が結ばれるべきだと信じ、もしフン族の王妃となるのであれば、自分はクリームヒルトのことを命をかけて守るでしょうと誓った。
　これを聞いたクリームヒルトの胸には、密かに復讐の計画が芽生えた。グンターの宮廷では家臣であるハーゲンの討つことはできないが、アッティラの一族の力を借りれば可能かもしれないと思ったのである。
　こうして彼女はリューデゲールの申し出を受けいれ、アッティラの妻となるためにフン族の地へと旅立った。そして盛大な結婚式と祝宴に迎えられ、クリームヒルトはフン族の王妃となった。だが、その心に燃えるのは復讐の炎だけであり、新しい夫の腕に抱かれても、二人の間に幼い王子が生まれても、彼女はその幸福を味わうことも、夫と息子を愛することもできなかったのであった。

血の復讐

　そして数年の時が過ぎた。クリームヒルトはフン族の王妃として多くの家臣に慕われ、忠誠の誓いを捧げられた。彼女はようやく復讐の時が来たと感じた。

註5:『ニーベルンゲンの歌』では、ジークフリートの死後ブリュンヒルトは登場しない。『ヴォルスンガ・サガ』では、ブリュンヒルド(ブリュンヒルト)はシグルド(ジークフリート)の葬儀の際に、遺体を焼く炎に己の身を投げ、自害したとされている。

第4章　波瀾万丈の姫

　彼女は、長い間兄弟に会っていないのは寂しいと訴え、ぜひグンター王とその臣下のものをフン族の宮廷に招いてもらえないかと願い出た。もちろんアッティラは妻の肉親と親交を得るのにやぶさかではなく、再びリューデゲールを使わして、グンター王を己の国へと招待したのである。

　招かれたグンター王は久しぶりに妹に会えると喜んだ。しかし、ジークフリートを殺したハーゲンだけは、この招待の裏にクリームヒルトの暗い恨みが潜んでいるのではないかと察し、一族郎党の勇者を引き連れていくことを決めた。

　こうしてやってきたブルグンドの王族たちは、アッティラの宮廷で盛大なもてなしを受けた。グンターは親戚となったアッティラと親しく交わり、懐かしい妹の姿に笑みを浮かべた。だが、クリームヒルトの怒りを秘めた視線は、ただグンターの後ろに立つハーゲンにだけ注がれていた。

　そして祝宴の後のある夜、クリームヒルトは己を慕う騎士たちを集め、彼を従えてハーゲンの部屋を訪ねた。そして彼に「わが夫ジークフリートを殺めたのは、そちであろう」と詰問した。

　ハーゲンは知謀巧みな人物ではあったが同時に勇者でもあり、クリームヒルトの疑いを嘘で否定したりはしなかった。彼はクリームヒルトの前にすっくと立ちはだかると、いかにも自分がジークフリートを殺したと認めたのである。

　これを聞いたクリームヒルトは周囲の騎士たちに、我が身の復讐のために力を貸して欲しいと訴えた。だが、ハーゲンがいかに剛の者かを知る騎士たちは、恐怖のために動くことができなかった。

　失望したクリームヒルトは、どうしたらフン族の男たちを戦わせることが出来るかと思案した。彼らが彼女自身のために命を捨てることができないのだとしても、フン族の王家のためなら戦うであろう、そんな考えが彼女の中に芽生えた。

　次の機会はブルグンド族とフン族の武術試合の時に訪れた。ブルグンドの勇者の一人フォルカーが誤ってフン族の騎士を殺害してしまったのである。だが、この時はフン族の王アッティラがフォルカーの名誉を讃え、臣下のものたちに怒りを抑えよと命じたため、大事には至らなかった。

　クリームヒルトはフン族の騎士が死んでも、ハーゲンに対する闘いが起こらないことにしびれを切らし、ついに最後の手段に出ることを決心した。それは自分の息子を犠牲にして闘いのきっかけとしようという、恐ろしい考えであった。

　彼女はまず、フン族の若き一人の戦士をそそのかして、ハーゲンの弟の寝床を襲わせた。これに対して、激怒したハーゲンは「身内を襲われたのだから、私も敵の身内に復讐しよう」とクリームヒルトの息子、つまりフン族の王子の首を刎ねた。

　一族の王子を殺されたフン族の郎党は復讐を誓い、たちまち宮殿はハーゲンを守

ろうとするブルグンド族と、怒りに燃えたフン族の激しい戦いの舞台となってしまった。だがこれはすべて、クリームヒルトが望んだことだったのである。

破滅

　戦いはなかなか決着がつかなかった。フン族は数では勝っていたが、勇猛さではブルグンドの英傑たちのほうが上であり、クリームヒルトの手勢は床を血に染めるばかりで、ハーゲンの首級を取ることができなかった。
　事が成就しない怒りに我を忘れたクリームヒルトは、彼らが戦っている館に火を点けさせた。燃え上がる宮廷で多くの勇者が命を失ったが、ハーゲンもブルグンドの王族たちもまだ生きていた。
　そこで彼女は、かつて自分をフン族の宮廷に招いたリューデゲールを呼び、以前の誓いを思い出させた。リューデゲールはクリームヒルトがアッティラの妻となる条件として、彼女のことを命をかけて守ると誓っていたのである。
　だが、リューデゲールは悩んだ。彼がクリームヒルトをフン族の宮廷に連れてきたのは、一族の幸福のためであった。さらに彼はハーゲンやグンターたちを宮廷に招待した使者でもあった。自分が招待した客人と刃を交えることなどできない、と彼は思ったのである。
　こうして婦人への誓いと客人への名誉の板挟みとなったリューデゲールは、誓いは守らねばならぬと燃えさかる宮廷へと入っていったが、彼が招いたハーゲンやグンターには手を出さぬと宣言し、グンターの弟ゲールノートと相打ちとなって果てたのだった。
　リューデゲールがアッティラの家臣の中でも、その高潔な人柄ゆえに慕われていた人物だった。その彼がブルグンド族に殺されたという知らせは、それまで戦いを傍観していたフン族の諸侯をも奮い立たせた。
　今や、グンターもハーゲンも逃げることもできず、アッティラの一族に取り囲まれてしまった。さらにおびただしい血が流れ、グンターのもう一人の弟ギーゼルヘル、そしてハーゲンの親友だった豪腕の詩人フォルカーも討ち死にした。
　残されたグンターとハーゲンは、もはや戦う力を失って囚われの身となった。クリームヒルトはついにハーゲンに自ら復讐を遂げる時が来たと信じた。戦いのさなかに二人の弟を失ったことにも、自らに仕える多くの騎士が死んだことに対しても彼女は心を閉じて、悲しみを受けいれまいとしていた。
　彼女は、鎖に繋がれたハーゲンに最後の問いを発した。「そなたが我が夫から奪ったラインの黄金はどこにあるのか」と。だがハーゲンは、何があろうと財宝の在処は

第4章　波瀾万丈の姫

明かさぬとかたくなに答えを拒絶した。

　命の綱をクリームヒルトに握られていながらのこの態度は、すでに恨みに我を忘れていた彼女の最後の理性を失わせた。クリームヒルトは答えないのならば死が待つのみであると覚らせようと、やはり捕らわれていた自身の兄、グンター王の首を自ら切り落とし、ハーゲンの前につきつけたのである。

　だが、それでもハーゲンの答えは変わらなかった。数多くの勇者の死を目にし、親友も主君をも失った彼にとって己の命は惜しいものではなく、自分だけが知っている財宝の場所を明かさないことで、クリームヒルトの復讐に一矢を報いようとしたのであった。

　決意の表情でじっとクリームヒルトを見つめるハーゲンの姿に、彼女の夫殺しに対する怒りは頂点に達した。そして、ハーゲンの首に鋭い刃が振り下ろされた。こうしてブルグンドの王とその家臣は、フン族の王妃となった身内の女性によって命を絶たれたのである。

　こうしてクリームヒルトの復讐はついに終わりを告げた。だが、彼女自身はこの多くの血を流した己の所行を償わねばならなかった。グンターとハーゲンという二人の勇者を鎖に繋ぎ、抵抗できないままにその首を刎ねたクリームヒルトの行いを、アッティラの臣下は決して許しはしなかった。

　グンターやハーゲンと最後まで戦い、彼らを生きたまま捉えたヒルデブラントという年老いた騎士は、自分が名誉をかけて命を助けた相手を王妃が殺したことに腹を立て、自らの剣を振り下ろし、その美しい身体をまっぷたつに切り裂いた。

　ブルグンド王家の最後の生き残りであったクリームヒルトは、こうして異国の地でその生涯を終えた[註6]。生涯でたった一度の恋を奪われ、残りの人生のすべてをその復讐に捧げた美しい姫君は、その激情の赴くままに男たちを戦わせ、自らも剣を握り、そして無惨な死を遂げることとなったのである[註7]。

註6：史実では、ブルグンド族は451年にアッティラの軍を撃破したが、その後にフランク族によって滅ぼされたとされている。

註7：『ヴォルスンガ・サガ』ではアトリ（アッティラ）の妻となったグドルン（クリームヒルト）は、夫にホグニ（ハーゲン）とグンナー（グンター）を殺させたうえで、二人を殺したアトリを「肉親殺し」として自ら殺した。そしてその後に別の王と結婚してスヴァンヒルデという娘を産んだが、その娘が嫁いだ先の宮廷で殺されると、悲観して自害したとされている。

最後まで父を慕い続けた王女
コーデリア
Cordelia

地域：ブリテン
時代：──
生没年：──
出典：『リア王』

『リア王』に登場する、リア王の3人の王女の末妹。彼女の正直な飾らぬ言葉を信じなかったがゆえに、リア王は苦難に見舞われ、王国は崩壊する。

壮大なスケールの悲劇

『マクベス』『オセロー』『ハムレット』と共に並び、『リア王』は俗にシェイクスピアの4大悲劇と称される。古代ブリテンの老王リアは老境にいたって隠居を決意し、3人の王女たちに領土を譲るのだが、末娘コーデリアの真心を疑ったことから苦難の道行きと王国の崩壊を招いてしまう物語だ。

リア王と王女たちの確執とグロスター伯爵の私生児エドマンドの陰謀が複雑に絡み合いながら、父と子、老いと若さ、主人と家臣、愚かさと賢さ、権勢と衰退等々……様々なテーマが対比されながら、すべての破局へと向かってゆく、壮大なスケールの悲劇である。

ただ一言「何も」

老境にいたったリア王は、政治から離れ、身軽に余生を過ごそうと王国を3つに分けて3人の王女たちに与えることを思いつく。そこで、娘たちの中で、一番愛の深いものに一番の贈り物をすると約束し、自分をいかに愛しているかを語らせた。長女のゴナリルと次女のリーガンは、過大な表現と美辞麗句を尽くして父王への愛の大きさを語る。リア王はその言葉に眉根を下げて喜び、王国の豊かな領土を与えると約束する。

最後に、3女のコーデリアが答える番となる。コーデリアは大いに困ってしまう。彼女の愛情は、口では言えぬ程深いものだった。コーデリアは迷ったが、言葉で愛情を飾ることなどせず、正直に自分の思いを伝えようと決意する。

第4章　波瀾万丈の姫

　リア王にとっても、コーデリアはお気に入りであった。どのような言葉で愛情を表現してくれるものかと期待していたが、その答えはあまりにもあっけなく、意外なものだった。
「何も申すことはございません」
　何もないはずがなかろうと、リア王が問い質しても、コーデリアの答えは変わらない。ただ一言「何も」だった。コーデリアの答えは、姉たちとは全く違うものだった。
「あなたはわたくしを生んで、育てて、愛して下さいました。そのお返しに、正当な義務を尽くします。しかし、きっとわたくしが結婚いたしましたら、夫のためにわたくしの愛の半分は捧げることになるでしょう」
　リア王はコーデリアの答えに激怒する。娘の中でも一番のお気に入りだったにもかかわらず、愛を捧げる心地良い言葉は返ってこない。勘気を被ったコーデリアは、領土はおろか何も与えられることはなかった。忠臣ケント伯爵が身を挺して諫めても、王国に君臨し続けた独裁者であるリア王は耳を貸そうとしない。そればかりか、ケント伯爵も追放してしまう。
　コーデリアにはバーガンディ公爵とフランス王という花婿候補がいたが、バーガンディ公爵はコーデリアに領地が与えられないと知るやこれを辞退。しかし、一方のフランス王は周囲の冷たい仕打ちに憤り、美しく誠実なコーデリアこそ宝であると妻に迎える。結局、コーデリアは父王から恩恵も祝福も受けぬまま、その元を去らなければならなかった。コーデリアは二人の姉たちの性格をよく知っていた。残していくリア王の身を案じたが、もうどうすることもできなかったのである。

姉たちの仕打ちと放浪

　コーデリアが去ったのち、リア王は二人の姉たちの所領で1ヶ月ずつ交代で逗留すると決める。これは、彼女たちにとっては迷惑な話だった。年を重ねるにつれ、気まぐれで激しやすい気性となったリア王は扱いづらいことこのうえない。領土はもらったのは良いものの、それが1ヶ月おきに自領にやってきて威張り散らすのではたまらないと、姉たちは二人で話し合い、冷たくあしらうことにした。コーデリアとは逆に、領土欲しさに甘い言葉を並べ立てた反面、内心では父親をうとましく思っていたのである。
　リア王は長女ゴナリルの領地に逗留するが、その冷たい仕打ちに怒り、今度はリーガンの領地へとおもむく。しかし、リーガンもまた父親に対して冷たい態度をとる。やはりリーガンの元も激怒して飛び出すが、今度は行く当てもなく荒野をさまようことになる。

コーデリア

第4章　波瀾万丈の姫

　嵐吹き荒ぶ荒野を放浪するうち、リア王は二人の娘の仕打ちへの怒りと失望のあまり、狂気にとらわれるようになる。しかし、この時になってようやく自らの愚かさを悟るのだ。

再会と和解

　コーデリアは、フランス王の元へ嫁いでも1日たりとも父親のことを忘れていなかった。リア王の苦境と姉たちの非情な仕打ちを知って涙したコーデリアは、これを救うために軍を率いてドーヴァーへ上陸していた。リア王はおのれの所行を恥じ、始めはコーデリアに会おうとはしなかった。しかし、追放された後も身分を隠して王の傍らに仕えていたケント伯爵の計らいによって、フランス軍に保護される。
　コーデリアはすっかり衰えてしまった父の姿を見て胸を痛めた。正気を失ったリア王は、自分が死んでしまったものと思い込み、コーデリアが声をかけても天国の霊と間違えてしまう程だった。その痛ましい姿に、コーデリアは思わず涙を流した。すると、ようやく正気を取り戻した。
「涙を流しておるのか？　そうじゃ、涙じゃ。どうか泣かんでおくれ。お前が毒を飲ませるなら飲むよ。お前はわしを恨んでおるはずじゃ。姉たちはたしか、わしをひどい目にあわせたように思う。お前なら理由もあるが、あいつらにはないのにな」
　以上は劇中のリア王の台詞である。激情のあまりコーデリアを追放した時の威厳は、もうそこにはない。ただ哀れに、悔悛の情をみせる一人の老人の姿があるだけだ。
「ありませんわ、わたくしにも、ありませんわ」
　コーデリアは、もとよりリア王を恨んではいなかった。それどころかリア王を許し、手を取り合って和解する。コーデリアは権威を持った王ではなく、唯一の父親であるリア王をずっと愛していたのだ。
　しかし、フランス軍の陣営には二人の姉が率いるブリテン軍が迫っていた。彼女たちは、コーデリア率いるフランス軍が、王国分裂に便乗して攻め入ってきたと思い込んでいたのである。姉たちには、コーデリアがリア王と共に領土を取り返しにきたようにしか見えなかったのだ。こうして、骨肉の争いが始まってしまう。

すべてを失う結末

　戦いは、フランス軍の敗北に終わる。コーデリアとリア王は捕虜として連行される。捕われの身となりつつも、コーデリアが第一に案ずるのは、もはや無力な老人となっ

てしまったリア王の処遇だった。
「二人きりで籠の鳥のように歌おう」
　そう呟くリア王と、コーデリアは身を寄せ合った。もはや牢獄の中だけが、父娘が辿り着いた安住の地のように思われた。
　しかし、まだ破滅の運命は終わってはいなかった。二人の姉を背後から操り、野望に燃えるエドマンドが、コーデリアとリア王が温情で生き残らぬよう刺客を放つ。これに続いて、エドマンドの陰謀に乗せられたゴナリルがリーガンを毒殺する。しかし、エドマンドが仕組んだ陰謀は、異母兄のエドガーによってすべて露見してしまう。すると、ゴナリルは自らの悪事が白日の下に晒されると観念し、自害。エドガーとの決闘に敗れ、虫の息となったエドマンドは、最期にリア王とコーデリアに刺客を差し向けたことを告白する。
　だが時すでに遅し。陰謀を知った家臣たちが駆けつけるも、コーデリアは刺客によって絞殺された後だった。リア王は愛する娘の亡骸を抱えて嘆き叫び、悲しみのあまり死んでしまう。
　すべては、コーデリアが発した「何も」というただ一言を信じられなかったために起きてしまった悲劇である。

選択の代償

　コーデリアは『リア王』の全編を通して正義の象徴であり、常に優しく正しく描かれている。リア王が姉たちの心地良い言葉に目が眩み、真実の愛を見誤ったために失われしまう代償だからだ。失われる代償の輝きが大きければ大きい程、悲劇はより悲しみの度合いを濃くしてゆくのである。すべてを失って、リア王は本当に大切なものの存在に気づくが、唯一残った希望であるコーデリアすら、運命は容赦なく奪ってゆく。
　シェイクスピア原作の『リア王』から73年後、悪名高いネイハム・テイトの改作が発表される。これは、コーデリアがエドマンドを倒したエドガーと結婚し、リア王が王位を回復するという勧善懲悪の結末を迎えるものだ。今でこそ一笑にふされるものの、テイト版は1830年代まで、本家シェイクスピア版をしのいで上演されていた。しかし、現代では言うまでもなくシェイクスピア版の人気が高い。リア王の嘆きは、各地で独裁者の横暴による紛争や、高齢化社会での老いの問題と親子のあり方など、様々な問題に警鐘を鳴らしているようにも思えるからだろう。だからこそ、コーデリアが死を迎える結末こそが、時を越えて我々の胸に迫ってくるのだ。

第4章　波瀾万丈の姫

悲劇の女流詩人

蔡文姫

cai wen ji

地域：中国
時代：紀元2〜3世紀（後漢時代）
生没年：——
出典：『後漢書』他

後漢の才媛、蔡文姫に待ち受けていたのは、
長い苦難と深い悲しみの道であった。
動乱の時代に、度重なる悲劇を乗り越えて、彼女は後世に語り継がれた。

後漢の才女

　天文・礼楽・史学・経学に通じ、また琴を好んだという後漢の名臣蔡邕（さいゆう）には、琰（えん）という名の自慢の娘があった。父の才を引き継いだ利発な娘で、博学で弁舌を巧みにし、音楽にも優れた才能を示した。

　ある夜、蔡邕が琴を弾いていると、ふとした拍子に弦の1本が断ち切れてしまった。それを聞いていた娘は、琴も見ずに、

「2弦が切れたのでしょう」

と言い当てたという。確かに切れたのは第二弦であった。

　蔡邕はこれを偶然に違いないと思い、今度はわざと弦の1本を切って、娘に何弦目が切れたか問うてみた。すると娘は、

「今度は4弦です」

と即座に答える。またしてもその通りであった。

　この利口な娘は、やがて成人し字（あざな）を文姫(註1)と名乗る。『後漢書』列女伝にみえる女流詩人、蔡文姫（さいぶんき）である。

　蔡文姫の育った時代は後漢末期。悪辣な宦官が跋扈して朝廷を我欲のままに操ったため、中央の政治は腐敗を極めていた。紀元184年、ついに勃発した黄巾（こうきん）の乱によって、漢王朝は終わりを迎えることになる。

　蔡文姫はそんな中、乱世に揉まれ悲劇的な半生を送った才人である。

註1：まれに昭姫と表記されていることもある。

286

匈奴の劫掠

　蔡文姫は陳留郡(註2)に生まれた、良家の子女である。彼女が当時としては珍しく、女性ながらに博学高才な娘と育ったのには理由がある。当時学問が盛んだった陳留の人らしく、父蔡邕は博学で文章は巧み、算術や天文を好み、また音楽の才能があった。そして、娘を大変可愛がっていた。

　そんな父の才を受け継いで生まれた文姫は、幼少より好奇心旺盛で詩歌や史書、笛や琴など何にでも興味を示す明晰な娘であった。幼くして才媛の片鱗をみせていた文姫は、博識だった父の教えを受け、多くのことを学んでいく。父の書斎の書物を次々に暗誦するその頭脳は、まさに天賦としか言いようがない程であった。

　蔡文姫が幼年期を過ごした時代は、奇しくも腐敗に淀みきった後漢末。父は宮廷を牛耳ろうともくろむ宦官の迫害に遭い、都を離れた亡命生活を余儀なくされていた。田舎に隠遁する生活は父娘を苦況に追い込みはしたが、二人で過ごす時間を十分に与えてくれた。文姫は己が心の赴くままに知識を求め、父はそれに応えた。

　あるいは中央の腐敗に絶望した父にとって、文姫に学問や芸術を会得させることは、残された唯一の享楽であったのかもしれない。当時の世相を鑑みれば、どんな賢者も女性である限り社会に台頭することは難しい。それでもなお、男子に恵まれなかった蔡邕にとって、文姫は己の学術を継承するにふさわしい愛し子であった。

　やがて黄巾の乱が収まり、宮内の宦官が粛正されると、父にも再び希望が巡ってきた。急遽勢力を強め、新たに朝廷で権勢を振るった董卓に重用されたのである。このころには文姫も結婚し、親もとを離れて平和に暮らしていた。

　だが、夫と突如死別してしまうことで、文姫の運命は奔走を始める。

　宛てのなくなった文姫は、ひとり孤独に父のいる実家に戻ることになった。しかし後漢末期の激動は、すでに都をも巻き込む戦乱の中に揺れ動いていた。光武帝以来栄華を極めた都洛陽にくすぶるのは、三国志時代の幕開けとなる炎である。董卓は専横の限りを尽くした挙げ句、部下の裏切りでその生涯を終え、董卓の重臣となっていた父蔡邕もまた獄中死を遂げてしまった。混乱の中、董卓軍の残党はおろか、討伐軍として各辺境から来た部隊も次々と私略に走る。

　蔡文姫は、戦地の中心で行き場を失っていた。危ないのは主を失いほとんど山賊と化した董卓軍の残党だけではない。父を逆賊として扱われた彼女にとっては、討伐軍側もまた己の命を狙う者たちであった。日ごと怯えを増しながら、必死に戦火の中をさまよい続けたが、ついに文姫にも略奪の魔手は伸びた。

註2：現在の河南省開封県陳留鎮

文姫の着物の襟に手をかけたのは、董卓討伐軍に助勢していた匈奴の一隊である。この時中原に現われた部族は、内乱中の匈奴領内で南部に亡命政権を樹立した於夫羅という単于(首長)が率いていた。いわば内乱への協力を得るため、やむなく漢王朝に味方した者たちである。到底、規律だった振る舞いは期待できない。

一方、討伐軍は、治安維持もままならず、協力を要請した各異民族へ見返りを与えることもできない状態であった。また、首脳部の結束が弱く、討伐連合軍は分裂気味でもあった。匈奴らがせめてもの戦利品として、思い思いに金品や若い娘を強奪して去ったとしても、阻止する手だてもない。蔡文姫を始め、多くの若い女が馬の腰に無理やり乗せられ、北方へと連れ去られていったのである。

遠い異国の地で

冷たい北風に打ちつけられて、すっかりよれた衣が翩翩と翻る。

蔡文姫が連れ去られたのは、霜の多い荒涼とした土地であった。

故郷は遙か遠く、辿ってきた道すら霞んで見える。数知れぬ人々が、数百キロの道のりをむち打たれ嗚咽を漏らしながら、着の身着のまま引きずられるようにさらわれてきた。

その地で蔡文姫は、単于に継ぐ位である左賢王に見初められ、閼氏(妻)として12年の時を過ごすことになる。文化や文明の質も中原とは明らかに違う。突如振って湧いた異国での生活は簡単に慣れ親しめるものでもない。蔡文姫の心は摩耗するばかりであった。いつでも想うのは、故郷のことである。時々、中原から旅人が通りかかると聞けば我先にと駆けつけ故郷のことを訪ねるも、郷里のことを知っている者はついぞ現われない。

しかしやがて鬱々と寒冷の地で過ごすうち、彼女は二人の子を授かった。後継ぎを生んだとなれば、夫の目も向く(当時の慣習からいって、文姫の夫も複数人の妻がいたはずである)。また、数年も過ごせば異国の言葉や風習にも慣れてくる。嘆き悲しむことにも疲れ果てた。何より、子を持てばやはり母としての愛情が芽生えずにはいられなかった。このまま異国の地で二人の母として一生を終えるのかもしれない。そんな想いが首をもたげてくる。もっとも、愛すべき子を得た今ならば、異国での暮らしも今までよりはずっとましであった。

そんな時のこと。またも運命は彼女を翻弄する。とうに忘れ去られたと思ったころになって、親戚を名乗る者が彼女を迎えにはるばる匈奴の土地を訪れたのである。

このころ(おそらく紀元207年ごろと予測される)、中原での争いは治まり、のちに三国志上の大国、魏の太祖と呼ばれる曹操が台頭してきていた。文姫の父である蔡

蔡文姬

第4章　波瀾万丈の姫

邕と旧知であった曹操は、才能ある蔡邕に後継ぎがいないのを不憫に思って、わざわざ金子をもって匈奴と取り引きし、文姫を故郷に呼び戻すよう図ったのである。華北から袁紹の一族をほぼ駆逐し、自身が覇を唱える地盤を固めた曹操は、文姫が異国で12年間を過ごしたころ、ようやく文姫を呼び戻す余裕を得たのであった。

左賢王は文姫の帰還を許しはしたが、さすがに自身の跡取りとなる子どもたちまでは手放そうとしなかった。むろん文姫は愛情をもって育てた子どもたちと別れるのは忍びなかったが、ここで帰らないという選択をすれば、遠路はるばるやってきて必死に帰還を願う親戚が、請け負った命を果たせず罰を受けることになる。文姫は泣き喚く子どもたちを引きはがし、断腸の思いで異国の地を後にした。

曹操と蔡文姫

異国の地から舞い戻った蔡文姫は、曹操の計らいで、屯田兵をまとめる位にあった同郷の董祀という男性と3度目の結婚を果たす。一時はそれで平穏を得た文姫であったが、またも幸せは長く続かなかった。ある時、罪科に問われた夫の死刑が決まったのである。

知らせを聞いて驚いた文姫は、髪を梳く間も惜しんで裸足のまま曹操の許へと駆け込んだ。

多忙を極める曹操の許には、早朝にも関わらず多くの配下や公卿名士、遠方からの使者が詰めかけているところだった。しかし文姫は臆することもなく、地に頭をすりつけて夫の罪を詫び、赦しを乞うた。その声は澄み、言葉は明晰で、話の筋は聞く者の心に切々と訴えかけるものがあった。その場に座した一堂が、あまりの悲痛な訴えに思わずかしこまって聞き入ってしまう程である。

罪に対しては必ず厳罰をもって期すことで知られる曹操も感じ入るものがあったが、すでに死刑を求刑する書状は発行済みで、董祀は今まさに処刑されようとしていた。

だが、文姫は諦めない。

「殿には1万もの馬と、林をなす程の武将がおられますのに、どうして早馬1騎を走らせるのを惜しまれますか」

と、必死に訴える。

曹操はついに文姫の夫を思う気持ちと鮮やかな話術を認め、董祀の罪を赦すことにした。今や曹操は、彼女の中に秘められた才能を見抜いていた。それゆえ、この機会に訊ねた。

「そなたの父は多くの書を持っていたと聞く。それらの内容をお主は覚えているか」

それに文姫はこう答える。
「亡き父は4千巻ばかりの書物を賜りましたが、流浪して塗炭の苦しみを味わううちにすべて失いました。今暗誦出来るのは、ようやく4百篇あまりでございます」
　4百というだけでも、凡人にはとても覚えることのできない膨大な量である。政治だけではなく文化事業にも多大な関心を示す曹操は、それを聞いて大いに驚き、そして喜んだ。早速10人の役人を遣わせて、写しを作成させようと申し出る。
　しかし文姫は、礼法に則り男女がみだりに物を受け渡してはならないとそれを断り、自ら提案した。
「紙と筆さえあるならば、私自身がご命令の通りに書いてみせましょう」
　その通り文姫は、暗記した書物を1字の誤字とてなく、すべて一人で復元してみせたという。多才に優れ中原の覇者となった曹操すらも舌を巻く程の、見事な出来映えであったことだろう。後世の歴史家はこれを称え、正史の中の列女伝を、この蔡文姫の逸話で締めくくっている。

悲劇を詠う詩人、蔡文姫

　波瀾万丈を生きた蔡文姫は、こうして史書に名を残した。類いまれなる才能をもち、真面目で礼儀正しく、貞節を尽くす女性であった。また、生き方にひたむきで、数々の悲しみにまみえようとも挫けず前向きに生きた人であったように思える。三国志演義などが人気を博していることもあって、同時代の英雄たちは数多く知られていることだろうが、彼女もまた、その英雄たちに劣ることなく魅力的な人物である。中国では時を経た現代でも人気が高く、戯曲やTVドラマなどで蔡文姫の人生が描かれている。
　蔡文姫の晩年の記述は正史に見えず、明らかとはいえない。ただ、この後詩を残したという。詩を残すことが出来る環境にあったとするならば、以降は赦しを得た夫と幸せで平穏な暮らしを営むことができたと考えるのが自然であろう。ただ、おそらく彼女は、苦渋と悲哀に満ちた望郷の時を忘れることはなかった。その詩を読めば、月の出る夜、幼きころ父に習った琴をつま弾きながら、遠い異国に暮らす我が子のことを想い、静かに詩を紡ぐ蔡文姫の姿を思い浮かべることが出来る。史書にも記されたその詩は、「悲憤詩」と通称される。それは、戦渦に巻き込まれて異国に淺われていった罪なき人々の苦しみと、波乱の道程の末路に我が子と別離し二度と会うこともできなかった母の悲しみを、痛切に綴った詩である。

第4章　波瀾万丈の姫

月下に舞い踊る美姫の倒錯

サロメ

Salome

地域：中東（イスラエル）
時代：1世紀
生没年：――
出典：『新約聖書』、『ユダヤ古代誌』他

聖書随一の悪女として悪名高いサロメ。
だが実際には、彼女の名は新約聖書には見られない。
サロメは本当にいたのか？　悪女であったのか？

生首に口づけする姫君

　サロメ。ユダヤ語で"平和（シャローム）"を意味する穏やかな名前である。
　だが今日この名には、淫靡で血なまぐさいイメージがこびりついている。『新約聖書』において、洗礼者ヨハネを無残な斬首に追い込んだと伝えられるヘロデ王の養女が、この名で知られているゆえだ。
　サロメは、ヘロデ大王の孫であるヘロディアという女性の娘だった。権力欲旺盛な女だった母ヘロディアは、地位を失った夫を捨て、夫の異母兄弟に当たるヘロデ・アンティパスと再婚していた。サロメは母と共にヘロデ王の宮廷に移り住み、姫君として何不自由ない暮らしを送っていた。
　だがヘロデ・アンティパス王とヘロディアの結婚は近親相姦であり、当時の慣習と律法に背く行為だった。この不道徳に公然と非難の声をあげたのが、洗礼者ヨハネだ。荒野を放浪しながら育ち、髪は長く、身には獣皮を纏った姿のヨハネは、野人ゆえの純粋さで激しく王の悪徳を痛罵したのだ。預言者エリヤの再来とも囁かれるヨハネの非難に窮した王は、彼を捕縛し、宮殿の地下室に幽閉した。しかし生来小心者の王は、民衆や神の怒りを恐れ、優柔不断のまま断を下せないでいた。
　ヘロデ王家……特にやましい身であるヘロディアにとって、ヨハネの存在は邪魔だった。それはつまり、サロメにとっても好ましくない人物ということになるのだが……。

『サロメ』のあらすじ

　ある夜、ヘロデの宮殿でローマ皇帝からの使者をねぎらう宴が開かれた。猥雑な饗応の席に退屈と嫌悪を感じた王女サロメは、気晴らしに一人庭に出る。そこで耳にしたのは、地の底から聞こえてくる力強い預言の声だった。興味を惹かれたサロメは、兵士の制止も聞かず、預言者ヨハネ(ヨカナーン)を牢から引き出させた。

　暗い地下から現われた若者は、サロメが知るどんな男とも違っていた。美しい彼女に思いを寄せる崇拝者や、義理の娘であるというのに自分に露骨な欲望を抱くヘロデ王と違い、ヨハネは彼女を見ようともしなかったんのだ。洗礼者ヨハネの視線は、ただひたすら神にのみ向けられていた。

　美しいサロメの心に乙女の炎が灯った。一目で恋に酔った彼女は、ヨハネに愛撫を望み、口付けを乞う。だがヨハネは処女の願いを淫らと断じ、自ら暗黒の地下へと戻っていった。「わたしはそなたに口付けするよ、ヨハネ。わたしはそなたに口付けする」サロメの言葉を背に受けながら。

　庭に移った祝宴に青ざめた顔で戻ったサロメを目ざとく見つけたヘロデ王は、彼女の気を引こうと様々な提案をするが、心ここにあらずといった義娘の態度はすげない。業を煮やした王は、つい「踊ってくれたなら、なんなりとほしいものをつかわそう」と口走ってしまう。するとそれまで興味なさげであったサロメはつと立ち上がり、王に約束の念を押した上で、銀の月の下で華麗な舞を披露したのである。

　7つのヴェールの舞を終えたサロメは、王の前に跪いた。そして上機嫌な王の望みを述べよとの言葉にこう答えたのである。「銀の盆に載せたヨハネの首が今すぐ欲しゅうございます」喜色を浮かべる母ヘロディアと対照的に、ヘロデ王は言葉を尽くしてサロメを翻意させようと試みる。だが王の熱弁を風に柳と聞き流し、サロメは誓約を盾に望みを変えなかった。

　ついに観念したヘロデ王は断腸の思いで命令を下し、やがて兵士が銀の盆に載せたヨハネの首を運んできた。それを受け取ったサロメは、さもうれしげに無残な姿となったヨハネに語りかけ、望んだ通り生首に口付けを果たす。娘への怒りと天罰への恐怖から、ヘロデ王は立ち去り際に、サロメを殺すように兵に命じる。抱いたままの生首に、まるで狂女のごとく語りかけ続けるサロメは、そのまま兵士たちの盾に圧殺され、短い生涯を閉じた。

　広く知られているこのサロメの物語は、19世紀の作家オスカー・ワイルドがオペラの脚本として創作したものだ。ワイルドが産み出した鮮烈なサロメ像は、多くの人に衝撃を与え、サロメに悪女というイメージを決定付けた。

聖書のサロメ、歴史のサロメ

　しかし広く一般に流布しているサロメの悪姫としての姿は、実は『新約聖書』の中には見えない。洗礼者ヨハネの斬首の挿話は「マタイによる福音書」「マルコによる福音書」に描かれているのだが、そこで邪悪な計略を用いるのはサロメではなく、母たるヘロディアなのである。ヨハネを邪魔に思った彼女が一計を案じ、自分の娘をヘロデの誕生日に踊らせ、褒美として預言者の首を請わせたとされている。

　この挿話の中で、サロメは「ヘロディアの娘」として登場する。母の言いつけどおりに踊り、そしてヨハネの首をねだる人形でしかない。

　この娘の名がサロメであったと分かるのは、『ユダヤ古代誌』や『ユダヤ戦記』に「ヘロディアの娘」の生涯が記録されていたおかげだ。盾の壁の中で美しく圧死したワイルドのサロメとは違い、史実のサロメは二人の夫と結婚し、3人の子供を授かる平凡で穏やかな人生を送っている。彼女の生涯を語る短い記述からは、驕慢で清純、そして恐ろしい姫君の姿は見えてこない。

脇役から主役へ──名もなき姫君の変遷

　むしろ現代のサロメは、「ヘロディアの娘」サロメではなく、ヘロディアの祖母にあたる、ヘロデ大王の妹をモデルにしている感がある。同じく名をサロメといったこの女性は、嫉妬心の深い野心家であり、兄の妻で名家出身のマリアムネを始めとする多くの人々の殺害を指図した黒幕であった。血塗られたヘロデ王家の悪名に一役買った冷血の女性であったわけだ。

　後世の人々が、ヘロデ大王とヘロデ・アンティパス王を混同したように、「ヘロディアの娘」サロメと「ヘロデ大王の妹」サロメの間にも同様のイメージの混交が発生した。

　そして生まれたのが、「聖者への報われぬ慕情ゆえに、せめて彼の首を求める姫」というサロメ像であった。洗礼者ヨハネという歴史的偉人を死に至らしめたサロメは、ヨハネの名声が高まれば高まる程、悪人として貶められねばならなかった。そこでヘロデ大王の妹サロメ、母ヘロディアの悪徳を背負わされ、ヨハネの対極に位置する悪役とされたわけだ。

　こうして変遷の末、単なる名無しの端役であった「ヘロディアの娘」は、ワイルドの『サロメ』において、挿話の主役を完全にヨハネから奪い取った。愛しい男の首と生命を奪うため、月下の庭園で恍惚としながら妖艶に踊るサロメの鮮烈なイメージは、今も多くの人々の心を捕らえて放さない。

サロメ

第4章　波瀾万丈の姫

創られた寵姫

西施

Xishi

地域：中国
時代：紀元前5世紀ごろ（春秋時代）
生没年：――
出典：『呉越春秋』他

生き恥を晒しながらも復讐のために
生きながらえた越王句践が、宿敵夫差に放った毒華。
恐るべき美人の計の主役となったのが、悲劇の女性西施である。

ひそみに倣う

　その昔、美人で有名な西施は、胸を患ったことがあった。西施は苦しげに胸に手を当て、痛みに顔をしかめていたが、眉をひそめたその仕草もまた美しかった。

　それを見たのは、村でも器量の悪い女である。女は西施の仕草を真似れば自分も美しく見えるだろうと考え、早速胸に手を当て眉をひそめた顔で村を歩き回った。

　しかし、西施を真似た女は美しくなるどころか、むしろ、ますます醜く見えてしまった。その醜悪さといえば、金持ちの家は恐れをなして門を固く閉ざし、門のない貧しい家の者たちは妻子を連れて逃げ出す程の有様であった。

　西施は、眉をひそめたから美しかったわけではなかった。元々が美しいがゆえに、眉をひそめる仕草さえもがかえって悩ましげで、より美しく見えたのである。

　以上は、『荘子』の天運篇に見られる寓話である。表向きだけを真似ても良いことはない、ということを諭すための話であるが、西施というのが喩え話に用いられる程美人の代名詞として通用することが知れよう。

　西施は紀元前500年前後、春秋時代の越という国に実在したとされている。越が隣国の呉と戦争のまっただ中にあった時代である。このころの呉越の争いは、呉王夫差、越王句践など古代中国の有名人が多く登場し、中国史の中でも歴史物語の題材として人気が高い。

　この2国の興亡を左右する重大な役割を担って西施は登場する。彼女はだれよりも美しかったがゆえに、だれよりも過酷な運命を背負うことになった。

　ここに紹介するのは、戦乱のただ中に武器を持たぬ戦いに身を投じた、一人の女性の物語である。

会稽の恥

　西施(あるいは先施、西子)の生まれは越の山中である。施という姓の人が集まった村で生まれ、村の西側に暮らしていたので西施と通称されていたという。
　彼女は、苧蘿山(ちょらさん)という山で薪(まき)をひさぐのを日課としていた。
　別の説では、若耶渓(じゃくやけい)で紗(うすぎぬ)を洗っていた女であるともいう。いずれにせよ彼女の出発点は、華やかな王宮とは何の関係もない片田舎での、ごく平凡な生活であった。
　冒頭の寓話の印象も相まって、西施には病気がちで可憐な美人というイメージがあるようだ。詩仙李白(りはく)は、彼女の美貌は蓮(はす)の花も恥じる程だと詠う。さぞ美しい娘であったのだろう。山村で暮らすころから、その器量は評判であった。その評判は、山を越えて村々を飛び、やがて王の許にも届くことになる。
　ここで少し、当時の越の状況を知っておかなければなるまい。時の越王句践(こうせん)は、隣国の呉と親子2代にわたる激しい争いを繰り広げていた。
　越はひとたびは呉を破り、前呉王、闔閭(こうりょ)の命を奪った。
　しかし前494年、毎晩固い薪の上に臥して父の復讐を誓っていた呉王夫差に、句践は大敗を喫してしまう(註1)。越は呉に隷属する立場となった。世にいう「会稽の恥」である。越王句践は恥を忍んで呉王の前に跪き、ようやく許しを得て生きながらえていた。
　今は名前も忘れられた小さな村から西施が見出されたのは、そうした時分のことであった。西施の前に、あるとき突如王の使いが現われる。西施はその使いに連れられ、越の王宮へ参上した。そこで待つのは、田舎娘の運命を一転させる、権力者たちの思惑であった。

呉王の元へ

　夫差が戦勝の酒に酔うころ、句践は食事のたびに苦い肝を嘗めては、敗戦の屈辱を忘れまいとしていた。民に交じって畑を耕して粗衣粗食に甘んじ、夫差を油断させる一方で、裏では腹心らと復讐の準備を整えていたのである。呉への復讐を果たすのには、西施のような美女の存在が不可欠であった。
　越の智者であった范蠡(はんれい)や文種(ぶんしょう)は、屈辱を晴らすべく様々な策を練っていた。その計略の一つに、美人の計があった。美女を呉王へと差し出し、その色香で王を

註1：いわゆる「臥薪嘗胆(がしんしょうたん)」の故事の由来。『史記』や『春秋左氏伝』に夫差が「臥薪」した記述はなく、後世の『十八史略』などに登場するエピソードである。

第4章　波瀾万丈の姫

骨抜きにしてしまおうというのである。

　王の使者が国中の美女を捜し求め、ついに見初めたのが西施というわけであった。越王の許に召しあげられた西施は、呉王夫差の後宮へと入り込み、その容色で魅了するという任務を告げられた。

　とはいえ、王の後宮には美女が数多いる。いかな西施が天下の美人でも、容易に王の目に留まるとは限らない。そこで、貴人としての作法、歌舞などの嗜み、あるいは男を惑わす仕草などを越の都でたっぷり仕込まれることになった。

　西施が始め、この任務についてどう思っていたかは定かではない。君主が呉王であろうと越王であろうと、田舎の村にはあまり関係のないことのはずである。それを突如、祖国のために異郷の王の妾になれとは、当惑も甚だしかったに違いない。

　しかし、西施はその任を負った。

　その後の西施の働きを考えれば、脅されて泣く泣く服従したとは考えにくかろう。単純に、越の国を思う西施には特別な愛国心があったのかもしれないし、村や家族に恩賞が出るなど、様々な誘惑があったのかもしれない。いずれにせよ、説得はおそらくそう強弁である必要はなかった。

　一般民ならば一生立ち入ることもできない宮殿内に迎えられ、口舌巧みな群臣にうまく励まされ、王から直々に命を受ける。ろくに学もなかった一人の少女が、任務が最大の名誉であると思い込むだけの要素は十分にある。

　結果としてここに、傾国のために創られた美姫が誕生した。西施は手際よく学んだことを吸収した。

　今や彼女は、田舎の薪売りではない。越王に寵愛されていたという設定の、類いまれなる美姫の一人となった。

　西施がみすぼらしい麻の服を脱ぎ、絢爛極まる絹衣装へと着飾る間には、謀臣范蠡(はんれい)が人質と称して呉に渡っている。范蠡は賄賂を用いて、抜かりなく伯嚭(はくひ)という呉の宰相を手なずけていた。

　伯嚭を介して、西施は越王の寵姫という偽りの肩書きで呉王夫差に献上された。西施のあまりの美しさに、夫差はこの娘がただの田舎娘だったとは露にも思わない。配下の者が諫めるのも構わず、越王が自らの寵姫をも差し出して呉へ服従の意を示したと大いに悦んだ。

西施

第4章　波瀾万丈の姫

武器なき戦

　西施は首尾よく、呉王の許に侍ることに成功した。それは、国と己の命運を賭けた戦いであった。万が一越王の思惑が知れてしまえば、当然自分はその場で殺され、越は滅ぶ。かといって怯えて呉王を満足に誘惑できなければ、任務失敗で今度は越王に消される危険がある。西施に失敗は許されない。

　結果、特訓の成果により、西施は見事に呉王夫差に気に入られる。西施は、夫差を政治も疎かにする程虜にした。

　越の思惑を見抜いた部下の伍子胥が再三諫めるも、西施の魅力を前にして、呉王はことごとく諫言を退ける。傾国のために磨きあげられた美貌は、研ぎ澄まされた刃よりも脅威であった。

　西施は呉の力を弱めるため、巧みに夫差に贅沢を要求する。西施のために、次々と庭園や離宮が造営された。

　館娃宮と名づけられた霊岩山の離宮で、西施は夫差の愛を受けた。同じ山には現在でも、西施が花を見て喜んだという池、夏に水浴びするための井戸、冬に夫差とこもったという西施洞などがある。西施は百花繚乱の花園を歩いては、可憐な仕草で夫差を惑わせた。

　見晴台や亭も、そこかしこに設けられた。

　西施がそこにたどり着くたび、宴や歌舞が催された。

　任務に徹した西施は、徐々に国を衰退させていく、しなやかな毒である。しかし、西施の目映さに眩んだ夫差がそれに気づくことはない。

　こうして西施が王の目を釘付けにしている間、越は密かに国力を蓄えることができたのである。

　西施に夢中となった夫差は、次第に良識ある者の諫言を聞かなくなり、越に操られた伯嚭の言を重んじるようになった。伯嚭は、良臣を除かせたり、他国を攻めるよう進言するなどして、呉の弱体化に拍車をかける。

　結局、満を持して攻め込んできた越に、夫差は宮殿のあった姑蘇城にて囚われて降伏、前473年に自殺して果てた。始めに西施が任務を受けてから、すでに20年近くが過ぎていた。

傾国のエキスパート

　西施は呉の衰退に貢献した。
　この艶やかにして残酷なる計略は、簡単に為し得るものではない。西施が、比類なき美しさと巧妙なしたたかさ、そして目的を完遂するだけの強固な意志を兼ね備えていたからこそできたことだ。
　任務を全うした西施が、その後どうなったのかは諸説ある。呉王亡き後憤慨した民衆に殺されてしまったとも、任務を終え静かに自ら命を絶ったともいわれる。
　こうした伝説から、西施は国のためにその身を犠牲にした女性というイメージが定着した。
　傾国の悪女というよりは、悲劇的な運命を背負った女性として共感を呼んだものらしい。ある日突然郷里から召しあげられ、ただ越の国が雪辱を果たすためだけにその身を捧げたとなれば、後世にその物語を聞く我々としても思うところがあろう。西施が長く語り継がれる理由の一つには、彼女を見舞った運命のもの悲しさがある。だが、それが単なる哀話として語られないのは、やはり逸話の中の西施が群を抜いた美しさと賢さ、そして強さを醸し出しているゆえであろう。
　西施は人々に愛され、様々な物語を生んだ。その中で、西施にせめて幸せな結末を、と後世の人々が願ったとしても、何ら驚くに当たらない。
　明代の戯曲『浣紗記』では、すべての任務を果たした西施は、この後越を去って商人になったと伝えられる范蠡と共に国を脱し、幸せに暮らしたことになっている。

第4章　波瀾万丈の姫

> 戦は他に任せよ。汝幸あるハプスブルクは婚姻せよ

ハプスブルク家の姫君

Grand Duchess of Hapsburg

地域：中欧（オーストリア他）
時代：1457〜1989年
生没年：——
出典：——

700年に渡って欧州に君臨したハプスブルク家は、戦ではなく婚姻を通じて勢力を拡大した稀有な名門であった。その礎となった数々の姫君を紹介する。

双頭の鷲

　現代では小規模な国家が群立する東欧（中欧）であるが、中世から近代にかけては、全く状況が異なった。大小様々な王、侯爵、あるいは伯爵領が寄り集まって神聖ローマ帝国を形成し、欧州の多彩な民族をまがりなりにも一つの旗の下にまとめていたのである。

　この帝国の帝位を500年以上に渡って占め、続くオーストリア帝国、オーストリア＝ハンガリー帝国をも支配し、1918年まで640年に渡って君臨した欧州の名門こそ、その名も高きハプスブルク家であった。ウィーンを首都とし、双頭の鷲を家紋とするこの家の治世は、通して「ハプスブルク帝国」とも称される。

　始祖ルドルフ1世が1273年に神聖ローマ帝国皇帝に選出されて以降、ハプスブルク一門は、時代を経るに従って欧州全域、新大陸、果ては極東にまで所領を拡大し、栄えた。「日の没することなき帝国」と謳われた16世紀には、オーストリア大公領、ボヘミア王国、ハンガリー王国、ミラノ公国、ナポリ、シチリアなど地中海沿岸、スペイン、新大陸のスペインからチリにかけて、さらにはフィリピンまでも支配していた。まさに世界帝国だ。

　興味深いことに、この帝国は、世の常の国家のような武力を用いて築きあげられたのではなかった。

「戦は他に任せよ。汝幸あるハプスブルクは婚姻せよ」

　この家訓が示すように、ハプスブルク家繁栄の秘密は政略結婚にあった。婚姻によって結ばれた相手の家が幸運にも次々と絶えたため、ハプスブルク家は相続契約に基づき、労せずして領土を広げてゆくことができた。この家にとっては、王女と王

子こそが何よりの武器であったといえる。

　ゆえにルドルフ1世に10人の子を贈った多産の王妃アンナ以来、ハプスブルク家に生まれついた女性、嫁いできた姫たちは、欧州各国の歴史を700年に渡って織りあげてきたといっていいだろう。その中から、とりわけ数奇な運命を歩んだ姫君たちを紹介していこう。

最後の騎士と危難の乙女——マクシミリアン妃マリア

　最初を飾るのは、「中世最後の騎士」と綽名されたマクシミリアン1世の妃で、ブルゴーニュ公国の姫であったマリア（1457～1482年）だ。

　15世紀の人であるマリアの父、ブルゴーニュ公シャルル・テレメール（豪胆公）は、野心家であり、武の人であった。彼は15世紀初頭からにわかに発展を遂げたブルゴーニュ公国をさらに強国としたいと考え、本家筋であるフランスと争っていた。だが残念にも、彼には一粒種のマリアしか子供がいなかった。

　当然ながら、いずれは莫大な遺産を相続することになる姫マリアを、ヨーロッパ中の諸侯が狙っていた。彼女を娶りさえすれば、自動的に豊かなブルゴーニュの富と広大な領地が持参金としてついてくるのだ。しかしシャルル豪胆公としては、娘の結婚は己の野心を飛躍させる足がかりとして使いたい心積もりがあった。

　その眼鏡に適ったのが、神聖ローマ皇帝フリードリヒ3世からの「息子の嫁に姫をほしい」という申し出だった。フリードリヒ3世はマクシミリアンの父で、慎重、優柔不断で臆病な人物だ。勢力は弱小で、財政的にも貧しい。けれど「神聖ローマ皇帝」……このブランドは、ブルゴーニュを大国にする野望に燃えるシャルルの目には魅力に写った。また娘婿となるマクシミリアンが、陰湿な父とは大違いに、気性は明るく見目は麗しく、進取の気概に富み、武芸乗馬の腕は群を抜き、さらには知性にも秀でているという非の打ち所のない貴公子だったのも大いに決断に影響した。

　だが結婚の約束は結ばれはしたものの、「いずれは自分自身が皇帝の座に……」というブルゴーニュ公の目論みはフリードリヒ3世に拒絶され、実際の挙式には至らなかった。そうするうちに、1477年のロートリンゲン攻めにおいて、不覚にも豪胆公は戦死してしまう。

　天涯孤独の身となったブルゴーニュの女相続人マリアに、現実はたちまち牙を剥いた。亡き父が支配下に置いていた諸都市は独立を求めて蜂起し、フランス王ルイ11世は幼い息子の嫁となるよう要求してきた。保護者を失った20歳の姫は為す術を知らなかった。正に危難の乙女である。

　この危急を救ったのがマクシミリアンだった。青年の王太子は、ブルゴーニュから

の要請に応えて立ち、金策に苦労しながらも様々な援助の手に支えられ、なんとか許婚の待つガンにたどり着いたのである。美しい花嫁と凛々しい花婿は、実際にはこの時が初対面で、お互いの喋る言語も理解できなかったけれど、それは若い二人が一目で惹かれ合う妨げとはならなかった。

　この時代の政略結婚としては驚く程のおしどり夫婦となったマクシミリアンとマリアは、まるでおとぎ話の登場人物のように幸福な結婚生活を送った。ブルゴーニュの豊かな富を支えに、性格の一致した二人は宮廷生活を、狩りを、そして新生活を共に楽しんだ。3人の子宝にも恵まれた（次男は夭折）。

　だが……マリアが4人目の子供を懐妊し、すべてが順風満帆に見えた1482年3月、悲劇は起こった。夫の狩りに随伴していたマリアは落馬し、儚く世を去ったのだ。愛妻をあまりにも早く神に召されたマクシミリアンは絶望し、嘆き悲しんだ。彼はその後政治的理由から数度再婚することになるが、その愛はマリアの思い出にのみ捧げ通された。

　こうしてブルゴーニュのマリアは、愛する夫とハプスブルク家に広大な領土を贈り、幸福の絶頂で逝った薄命の姫君として歴史に名を残した。だが彼女が夫に遺した贈り物は、それに留まらなかった。忘れ形見の息子フィリップがやがてマクシミリアンに、さらなる幸運をもたらすことになるのだ。

狂女ファナ

　ブルゴーニュのマリアが薄命ながらも愛と幸福に包まれて生きた人ならば、このファナ（1479～1555年）は正反対に、愛ゆえに悲惨な運命を辿った姫君だ。

　1479年11月にスペインの王女として誕生したファナ。彼女の幸福は約束されたようなものだった。カソリック両王として称えられたカスティリャ女王イサベルとアラゴン王フェルナンドの末娘……すなわち統一を果たし、新大陸の富を得て未曾有の繁栄を謳歌しようとしているスペインの姫だったのだから。

　だが両親が決めた結婚を機に、ファナの運命は大きく狂う。政略結婚の相手として選ばれたのは、ハプスブルク家の王子でマクシミリアン1世と故マリア妃の18歳の息子。その見目麗しさから美公と呼ばれたフィリップであった。

　輿入れのためネーデルラントに航海した16歳のファナは、フィリップと出会って一目で心奪われた。元々内向的で思い入れの強い少女だった彼女は、その瞬間から、己ではどうすることもできない恋の呪縛に囚われたのである。一方のフィリップも、ファナの美しさに魅了された。しかるべき手順を乱暴にすっとばし、対面の場で司祭に結婚の誓いを結ばせ、終わるや否や少女を伴ってベッドになだれ込んだ……とい

えば、彼がどれ程強く異国の姫に欲望をかきたてられたか想像がつくだろう。

　だが幸福な新婚生活は、長くは続かなかった。ファナが一途過ぎるひたむきな慕情を夫に寄せたのとは裏腹に、フィリップが本性を現し、すぐに他の女性に手を出すようになってしまったからだ。フィリップ美公は、奔放なプレイボーイだった。夫の浮気を知ったファナは激しく嫉妬の炎を燃やし、彼を独占しようと試みる。しかしフィリップのような男にとって、そのような束縛は煩わしい限りだ。夫はうっとおしい妻の側を離れ、口実を作っては遊び歩いた。

　やがてファナは、嫉心のあまり狂乱の態を示すようになった。彼女の内に潜んでいた祖母譲りの狂気が芽吹いたのだ。ファナは夫の愛人を公衆の面前で殴打し、鋏で美しい金髪を坊主になるまで切り裂くといった凶暴な振る舞いを示し、時と共に不安定さを増していった。むろんフィリップはそうした妻を疎んじ、公式の行事にも出席させないように手を打ったが、離婚するわけにはいかない。本来の後継者たる王子ファンが世を去ったために、ファナを妃とする限りいずれスペインを相続出来る見込みがあったからだ。

　偉大な女王であったイサベルが1504年に逝去すると、遺言に従ってカスティリャの王位がファナに遺され、実際の政務はアラゴン王フェルナンドが執ることになった。これに納得できないフィリップは（本来の慣習に従うならば、妻に統治能力がない場合は配偶者が代理になる）岳父と対立する。だがこの不和には、あっけなく決着がついた。健康体そのものであったフィリップが急な病に倒れ、そのままあっけなく世を去ってしまったからだ。

　世界の中心であった夫の急逝は、ファナに残された理性を完全に打ち砕いた。狂女王はフィリップの遺骸の埋葬を許さず、亡骸を収めた棺を運ぶ葬式行列を引き連れてスペインの地をさまよった。伝説は、ファナが夫は眠っているだけでいずれ蘇ると信じ、ことあるごとに死体に抱きついて優しく口付けし、食事を共にし、そして寝る時は一緒にベットで休んだと語っている。

　完全に常軌を逸してしまったファナは、やがて摂政である父に身柄を拘束され、トルデシーリャスの宮殿に幽閉された。そこで狭い部屋に閉じ込められ、着替えもせず、髪や身体も洗わず、ろくに食事すらとらない野獣のごとき生活を送ることになった。驚くべきことに、彼女はこの劣悪な状態のまま、長く生き続けた。身分はカスティリャ女王……だがその実態は囚人のまま……。

　時代は流れた。ファナとフィリップの間に生まれた長男のカール（カルロス）は、17歳にして神聖ローマ皇帝位、ブルゴーニュ公国とスペインを相続した。彼……神聖ローマ皇帝カール5世は、やがて「日の没することなき帝国」と呼ばれる大帝国を築きあげる。だがこの偉大な皇帝も、己の母をトリデシーリャスの牢獄から出そうとはしなか

った……。
　ファナは、父、夫、息子に利用し尽くされた苦悩の生から、1555年(75歳)にようやく解き放たれた。世界に冠たるハプスブルク帝国が、この悲劇的女性の犠牲を礎として成立したことは、あまりにも知られていない。

女帝の愛──マリア・テレジア

　偉大なる女帝マリア・テレジア(1717～1780年)。23歳でハプスブルク帝国を継承することになった彼女は、世間知らずの姫君と侮って領土を奪おうとする列強諸国に果敢に立ち向かい、ハプスブルク家を守り抜いた女傑である。良く学び、優れた政治手腕を発揮した彼女は、生涯を通して帝国を旧来の封建国家から近代国家とするための改革に勤しみ、優秀な人材を登用して多くの成果をあげた。この英明果断な才媛が成し遂げた政治的な業績について、今さら詳細に述べる必要はないだろう。
　このスケールの大きな女帝は、恋愛と家庭生活の点でも型破りな人だった。
　まず当時の王族としては珍しく、夫のフランツ・シュテファンとの恋愛結婚で結ばれたことからして変わっている。6歳の時分に14歳の公子フランツと会って以来、マリア・テレジアは彼に明らかな思慕の情を寄せ続けた。だがフランツはオーストリアとフランスに挟まれた小国、ロートリンゲンの公子。皇帝のお気に入りとはいえ、地位も財産も、将来は神聖ローマ帝国を継ぐマリア・テレジアとは釣り合わない。当然ながらウィーン宮廷にはフランツの婿としての資格に疑念を抱く意見が強かった。だがマリアは強い意思でフランツに愛を告白し、反対意見をものともせずに、初恋を成就させたのである。フランツも、祖国ロートリンゲンを放棄するという大いなる犠牲を支払いながら、帝国の娘の手を取った。苦い顔を浮かべる一部の貴族とは正反対に、ウィーンの民衆はこの世紀の恋の成就を祝ったという。
　フランツは女帝の配偶者として理想的な人物であったわけではない。楽天的な人柄で政治的資質、軍事的能力の双方に欠けており、そういう方面では頼りにならなかった。後に神聖ローマ皇帝の冠を授かるが、あくまで象徴的な存在であり、実権は妻が握り続けたのだ。だがフランツはマリア・テレジアの精神的支えという形で帝国に寄与し、彼女の良き夫であり続けた。その夫婦仲の良さは、二人の間に16人もの子供が生まれたことで察せられよう。
　マリア・テレジアは夫フランツを深く愛しており、かなり嫉妬深くもあった。社会的な立場も上であった彼女は、美しいものに目がない夫が浮気をせぬよう緩やかに見張った。もちろん側妾を持つことなど許すはずもない。遊び人気質のフランツを、強

ハプスブルク家の姫君

力に尻に敷いていたわけだ。

　夫の独占を望む姿は深い愛の裏返しであり、同時に女帝が極めて高い倫理意識の持ち主であったことも示している。道徳観念の強いマリア・テレジアは、臣下臣民にも同様の節制を望んだ。乱れたウィーンの風紀を正すため、純潔委員会なる監視組織を作り、売春婦や客を厳しく罰して不評を買ったという逸話が残されている。宮廷内の恋愛も厳しく監視されており、不倫沙汰などは素早く女帝の耳に密告されるようになっていた。いささか行き過ぎの感があってマリア・テレジアの「おおらかで偉大な母」というイメージからは外れるが、絶大な権力を握りながら夫一人を愛し続けた彼女らしい観もある。

　しかしマリア・テレジアが心の拠り所とした夫フランツ1世・シュテファンは、1765年に彼女を残して世を去った。48歳の女帝は平素の威厳を捨てて嘆き悲しみ、すっかり活力を失ってしまった。そして以後は常に喪服を着込み、亡き夫君を偲ぶ日々を送ったと聞く時、我々は国際政治の舞台で百戦錬磨の駆け引きを繰り広げた女帝が心の中に秘めていた乙女のごとき純情を知り、唸らされるのである。世界史に燦然と名を残すマリア・テレジアを支えていたのは、誇りでも国土でもなく、実は愛だったのかと。

偉大なる女帝の娘たち

　在世当時から、マリア・テレジアには国母としてのイメージが強かった。16人もの子を産んだ彼女は、愛情豊かで理想的な母親像として美化され、国民に絶大な人気があった。

　だがしかし、実の娘たちには別の意見があったに違いない。女帝にとって、結婚適齢期まで成長した娘たちは政略結婚の駒であり、公平であると称えられた人とは思えない程、それぞれの子供の扱いには格差があった。

　長女のマリア・アンナは母の名に因んで名づけられ、マリアンナと愛称された。マリア・テレジアはこの娘を器量に劣るためか愛さず、人前で公然と叱責するなど極端に厳しく扱った。20歳の時に重病を患った彼女は政略結婚の駒としても使えなかったため、女学院の長として片付けられ、後には修道院に入って独身のまま生涯を終えた。学問に興味を抱き、「学識のある大公女」と呼ばれていた。

　次女のマリア・クリスティーネは、姉と正反対に母の大のお気に入りだった。ミミと愛称された彼女は露骨に偏愛され、娘たちの中で唯一破格のわがままを許された。ザクセン王家の傍流で政治的には何の力もないアルベルト公子との恋愛結婚を許されたのだ。さらにマリア・テレジアは、利発で器用なミミのためにアルベルトを取り

立て、ハンガリー総督などに抜擢している。母の死後ミミの運は傾くが、それでも幸福な結婚生活を送ったただ一人の娘だった。

3女のマリア・エリザーベトは天国から地獄への落下を味わった。姉妹随一の美貌を誇った彼女には欧州諸国から結婚の申し出が相次いだ。だがそれも、エリザーベトが23歳の時天然痘にかかり、容貌を損なうまでだった。それまで彼女を可愛がっていた母テレジアは、手のひらを返すように邪険に扱い、失意に沈む娘をマリアンナの学校に片付けてしまった。冷たい仕打ちを受けたエリザーベトもまた、長女と同じく修道女として生涯を終える。

4女のマリア・アマーリエは、母によって恋人との間を引き裂かれた。彼女はドイツの小国プファルツ＝ツヴァイブリッケンの公子カールと将来を約束していたのだが、母の命令によって相思相愛の恋人を諦めさせられ、パルマ公爵の元に嫁がされた。パルマ公爵フェルディナンドは身体が弱く、また知能に劣る人物であったという。こんな公子を夫に強制されたアマーリエは母親を憎み、その意に反してパルマの国政を牛耳ることで意趣返しを行った。テレジアは手紙を通して娘を諫めようとするが効がなく、ついには諦めてアマーリエ勘当。親子の関係は断絶してしまった。後にフランス革命の煽りを受けてパルマ公国は占領され、ほどなくしてアマーリエも世を去っている。

5女のマリア・カロリーネは、結婚式の当日に病死した姉のマリア・ヨーゼファの身代わりとしてナポリ王フェルディナンドに嫁いだ。従容と母に従った大人しい1歳上の姉と違い、彼女は活発で利発、そして勝気な気性だった。彼女は、醜く粗野でろくに読み書きすらできない夫に代わってナポリの国政を掌握する。母から政治家としての才能を色濃く受け継いだカロリーネの改革は、ナポリが近代国家に発展する道筋を付けたが、折悪しくフランス革命が勃発した。妹のマリー・アントワネットととても仲がよかったカロリーネは、彼女が断頭台に散ったことを知らされ革命フランスに敵対するが、逆にナポレオンによって国を追われる憂き目を見る。彼女は亡命に継ぐ亡命を続け、最後には故郷のウィーンに帰った。ナポレオンに凶運を運んだマリー・ルイーズが彼に亡国の屈辱を味合わされたこの女性の孫娘（長女の娘）であったのは、歴史の因果としかいいようがない。

そして出生直後にフランスのブルボン王家との婚約が交わされた末娘のマリー・アントワネット。母テレジアは、必ずしも出来がよく育たなかったのに一番重要な役割を担うことになったこの娘を案じ、密に書簡を交わして諸々の注意を与え続けた。だが結局その心配は的中し、母の死後、アントワネットはフランス王家のみならず、ハプスブルク本家の没落につながるフランス革命を招いてしまうのである。

ハプスブルク家は、結婚政策を用いて命脈を保ち、欧州に君臨してきた。だが成

功した政略結婚に陰には、自由意志を省みられることなく不本意な生涯を強要された数多の王子王女の不幸がある。女帝の娘たちが辿った険しい運命はその縮図……そしてハプスブルク家にとっては困難な時代が近づいていることを示す予兆でもあったといえるだろう。

ナポレオンの災厄――マリー・ルイーズ

　革命の地フランスに彗星のごとく登場した英雄ナポレオンは、権力の頂点に達すると野望の男としての本性をあらわにした。実権の次には名誉と王朝を望んだ風雲児と、帝冠を脅かされ家門の安泰を願う落日の名門ハプスブルク家は、互いの利益になる妥協を交わした。すなわち、政略結婚の約束だ。そしてハプスブルグ側で生贄となったのが、皇帝フランツ1世の長女マリー・ルイーズ（1791〜1847年）であった（対するナポレオンは、彼に幸運をもたらした糟糠の妻ジョセフィーヌを、跡継ぎを産めないという理由で離縁している）。

　自分がナポレオンに差し出されると知らされたルイーズは父親にこう懇願したという。「お父様、私に24時間だけ考える時間を下さい！」

　無理もない。ナポレオンは、祖母の国ナポリ、父の国オーストリアを蹂躙し、ハプスブルグ家に伝統の神聖ローマ皇帝位を放棄させた仇敵なのである。いわば悪鬼の下に嫁げといわれたようなものだったのだから。

　だがいかに恐れようと、生贄として捧げられる姫に選択権などあろうはずもない。1810年3月、16歳のオーストリア大公女マリー・ルイーズは41歳のフランス皇帝ナポレオン1世に嫁いだ。

　ナポレオンには、成り上がり者である自分に名門ハプスブルクの姫を妻に迎えることで箔をつけ、列強に王者の一員として承認させる目論見があった。また多産のハプスブルクの娘の腹を借りることで待望の跡継ぎを得、世襲のナポレオン王朝を成立させるためでもあった。だが好色なナポレオンは、この少女といってもいい若い妻が存外に気に入り、かつてジョセフィーヌにそうしたように、戦地からまめに手紙を書いている。

　しかしマリー・ルイーズの心には、ナポレオンに対する愛は芽生えなかった。彼女はナポレオンに待望の息子（後のライヒシュタット公）を授けたが、政略結婚の花嫁として期待される以上の情は夫に対して抱かなかったのである。それどころか、ナポレオンの運はルイーズを妻に迎えてから急激に傾き始めた。ジョセフィーヌを幸運の女神とするならば、ルイーズは凶運の女神であった。

　そして完全に没落し、エルバ島に流されたナポレオンを、23歳になっていたマリ

ー・ルイーズはあっさり見捨てた。実家ウィーンに子供たちと共に戻った彼女には、パルマ公爵領が与えられ、後見人として美男のナイペルク伯爵が付けられた。これは娘を国家の生贄とせねばならなかった父帝の贖罪であったとも、あるいは切れ者の宰相メッテルニッヒの策略であったともいわれている。ともあれ、怜悧な伯爵との恋に落ちたマリー・ルイーズは、かつての夫のことなどすっかり忘れてしまった。彼がセント・ヘレナ島に幽閉中には伯爵と秘密結婚を結んでいる。

結局のところ名門ハプスブルク家にとって、成り上がりのナポレオンなどは通り雨のような障害で、一時その暴威を凌げば勝手に消える程度の存在であった。この思惑に見事にはまり、鋭鋒を引っ込めてしまったナポレオンは、ハプスブルク家の熟成されたお家芸、政略結婚の前に敗北したのだと見ることも出来るだろう。まさしくマリー・ルイーズは、彼を破滅させるために送り込まれた凶運の女神であったのだ。ただしさしものハプスブルク家も、ナポレオン個人はともかく、彼が象徴した"時代"の前には膝を屈するほかなかったのだが。

悲劇のブラジル皇妃マリア・レオポルディーネ

ブラジル皇妃という耳慣れない称号をご存知だろうか。

かつて南米のブラジルには、短いながら帝政の時代があった。欧州の植民地から共和制に移行する間の、ごく短い期間だ。その時独立の立役者となり、国母として国民に絶大な人気を誇ったのが、マリー・ルイーズと仲の良かった6歳年下の妹、レオポルディーネ（1797～1826年）だった。

オーストリア皇帝フランツ1世の内気な娘であったレオポルディーネは、本来はドイツのザクセン王に嫁ぐはずであった。だがブラジルに亡命していたポルトガルのブラガンサ王家から政略結婚の要請が寄せられた時、宰相のメッテルニッヒは彼女に白羽の矢を立てた。凡庸だったフランツ1世の子女の中で、レオポルディーネだけは例外的に明敏かつ聡明で、海外にハプスブルグの勢力圏を再建するという役目を担うに足る娘だったからだ。

期待と不安に胸を躍らせながらイタリアから出航し、90日間の航海を経てブラジルに到着した花嫁は、リオデジャネイロにおいて花婿と対面した。ブラガンサ王家の後継者である皇太子ドン・ペドロは、レオポルディーネが期待した以上のハンサムな美丈夫であった。皇太子は荒々しく野性的、レオポルディーネはしとやかで大人しいと性格は異なるものの、新婚当初の二人の関係はすこぶる良好で、結婚は国民たちからも祝福された。

1822年、ポルトガル宮廷は国王夫妻と共に本国のリスボンへ帰還し、植民地ブラ

第4章　波瀾万丈の姫

ジルの経営を任された皇太子ドン・ペドロ夫妻は後に残った。すると元々父と不和であったペドロは、本国に搾取される立場を嫌い、国内の機運に乗じて独立を果たすことを夢想するようになった。これを励まし、独立運動を強く支援したのがレオポルディーネである。いざとなって逡巡する夫の尻を叩いた彼女のおかげで、同年10月にブラジルは独立を果たす。ドン・ペドロは初代ブラジル皇帝、レオポルディーネはブラジル皇妃となった。

興入れ以来、レオポルディーネは貧民や社会的弱者に心を配る優しい皇太子妃として人気があったが、独立の立役者となったことで国母として決定的な尊敬を集めることになった。

だが……彼女個人の運命は、皇后になった直後から下り坂を迎える。夫のペドロは教養のない衝動的な人物で、好色でもあった。彼は多くの女性に手を付け、妻に妾との同居を要請するような暴君の本性を顕わにした。元々女としての魅力には乏しかったレオポルディーネに夫の心を繋ぎ止める術はなく、宮廷における立場もたちまち愛妾に奪われてしまった。敬愛する国母をあまりにないがしろにする行為に国民は憤慨し、革命直前の不穏な気配が漂うと、皇帝は一時正妻を再び尊重するようなそぶりを見せたが、のど元過ぎると熱さ忘れるのことわざどおり、すぐに愛妾の下に通う日々に戻ってしまった。

ことここに至って、従順と忍耐を重ねてきたレオポルディーネも行動に出た。夫に面と向かって抗議し、行動が改まらないなら実家に帰ると宣言したのだ。彼女が受け取った返答は、夫の鉄拳だった。

数度の暴力の結果体調を崩したレオポルディーネは流産の床で重態に陥り、1826年12月11日、29年の短い生涯を閉じた。彼女の死を嘆く数千人の国民に見送られ、彼女の遺体は墓地に埋葬された。そして5年後、悪政と帝妃への振る舞いから決定的に国民に憎まれたドン・ペドロは国外逃亡に追い込まれ、彼とレオポルディーネの間に産まれた6歳のペドロ2世が即位した。このペドロ2世は母から聡明な資質を受け継ぎ、賢明な善政で国を治めた。ハプスブルグの犠牲者として死んだ不幸なレオポルディーネ。だが彼女の遺した遺産は確かに花開き、多くの臣民の下に幸福を運んだのだ。レオポルディーネ自身が、ブラジル独立の際に望んだように。

ハプスブルクの女たち

この家の歴史を考えれば最近といっていい1989年3月14日。一人の老女が97年の長い生涯を終え、スイスで天に召された。彼女の名はツィタ。ツィタ・フォン・ブルボン＝パルマ。最後のオーストリア＝ハンガリー帝国皇帝カール1世妃として世界に知

られ、そして忘れ去られた女性だ。

　フランス王家の血統ブルボン家の一員であり、そして欧州随一の名門ハプスブルク家に嫁入ったツィタは、極めて気位が高い女性であった。彼女にとって、皇族というのは、神から崇高な使命を授かった特別な人々だったのである。その誇りと責任を胸に、24歳で皇后となったツィタは斜陽の帝国を支えようと奮闘した。激動の時代には抗えず国が瓦解し、国外追放の憂き目を見ても、彼女は王家再興の望みを捨てず、帰国と復権の試みを数度に渡って繰り返した。そして第二次世界大戦とその後の冷戦がすべてを忘却の過去に押し流しても、彼女は王朝最後の皇后としてハプスブルグ家の古き伝統を守り続け（帝国再興は諦めても、オーストリア政府が要求した帝位放棄宣言は拒み続けた）、新しい欧州と祖国オーストリアのために心を砕いたのである。

　ハプスブルクに生まれ、あるいは嫁いで来た姫君たち。彼女らもツィタと同じだ。ある者は何不自由ない幸福な生活を送り、またある者はすべてを失い不遇に死んだ。賢明さで国を安んじた姫も、逆に無思慮な振る舞いで滅ぼした姫もいる。千差万別、姫君の数だけドラマがあった。だがすべての姫君は、等しくハプスブルクの一員としての重い伝統と家名、そして責任を背負わされながら、懸命に生きねばならなかった。望む、望まざるに関わらず。

　ハプスブルク640年の歴史を通して、伝統を、国を、そして臣民を守るために姫君たちが繰り広げてきた、大いなる愛と犠牲のドラマ。それを思う時、いかな平等主義の社会に生きる我々といえども、その伝統と歴史の重みにただただ圧倒され、畏敬の念を抱かざるをえない。

寵妃の中の寵妃
ポンパドゥール侯爵夫人
Marquise de Pompadour

地域：フランス
時代：18世紀
生没年：1721～1764年
出典：──

国王ルイ15世の愛妾となり、平民出として初めて
公式寵妃の座を射止めた女性。
シンデレラ・ストーリーを現実に実現させた聡明な人だった。

平民寵姫と好色なるルイ15世

　ルイ15世の公式寵妃（正式に宮廷における地位として認められた愛人のことで、席次では王妃に続いた。フランス王宮独特の制度）であったポンパドゥール侯爵夫人は、様々な点で傑出した女性であった。彼女は生まれながらの貴族ではない。平民出身である。当時、フランス国王の寵愛を受けるられるのは、貴族階級の女性に限られるとされていた。だがポンパドゥール侯爵夫人は、中産階級の出身にもかかわらずルイ15世の心を射止め、さらに愛人としての枠を超え、残る生涯（約20年！）にわたって側近として王の信任に与り続けたのだ。彼女の王への絶大な影響力と権力は、フランスの外交政策さえも左右した。寵妃としてこれ程の成功を収めた女性は、他にほとんどいない。

　ポンパドゥール侯爵夫人を愛したルイ15世は、君主としての能力はさほどではないが、美食好きで漁色家の王として知られている。精力絶倫な男性で、ポーランド出身の姫君だった善良な正妃マリー・レクザンスカに、10年間に11人もの子供を産ませた。いかに愛されていようと、これではマリーが夫との同衾を拒むようになったとしても無理はない。かくしてルイ15世は己の多情をもてあまし、生涯に多くの女性と交渉を持つことになる。

　ポンパドゥールは、そうした多くの恋人たちの中でただ一人、単なる情事の相手を超えた立場を国王の隣に勝ち得た女性であったのだ。

"王の情婦になる"と予言された娘

　後にポンパドゥール侯爵夫人となるジャンヌ・アントワネット・ポワソンは、1721年の12月29日に、ブルジョワ階級の娘として誕生した。父親のフランソワ・ポワソンは有能な家令で、母親のルイーズ・マドレーヌ・ド・ラ・モット（ポワソン夫人）の方は多くの浮名を流す、評判のあまりよくない奔放な女だった。

　母親の悪影響を案じたのか、父は幼少のジャンヌを、由緒あるウルスラ女子修道院に預けた。レネット（小さな王妃）と通称されたジャンヌは、利発、快活で優しく、かわいらしい少女で、修道女たちに愛されたという。彼女は栗色の巻き毛に白い肌、表情に富んだ目が特に魅力的な娘に成長したが、子供のころから胸を病んでいたため、常にきゃしゃで身体が弱いというハンデを背負うことになった（この体質のため、後年彼女は王の求めを受け入れられなくなる）。

　やがて母親に引き取られたジャンヌは、落ち着いた生活から、一転して華やかなパリジェンヌとしての教育を受けることになる。娘がやがて"王の情婦となる"だろうと占い師から告げられたポワソン夫人は、この美しく賢い子供に期待をかけ、一流の淑女として育てあげることに精力を傾けるようになったのだ。夫人の数多いパトロンたちの協力もあり、17歳ごろのジャンヌ・アントワネットは、パリの最上級の文芸サロンに参加するようになっていた。

　彼女の最初の結婚は19歳の時、相手はシャルル・ギヨーム・ル・ノルマン・デティオルという24歳の青年貴族であった。これによって、ジャンヌ・アントワネットはエティオル夫人という肩書きを手に入れ、夫に愛されながら、社交界の華としての幸福な生活を送り始めたのだ。

　さてこのエティオル家の領地は、実は王家の狩猟場であるセナールの森の隣にあった。本来、王の狩りの供を許されるのは、古くからの貴族階級だけだ。しかし近隣の地主だけは、例外として馬車で付き従うことが許されていた。エティオル夫人は、この特権を存分に利用してルイ15世に己を印象付け、早くから「ばら色の貴婦人」……寵妃候補として囁かれるに至っていた。

ポンパドゥール侯爵夫人の誕生

　エティオル夫人が決定的にルイ15世に結びついたのは、1745年の2月に行われた王太子の結婚祝賀の仮面舞踏会においてだった。この席で、彼女は大胆にも王の見ている前で、わざとハンカチを床に落として立ち去った。ルイ15世はそれを優雅な仕草で拾うと、さも大事そうに己の胸に押し当てた。王の夫人への執心はもはや

第4章　波瀾万丈の姫

だれの目にも明らかで、同様に王の寵妃の座を狙っていた多くの貴婦人を嘆かせた。だが平民出のエティオル夫人が、ルイ15世の一時の快楽のお相手以上の存在になろうとは、まだだれも想像していなかったのである。

しかしひとたび王の想い人となると、周囲の人々の予想を大きく裏切り、エティオル夫人はルイ15世にとってなくてはならない愛人となった。オーストリア王位継承戦争の戦況のため前線に出なければならなくなっても、ルイ15世は毎日のようにジャンヌ・アントワネット（王の意思によって、前の夫との別居が成立していた）に手紙を送ってきた。そして7月7日の手紙は、それまでとは違って「ポンパドゥール侯爵夫人」宛てとなっていた。ルイは平民出の夫人に、最近断絶した名家の称号と買い取った領地を授け、王の愛人にふさわしい貴族へと昇格させたのであった。さらに9月になってルイ15世が凱旋帰国すると、ポンパドゥール侯爵夫人は"メトレス・アン・ティトゥル"すなわち公式寵妃の地位を与えられ、王妃、王太子、王女たちへの拝謁を果たす（気まずいはずの対面で恩情のこもった対応をされたのを恩に着た侯爵夫人は、生涯王妃マリー・レグザンスカへの尊敬と感謝を忘れなかった）。

かくしてルイ15世に最も愛された公式寵妃、平民出のポンパドゥール侯爵夫人が誕生したのである。

愛と性の狭間で

ルイは新たな恋人を熱烈に愛し、また逆に侯爵夫人も心からルイを慕った。なにしろポンパドゥール侯爵夫人は、幼少のころに王の愛人になると予言されてから、本心ではただ王だけに恋してきたのだ。彼女は内向的な王の性格をよく把握し、繊細な気遣いで飽きやすい王の心を繋ぎとめた。

王にとってポンパドゥール侯爵夫人は、愛人であり、相談相手であり、同時に友人であるという得がたい存在となったのである。しかもこの女性は、心底から王を愛し、彼に尽くすことを生の意義としていた。ルイ15世が、公私両面にわたって侯爵夫人を頼りにするようになったのも無理からぬことだろう。この結果、マダム・ポンパドゥールの発言力は、やがて総理大臣すらもしのぎ、フランスの国政を動かす程になっていった。

だが、これ程王を愛していたというのに、夫人が名実共に王の"愛人"でいられたのは、ほんの数年に過ぎなかった。生来病弱だったポンパドゥール侯爵夫人には、とても絶倫な王の夜のお相手を続けられる程の体力はなかったのだ。強壮剤などの薬や食餌療法を試みてみたものの、逆に深刻に健康を害し、1751年ごろには王との肉体的な関係を維持できなくなった。けれど、この障害は、ポンパドゥール侯爵

ポンパドゥール侯爵夫人

夫人の失脚には繋がらなかった。なんと彼女は、愛人であることはやめても、王の親友——得がたい相談役、政治顧問であり続けることには成功したのだ。驚くべきことだ。だが侯爵夫人は不可能を成し遂げたのである。

女の戦い

とはいえ、宮廷における彼女の立場は必ずしも磐石であったわけではない。平民出身ということで常に誹謗中傷を浴びたし、公式寵妃の立場を奪おう画策するライバル（と後ろ盾の権力者たち）の陰謀で、危うく王の寵を失いかけたこともあった。

侯爵夫人の敵が浴びせた誹謗のうち、最も有名なのは彼女がルイ15世の「鹿の園」を運営していたというものだろう。

この「鹿の園」と呼ばれたヴェルサイユ近郊の館には、ルイ15世の愛人である若い娘たちが住まわされた。「鹿の園」については誇張された卑猥な噂が流布されたものの、一度に数人しか住めないような小さな館がいくつか分散して存在するという、つつましいものであった。囲われた娘たちに国王の素性は教えられず、富裕なポーランド貴族だと信じ込まされていた。

夫人の敵たちは、「鹿の園」は侯爵夫人の発案によるもので、若くて無知な小娘を次々と供じることで国王の寵を保っているのだと陰口を叩き、それは広く信じられた。だが侯爵夫人は、確かに「鹿の園」の一部の管理はしたものの、積極的に関与しようとはしなかった。女衒のような真似をしていたわけではなく、ルイ15世の理解者として後始末に協力していただけだったのだ。

ただポンパドゥール侯爵夫人にとって、ルイ15世が何も知らぬ平民の娘を相手にしていてくれたほうが気が楽なのは確かだった。そんな娘は（だれかに焚き付けられない限り）、公式寵妃の座を脅かそうなどとは夢にも考えなかったからだ。「私がほしいのはあの方の心です。何の教育もない小娘が何人いようと、あの小娘たちが私から国王の心を奪うことはありますまい」この言葉は、彼女の本心だったろう。

むしろポンパドゥール侯爵夫人にとって危険だったのは、王の寵を虎視眈々と狙う貴族の娘だった。一度など、ルイ15世はロマネ・ショワズール夫人という19歳の美女に心奪われ、軽率にもいずれ侯爵夫人を追放すると書いた手紙を与えている。この危険な手紙は人手を介してポンパドゥール侯爵夫人の手に渡って事なきを得た（激怒した彼女は王を詰問し、逆に若いライバルを宮廷から追放させた）が、危うい場面には違いなかった。そしてここまで深刻ではないものの、寵を狙う女性に王が心動かすことは幾度もあり、侯爵夫人はそのたびに相手を追い落として自分の立場を強化した。彼女が公式寵妃の座を守った20年間は、戦いの20年間でもあったのだ。

世を去った「国王の友人」

　ルイ15世にとって欠くべからざる存在となったポンパドゥール侯爵夫人は、徐々にフランスの国政に介入するようになり、事実上王の私的な秘書として、その舵取りを左右した。彼女の政治への介入は、7年戦争を散々な結果に導き、フランスの外交政策を混乱させたと非難されることが多いが、その責任をすべて彼女に帰するのは酷というものだ。しかし当時の寵妃への風当たりは酷く、心労と疲労のため、元々病弱だったポンパドゥール侯爵夫人はめっきり老け込んでしまった（実は胸の病──つまりは結核の末期状態にあったらしい）。

　そして1764年（42歳）に肺と心臓をやられて倒れた彼女は、そのまま再び立ち上がることなく世を去った。病床の彼女は、それでも駆けつけたルイ15世の前では美しく装おうとし、王と別れねばならぬのを恐れて、ぎりぎりまで懺悔のための司祭を呼ぶことを拒んだ。

　やはりしきたりが許すギリギリまで彼女の枕頭に立ち、その後は教会で祈り続けた生涯の愛人ルイ15世は、ヴェルサイユ宮殿を出る侯爵夫人の葬列を、宮殿の端の部屋のバルコニーで見送った。ひどい嵐の中、冷たい雨に打たれるがまま、涙を流して王は呟いたという。

　「これがあのひとにしてやれた、ただ一つの務めなのだ。20年来の恋人に！」

　ただ王の力となることを望み、事実その生命と気力のすべてを愛人に捧げつくした女性への、ルイ15世の心からの言葉であった。

第4章　波瀾万丈の姫

ルネサンスの妖精

ルクレツィア・ボルジア

Lucrezia Borgia

地域：イタリア
時代：ルネサンス
生没年：1480～1519年
出典：──

権謀術数の時代。彼女は、最も危険な男の妹として
生れ落ちた。悲劇の佳人か、稀代の毒婦か。
万華鏡のように多種多様な姿は、まさにボルジアの花に相応しい。

イタリアの妖精

　3度の政略結婚の道具となった薄幸の姫君。永遠に無垢なる聖女。無数の男たちと密通した稀代の淫婦。ルネサンスの毒花。
　だれのことか？　イタリアはルネサンスの時代に生きた女性、ルクレツィア・ボルジアのことである。当時、様々な人間が、様々な言葉で彼女を評した。
　賛美する者がいる。同情する者がいる。声高に嘲る者もいる。
　だが、いずれの立場をとる者も、たった一つだけ口を揃えて語ることがある。それは、彼女が絶世の美女であったということだ。

ボルジアの血族

　ルクレツィアがこの世に生を享けたのは1480年。"ルネサンス"の絶頂期が間もなく到来しようかというころである。父の名はロドリーゴ・ボルジア。絶大な財力と政治力を有する、スペイン出身の枢機卿である。彼には、ルクレツィア以外にも4人の男児があった。早世した長男のペドロ・ルイスは、他の子とは腹違いであった。チェーザレ、ホアン、ルクレツィア、ホフレと続く。半ば公然のこととはいえ、聖職者の妻帯は許されていない。よって、いずれの子も法的な嫡出子とはみなされない、いわゆる庶子という扱いであった。
　後に、限りない悪名を冠することになるボルジア家だが、この時点ではいまだ「それなりに大きな影響力を有する一族」でしかなかった。

"白い結婚"の花嫁

　1492年7月26日未明。法王インノケンチウス8世が天へと召された。それよりおよそ2週間後、紆余曲折を経て、新たな法王が誕生した。新法王の名はアレッサンドロ6世。かつて、ロドリーゴ・ボルジアと呼ばれた男である。

　アレッサンドロ6世は極めて有能な男であり、行動も迅速であった。まず、チェーザレを始めとした親族を次々と教会の要職に据え、自らの権力基盤を固めた。そして、4方の諸勢力と手を結ぶことにより、教会権力の向上を図ることにした。

　他家との友好関係を締結するのに有効な手段、それは婚姻である。当然、娘のルクレツィアに白羽の矢が立った。彼女の美貌には、十分すぎる程の利用価値があった。法王にとって、彼女はまさに「神よりの賜り物」に思えたことであろう。かくしてルクレツィアは、12歳の若さで結婚することとなった。相手は、ミラノ公国のペーザロ伯ジョヴァンニ・スフォルツァ。彼女に拒否する権利があろうはずもない。「おおせのままに」と、おとなしく運命に従うことにした。

　翌1493年、しめやかに結婚式が執り行われた。だが、新郎新婦が初夜の床を共にすることはなかった。ルクレツィアは、それまで暮らしていた宮殿の自室で、それまでどおりに一人の夜を過ごした。名目上は「ルクレツィアが若年であるため」とされていたが、実際のところは、法王の策謀によるものと考えるのが妥当であろう。カトリックの教理において、基本的に離婚は許されない。だが、これにはひとつの抜け道があった。その婚姻が、肉の交わりを持たない"白い結婚"であった場合、離婚が認められる。つまり、いつでもジョヴァンニ・スフォルツァという同盟相手を「切り離す」ことが可能となるのだ。

　事実、「切り離し」の時期はすぐにやってきた。1497年、弱体化著しいミラノ公国を見放した法王は、ジョヴァンニにルクレツィアとの離縁を迫った。美しい妻を失いたくないジョヴァンニは、各方面にとりなしを求めたが、それも虚しい結果に終わる。泣く泣く、離婚承諾書に署名され、あまつさえ、"白い結婚"であったことを証明するため、性的不能者の烙印まで押されたのである。憤懣やるかたないジョヴァンニは、思わず叫んだ。

　「私は、ルクレツィアの肉体を知っている。法王が彼女を私から取りあげようとするのは、法王自身が彼女を己の用に使いたいからだ！」

　彼はすぐにこの発言を取り下げることを余儀なくされたが、ボルジア家にまつわるいかがわしい風聞を生むこととなった。それは、「ルクレツィアは実の父アレッサンドロ6世と近親相姦の関係にある」「父親だけでなく、実兄のチェーザレやホアンとも通じている」という内容のものであった。

第4章　波瀾万丈の姫

　この話の真偽についてはいまだ定かではない。ただ、人々にとっては大層魅力的なモチーフ（特に、兄チェーザレとの関係）であったらしく、今日に至るまで、多くのフィクションの題材となっているのは確かである。
　世間の好奇の目を嫌ったか、はたまたシングルライフを満喫するためか、離婚したルクレツィアはそそくさと尼僧院に引き篭もってしまった。離婚承諾書への署名についても、「おおせのままに」と、おとなしく従った。結婚を命じられた時と同じように。案外、彼女にとってジョヴァンニはいてもいなくても変わりのない存在だったのかもしれない。

姫君の恋？

　尼僧院で送る日々は、静かで平安に満ちてはいたものの、いかにも刺激に乏しいものだった。そこに変化をもたらしたのが、父や兄との連絡役を務めていた、美男の従者であった。ルクレツィアはもしかしてこの時、初めて恋をしたのかもしれない。幾度も会ううちに二人の仲は親密になり———やがてルクレツィアの胎に赤子が宿った。ルクレツィアが18歳の時である。
　法王を始めとした親族は怒り心頭である。ことにチェーザレの怒りはすさまじく、自ら剣を抜き放ち、この従者を追い掛け回した。
「卑しい従者の分際でボルジア家の女に、それも俺の大事なルクレツィアに手を出すとは何事か！　しかも子どもまでこしらえるとは！！」
　といった具合である。虎の尾を踏んだことを悟った従者は全速力で雲隠れしたが、哀れにも運河に浮かぶこととなった。不可思議なのはその報を聞いたルクレツィアの反応である。
　泣いた？　怒った？　気を失った？
　いずれも違う。正解は、「無反応」である。別に、驚きのあまり感情が麻痺したとかいうわけではないらしい。「ふーん、そう」程度の反応だったのだ。
　兎にも角にも、一時の恋は（従者にとっては）悲劇的な終わりを告げ、ルクレツィアは再び平穏な日々へと戻った。やがて生まれた子供は、ルクレツィアの名誉を慮り、法王の庶子として扱われることとなった。もっとも、この取り計らいが「近親相姦の噂」に拍車をかけることになってしまったのだが。

ルクレツィア・ボルジア

第4章　波瀾万丈の姫

愛する伴侶

　初めての子を産んだ1498年の7月、ルクレツィアは2度目の結婚式をあげた。相手は、アラゴン王国の庶出の王子アルフォンソ・ダラゴーナ。彼は、この結婚に際し領地を賜り、ビシェリエ公となった。結婚のお膳立てをしたのは、兄のチェーザレであった。イタリアの統一という野望を抱く彼にとって、アラゴン王国は、「現時点では」手を組んでおくべき相手であった。様々な思惑が交錯する結婚ではあったが、そのような些事などルクレツィアの眼中にはなかった。彼女は、優しい性格と甘いマスクの新郎に心底惚れ込んでしまったのだ。甘い蜜月を堪能する若夫婦だったが、幸せは長く続かなかった。

　チェーザレが政治方針を転換し、アラゴンと不仲のフランスと手を組むことにしたのだ。チェーザレは、今度は自らがフランスへと赴き、ルイ12世の従妹・シャルロット・ダルブレと結婚式をあげた。身の危険を感じたアルフォンソは、燕のように身を翻し、故郷へと逃げ帰ってしまった。後には、新妻一人だけが残された。またもや男は彼女の元から逃げたのである。

　しかし、ここでもルクレツィアは、やはりいつもの彼女であった。多少の落胆はあっただろうが、「ま、しょうがないわね」とばかりに、今度は仕事に励むことにした。法王より賜ったスポレート領の執政官の任務に精を出したのだ。この執務はきちんとそつなくこなしていたようで、彼女が決して、夢見がちなだけの姫君ではないことが分かる。

　さて逃げ去った夫はというと、2ヶ月もしないうちに故郷を追い出されることになる。フランスの脅威を感じ取っていたアラゴンは、なんとしてでも教会との友好関係を維持しておきたかった。そこで、法王のご機嫌取りをするため、アルフォンソを妻の元へ送り返すことにしたのだ。おめおめと戻ってきた夫を、ルクレツィアは怒るでもなく、むしろ喜んで出迎えたのだった。それからほどなくして、彼女は2人目の子どもを産み落とすこととなった。

　なんとか元の鞘に納まった二人だが、事態はより悲劇的な方向へと展開してしまう。アルフォンソの暗殺、である。

　1499年7月15日。ヴァチカンのサン・ピエトロ広場を歩いていたアルフォンソが、何者かに襲撃され、瀕死の重傷を負った。もはや助からないかとも思われたが、処置が早かったこと、アルフォンソ本人が若く体力に溢れていたこと、ルクレツィアの献身的な看護の甲斐あって、徐々に快方へと向かった。しかし、8月18日、最期はあっけなく訪れる。所用でルクレツィアがアルフォンソの部屋を離れ、やがて戻って来た時、すべては終わっていた。部屋の前には兵士と、チェーザレの右手と称されるミケー

レ・ダ・コレーリア——ドン・ミケロットが立っていた。ドン・ミケロットは冷たく告げた。
「ビシェリエ公は、ベッドから落ちて死亡しました」
　遺体との最後の面会すらかなわなかった。まるで、「遺体の状況を見られては困る」とでも言いたいかのようであった。ルクレツィアには、分かっていた。だれの差し金かなのかということが。その時、彼女の胸中はいかばかりであったろうか。……そして数日後、ルクレツィアはローマを離れた。

最後の結婚

　翌年。ルクレツィアは、再び兄の野望の道具として嫁ぐこととなった。相手は、フェラーラ公国の当主エステ家の嫡男アルフォンソ・デステ。愛するアルフォンソ・ダラゴーナを失った翌年に、同じ名の男に嫁ぐのだ。もちろん、今回も「おおせのままに」と従うルクレツィアだった。
　この結婚もまた短期間に終わる運命にあるのだろうか？　結論から先に述べるが、それは違っていた。これはルクレツィア・ボルジア最後の結婚であり、夫のアルフォンソ・デステは彼女の最期を看取る人物となった。
　アルフォンソ・デステは、型破りな行動派の貴族で、しかも為政者としての才能にも恵まれていた。これまでの夫のように柔弱ではなく、兄のチェーザレのように冷酷でもなかった。彼は、大きな包容力をもってルクレツィアを終生愛し続けた。
　結婚当初、アルフォンソの多忙をいいことに優雅なサロンを開設したルクレツィアは、そこで様々な貴公子たちとつかの間の恋を楽しんだ。この奔放さをして、口さがない人々は"悪女""淫婦"と呼ぶのであろう。だが、アルフォンソは妻の不貞をなじったりはしなかった。ただ静かに見守るだけであった。
　やがて時は流れ、イタリアに覇を唱えたボルジア家の権勢が衰える日がやって来た。法王アレッサンドロ6世が病死し、全く同時期にチェーザレもまた熱病で死線をさまようこととなった。もとより、ボルジアの力は法王あってのものである。チェーザレが病から復帰するころには、情勢は一変していた。チェーザレには破滅の道しか残っていなかった。
　兄の窮状を知ったルクレツィアは、各方面に支援要請の書簡を送った。
　必死であった。
　チェーザレ・ボルジア。ルクレツィアの人生の大半は、この野望に身を焦がした兄によってかき乱された。愛する者も殺された。だが、それなのに、兄のために、必死になって書簡を送り続けたのだ。理由は不明である。彼女自身、理由など分かってはいなかっただろう。その駆り立てるような感情の激しさは、もしかすると彼女が生

第4章　波瀾万丈の姫

まれて初めて経験するものだったかもしれない。

だが、それも虚しいものとなった。沈み始めた太陽を、天に戻すことなどできはしない。

"Aut Caesar aut nihil"
「皇帝か、無か」……そんな言葉を旗印に掲げ、チェーザレは戦い、戦い、戦い、そして死んだ。自殺同然の戦いを挑み、戦死したのだ。

兄の死を知ってから、ルクレツィアの生活は静かなものになった。あれ程多かった恋人たちとも疎遠になり……ここで彼女は、やっと「アルフォンソ・デステ」という夫の存在を認識した。そして、自分に寄せられる愛情も。

アルフォンソとの間には5人の子供が育った。母としてだけではなく、為政者としての才能も発揮し、夫をよく助けた。そうするうちに12年の歳月が流れていた。

1519年6月。ルクレツィアは女の子を出産した。しかし、この出産により彼女は大きく体調を崩す。そして、そのまま快復することなく、同月24日、ルクレツィア・ボルジアは静かに息を引き取った。享年39歳。遺体は、フェラーラのコルプスドミニ修道院(Monastero del Corpus Domini)に埋葬され、今も静かに眠っている。

索引

ゴシック体のページ数は項目となっている事を表します。

【あ行】

アーサー 42
アイギストス 147,257
葵の上 102
明石の君(あかしのきみ) 104
アガメムノン 89,147,256
アキレウス 95,144,261
アクナトン ....→アメンヘテプ4世
浅井長政 133
按察使の大納言(あぜちのだいなごん) 226
アッティラ 277
アテネ 92
アトレーユ 181
アナスタシア **114**
アフロディテ 88
阿部の御主人(あべのみうし) 187
アマーリエ(マリア) 309
天津日高日子番能邇邇芸命(あまつひこひこほのににぎのみこと)
....195
アメンヘテプ3世 84
アメンヘテプ4世 84
アラゴルン 10
アルウェン 10
アルシノエ4世 51
アルテミス 262
アルフォンソ 24
アルベルト 308
アレクサンドラ 114
アレクセイ 114
アレッサンドロ6世 321
アンダーソン(アンナ) 119
アントニウス 55
アンドロメダ **16**
アントワネット(マリー) 74,**164**,309
アンナ(マリア) 308
安禄山 109
イサベル1世 23,304
石作の皇子(いしつくりのみこ) 187
石上の麻呂足(いそかみのまろたり) 187
イゾルデ **123**
イゾルデ(白い手の) 128
いばら姫 220
イピゲネイア 256
石長比売(いわながひめ) 195
允恭天皇(いんぎょうてんのう) 148
ウージェーヌ 76
ヴォルスンガ・サガ 272
右馬佐(うまのすけ) 228
エリザーベト(マリア) 309
エリザベート **30**
エルザ **36**
エルロンド 11
エレクトラ 96,**256**
エンリケ4世 24
お市 **132**,244
王昭君 **138**
大伴の御行(おおとものみゆき) 187
大山津見神(おおやまづみのかみ) 194
オクタヴィアヌス 55
小督(おごう) 134,158,**244**
幼ごころの君 180
織田信長 132,255
オデュッセウス 89,146
オトタチバナ **199**
オリガ 114
オルタンス 75
オルトルート 37
オレステス 96,256
女三の宮(おんなさんのみや) 104

【か行】

カール5世 305
カエサリオン 54
カエサル(ユリウス) 51
夏姫(かき) 265,271
かぐや姫 **186**

カシオペア	17	サンドリヨン	207
カストル	88	ジークフリート	272
夏徵舒(かちょうじょ)	266	シータ	60
カッサンドラ	**143**	シェイクスピア	153,281
軽大郎女(かるのおおいらつめ)	**148**	シシィ	→エリザベート
カロリーネ(マリア)	309	シバの女王	**200**
儀行父(ぎこうほ)	266	子反(しはん)	268
木梨軽皇子(きなしのかるのみこ)	144	ジャナカ王	60
玉環(ぎょくかん)	→楊貴妃	シャハザマーン	69
桐壺の更衣(きりつぼのこうい)	103	シャハラザード	**68**
グィネヴィア	**42**	シャハリヤール	69
庫持ちの皇子(くらもちのみこ)	187	シャルル(イポリット)	78
クリームヒルト	**272**	シャルル(ルイ)	170
クリスティーナ(マリア)	308	寿王妃(じゅおうひ)	→楊貴妃
クリュソテミス	256	寿王瑁(じゅおうぼう)	106
クリュタイムネストラ	88,147,257	ジュリエット	**153**
クレオパトラ7世	**49**	シュルパナカ	64
グンター	272	小アイアス	146
ケペウス	17	葉限(しょうげん)	217
源氏物語	**98**	襄老(じょうろう)	267
玄宗	105	ジョセフィーヌ	74,82,310
元帝	138	ジョフロワ	236
句践(こうせん)	297	シンデレラ	**206**
孔寧(こうねい)	266	スフォルツァ(ジョヴァンニ)	321
コーデリア	216,**281**	西施(せいし)	**296**
呼韓邪単于(こかんやぜんう)	138	ゼウス	88
黒要(こくよう)	268	千姫	**158**,254
ゴットフリート	36	荘王	266
ゴナリル	284	曹操(そうそう)	288
木花之佐久夜毘売(このはなさくやびめ)	**194**	ゾフィー大公妃	31
		ソロモン王	200

【さ行】

蔡文姫(さいぶんき)	**286**
蔡邕(ゆう)	286
坂崎出羽守成正(さかざきでわのかみなりまさ)	160
佐治一成(さじかずなり)	246
サロメ	**292**

【た行】

ターリア	222
竹取の翁	187
タチアナ	114
ダラゴーナ(アルフォンソ)	324
中宮彰子(ちゅうぐうしょうし)	104

ツィタ	312
ツタンカーメン	84
鶴松(つるまつ)	250
ティアマト	17
ティイ	86
ティンダレオス	88
テーセウス	89
デステ(アルフォンソ)	324
デティオル(シャルル・ギヨーム・ノルマン)	315
テルムラント	37
テレーズ(マリー)	170
テレジア(マリア)	165,**306**
徳川家光(とくがわいえみつ)	248
徳川家康	159,245
徳川忠長(とくがわただなが)	248
徳川秀忠	158,245
ドニアザード	70
豊臣秀吉	134,244
トリストラム	123

【な行】

ニーベルンゲンの歌	272
ニコライ2世	114
ネフェルティティ	**84**

【は行】

ハーゲン	276
灰かぶり	210
灰かぶり猫	210
伯嚭(はくひ)	298
羽柴秀勝(はしばひでかつ)	248
バスチアン	180
初(はつ)	133,**244**
ハヌマーン	65
ハミト1世	82
バリー(デュ)夫人	165
パリス	88,144
パレスチーヌ	237

范蠡(はんれい)	297
光源氏	98
ビルキース	→シバの女王
ファナ	304
ファン2世	24
フィリップ	304
フェルセン	174
フェルナンド5世	23,304
フォルカー	273
復株累単干(ふくるいぜんう)	139
夫差(ふさ)	296
藤壺の宮(ふじつぼのみや)	99
巫臣(ふしん)	268
プトレマイオス12世	50
プトレマイオス13世	51
プトレマイオス14世	54
フランツ1世	306
プリアモス	143
ブリュンヒルト	274
プルタルコス	52
プレシーヌ	237
フロモン	236
文種(ぶんしょう)	297
ペイトリオス	90
ヘクトール	94,144
ペドロ(ドン)	311
ペドロ2世	313
ヘラ	88
ペルセウス	16
ヘレネ	**88,261**
ヘロデ王	292
ヘロディア	292
火遠理命(ほおりのみこと)	198
穆公(ぼくこう)	265
火須勢理命(ほすせりのみこと)	198
火照命(ほでりのみこと)	198
ボナパルト(ナポレオン)	74,83,310
ポリュクセネ	143

ポリュデウケス 88
ボルジア(チェーザレ) 320
ボルジア(ルクレツィア) **320**
本多忠刻(ほんだただとき) 162
ポンパドゥール侯爵夫人 **314**

【ま行】

マクシミリアン(バイエルン公爵) 30
マクシミリアン 303
マケダ ....→シバの女王
マハーバーラタ 60
マフメト2世 82
マリア(マクシミリアン妃) 303
マリーア 114
マルク王 126
マロート 123
万福丸 135
虫愛づる姫君 **226**
紫式部 104
紫の上 **98**
メネラオス 89,261
メネリク1世 204
メリオール 237
メリュジーヌ **232**
メレアガンス 44
モードレッド 46
モット(ジャンヌ・ド・ラ)伯爵夫人 171

【や行】

ヤマトタケル 199
指輪物語 10
楊貴妃 **105**
楊弦琰(ようげんえん) 106
楊国忠 109
姚子(ようし) 265
ヨーゼフ(フランツ) 30
ヨーゼフ2世 170
淀(よど) 133,159,244

ヨハネ 293

【ら行】

ラーヴァナ 62
ラーマ 60
ラーマーヤナ 60
ラオディケ 143
ラプンツェル **240**
ランスロット 42
リア王 216,284
リーガン 284
驪姫(りき) 265,**271**
リベリ(エイメ・ジュビュク・ド) **82**
リューデゲール 277
ルイ15世 165
ルイ16世 164,314
ルイーズ(マリー) 81,83,310
レイモンダン 232
レオデグランス 43
レオポルディーネ(マリア) 311
レクザンスカ(マリー) 314
レダ 88
レハブアム 204
ロアン枢機卿 171
ローエングリン 36
ロミオ 153
ロレンス神父 156

参考文献

書名／著者名／訳者名／出版社
Celtic Myth and Legend／Charles Squire／／Newcastle Publishing
Dictionary of Mythology Folklore and Symbols／Gertrude Jobes／／The Scarecrow Press
Historie Regime Buritanie／Geoffrey of Monmouth
Le Morte D'Arthur／Sir Thomas Malory／／Penguin Books
Malory Works／Eugene Vinaver／／Oxford University Press
The History of the Kings of Britain／Lewis Thorpe／／Penguin Books
The History of the Lord of the Rings／J.R.R.Tolkien／Christopher Tolkien編／Houghton Mifflin

アーサー王の死／マロリー／厨川文夫・圭子／筑摩書房・ちくま文庫
アーサー王物語Ⅰ／トマス・マロリー／井村君江／筑摩書房
アーサー王物語Ⅱ／トマス・マロリー／井村君江／筑摩書房
アイスランド・サガ／谷口幸男／／新潮社
アナスタシアー消えた皇女ー／ジェイムズ・ブレア・ラヴェル／広瀬順弘／角川書店
異国へ嫁した姫君たち ヨーロッパ王室裏面史／マリー・クリスティーヌ／糸永光子／時事通信社
イリアス(上)／ホメロス／松平千秋／岩波文庫
イリアス(下)／ホメロス／松平千秋／岩波文庫
エチオピアの歴史——"シェバの女王の国"から"赤い帝国"崩壊まで／岡倉登志／／明石書店
NHKブックス662 古代探求 「記・紀」の世界と日本人の心／小林道憲／／日本放送出版協会
エリザベート 栄光と悲劇／マーティン・シェーファー／永島とも子／刀水書房
エンデ全集4 はてしない物語 上／ミヒャエル・エンデ／上田真而子、佐藤真理子／岩波書店
エンデ全集5 はてしない物語 下／ミヒャエル・エンデ／上田真而子、佐藤真理子／岩波書店
王冠と恋 ハプスブルク宮廷の愛人たち／加瀬俊一／文藝春秋
王妃マリー・アントワネット／エヴァリーヌ・ルヴェ／塚本哲也、遠藤ゆかり／創元社
おとぎ話における母／S・ビルクホイザー—オエリ／氏原寛／人文書院
かぐや姫の反逆「源氏物語」をとりまく作品／長塚杏子／／三一書房
かぐや姫の光と影——物語の初めに隠されたこと／梅山秀幸／／人文書院
語られざるかぐや姫-昔話と竹取物語／高橋宣勝／／大修館書店
神々の体系／上山春平／／中公新書
河出 世界文学大系6 シェイクスピアⅠ／／三神勲、中野好夫／河出書房新社
漢詩大系第12巻 白楽天／田中克己／／集英社
完訳 グリム童話 －子供と家庭のメルヒェン集－Ⅰ、Ⅱ／グリム兄弟／小澤俊夫／ぎょうせい
完訳 グリム童話集(一)／グリム兄弟／金田鬼一／岩波文庫
完訳 千一夜物語1～13／／豊島与志雄、渡辺一夫、佐藤正彰、岡部正孝／岩波文庫
宮廷を彩った寵姫たち 続・ヨーロッパ王室裏面史／マリー・クリスティーヌ／糸永光子／時事通信社
狂女王ファナ スペイン王家の伝説を訪ねて／西川和子／／彩流社
ギリシア神話／アポロドーロス／高津春繁／岩波文庫
ギリシア神話案内——苛烈なる神々とその系譜——／小野塚友吉／／風濤社
ギリシア神話小事典／バーナード・エヴスリン／小林稔／社会思想社
ギリシア神話と英雄伝説(上)(下)／トマス・ブルフィンチ／佐渡谷重信／講談社
ギリシア神話の女たち／楠見千鶴子／／筑摩書房
ギリシア悲劇Ⅰ／アイスキュロス／呉茂一他／ちくま文庫
ギリシア悲劇Ⅱ／ソポクレス／松平千秋他／ちくま文庫
ギリシア悲劇Ⅲ／エウリピデス／松平千秋他／ちくま文庫
ギリシア悲劇Ⅳ／エウリピデス／呉茂一他／ちくま文庫
ギリシア・ローマ神話／トマス・ブルフィンチ／大久保博／角川書店
ギリシア・ローマ神話Ⅰ／グスタフ・シュヴァーブ／角信雄／白水社
ギリシア・ローマ神話Ⅱ／グスタフ・シュヴァーブ／角信雄／白水社
ギリシア・ローマ神話辞典／高津春繁／／岩波書店
ギリシア・ローマ神話事典／マイケル・グラント、ジョン・ヘイゼル／西田実他／大修館書店
ラーマヤナ／／岩本裕／平凡社東洋文庫
舊唐書(全16冊)／[後晉]劉[日+句]等撰／24史点校本／中華書局
グラフィック版源氏物語／／／世界文化社
グリム童話考 「白雪姫」をめぐって／小澤俊夫／／講談社
桑田忠親著作集 第七巻 戦国の女性／桑田忠親／／秋田書店
ゲルマン北欧の英雄伝説 ヴォルスンガ・サガ／菅原邦城／東海大学出版会
源氏に愛された女たち／瀬戸内寂聴／／講談社
源氏物語／／秋山虔／社会思想社

参考文献

源氏物語ときがたり／村山リウ／／主婦の友社
現代語訳日本の古典4　竹取物語・伊勢物語／／田辺聖子／学習研究社
恋するジョセフィーヌ　ナポレオンとの恋／ジャック・ジャンサン／瀧川好庸／中央公論社
口語訳　古事記[完全版]／／三浦佑之／文藝春秋
皇帝ニコライ処刑(上、下)／エドワード・ラジンスキー／工藤精一郎／NHK出版
皇妃エリザベート　その名はシシィ／南川三治郎／／河出書房新社
皇妃エリザベート　ハプスブルクの美神／カトリーヌ・クレマン／塚本哲也、田辺季久子／創元社
古事記／倉野憲司／岩波書店
古代エジプト女王伝／吉村作治／／新潮選書
古代中国／貝塚茂樹、伊藤道治／／講談社
古代北欧の宗教と神話／フォルケ・ストレム／菅原邦城／人文書院
サロメ／オスカー・ワイルド／福田恆在／岩波書店
サロメ図象学／井村君江／／あんず堂
「サロメ」の変容　翻訳・舞台／井村君江／／新書館
三国志1／陳寿、今鷹真・井波律子／筑摩書房
シェイクスピアの面白さ／中野好夫／新潮社
シェイクスピアを楽しむために／阿刀田高／／新潮社
シェイクスピアを学ぶために／今西雅章、尾崎寄春、齋藤衛〔編〕／世界思想社
塩野七生ルネサンス著作集2　ルネサンスの女たち／塩野七生／／新潮社
史記列伝(一)／小川環樹、今鷹真、福島吉彦／岩波書店
史記列伝(四)／小川環樹、今鷹真、福島吉彦／岩波書店
シバの女王——砂に埋もれた古代王国の謎／ニコラス・クラップ／柴田裕之／紀伊國屋書店
清水新書054　中国史にみる女性群像／田村実造／／清水書院
春秋左氏伝(上)／小倉芳彦／／岩波文庫
春秋左氏伝(中)／小倉芳彦／／岩波文庫
春秋左氏伝(下)／小倉芳彦／／岩波文庫
ジョセフィーヌ　革命が生んだ皇后／安達正勝／／白水社
シルマリルの物語(上)／J・R・R・トールキン／田中明子／評論社
シルマリルの物語(下)／J・R・R・トールキン／田中明子／評論社
新釈漢文大系第20巻　十八史略(上)／林秀一／／明治書院
新釈漢文大系第21巻　十八史略(下)／林秀一／／明治書院
新釈漢文大系第30巻　春秋左氏伝一／鎌田正／／明治書院
新釈漢文大系第31巻　春秋左氏伝二／鎌田正／／明治書院
新釈漢文大系第32巻　春秋左氏伝三／鎌田正／／明治書院
新釈漢文大系第34巻　春秋左氏伝四／鎌田正／／明治書院
新釈漢文大系第38巻　史記(本紀上)一／吉田賢抗／／明治書院
新釈漢文大系第39巻　史記(本紀下)二／吉田賢抗／／明治書院
新釈漢文大系第58巻　蒙求(上)／早川光三郎／／明治書院
新釈漢文大系第59巻　蒙求(下)／早川光三郎／／明治書院
新釈漢文大系第66巻　国語(上)／大野峻／／明治書院
新釈漢文大系第67巻　国語(下)／大野峻／／明治書院
新釈漢文大系第7巻　老子・荘子　上／阿部吉雄、山本敏夫、市川安司、遠藤哲夫／／明治書院
新釈漢文大系第8巻　荘子　下／市川安司、遠藤哲夫／／明治書院
人生を恋した女たち　歴史をきらめかせた12人／清川妙／／主婦と生活社
新唐書／古賀登／／明徳出版社
新唐書(全20冊)／[宋]歐陽修[宋]宋祁等撰／24史点校本／中華書局
新日本古典文学大系26　堤中納言物語とりかへばや物語／大槻修、今井源衛、森下純昭、辛島正雄／／岩波書店
人物叢書　淀君／桑田忠親／／吉川弘文館
新編日本古典文学全集12　竹取物語　伊勢物語　大和物語　平中物語／片桐洋一ほか／／小学館
シンデレラ　9世紀の中国から現代のディズニーまで／アラン・ダンダス／池上嘉彦ほか／紀伊國屋書店
図説黄金のツタンカーメン　悲劇の少年王と輝ける財宝／ニコラス・リーヴス／近藤二郎／原書房
図説古代エジプトの女性たち　よみがえる沈黙の世界／ザヒ・ハワス著／吉村作治・西川厚／原書房
図説ハプスブルク帝国／加藤雅彦／／河出書房新社
スペイン黄金時代／林屋永吉・小林一宏・他／／日本放送出版協会
スペイン女王イサベル　その栄光と悲劇／小西章子／／朝日新聞社
聖書を彩る女性たち／小塩節／／毎日新聞社
世界のシンデレラ物語／山室静／／新潮社
世界の神話伝説・総解説／／／自由国民社
世界歴史大系　中国史4—先史〜後漢—／松丸道雄、池上温、斯波義信、神田信夫、濱下武志／／山川出版社

世界歴史大系　中国史2―三国～唐―／松丸道雄、池田温、斯波義信、神田信夫、濱下武志／／山川出版社
戦国三姉妹物語／小和田哲男／／角川書店
全訳版　シンデレラ・コンプレックス／コレット・ダウリング／柳瀬尚紀／三笠書房
竹取・伊勢物語の世界－平安初期の思想史的考察－／田中元／／吉川弘文館
だれがいばら姫を起こしたのか　グリム童話をひっかきまわす／イーリング・フェッチャー／丘沢静也／筑摩書房
誰が眠り姫を救ったか／金成陽一／／大和書房
チェーザレ・ボルジアあるいは優雅なる冷酷／塩野七生／／新潮社
筑摩世界文學大系6　史記Ⅰ／／小竹文夫、小竹武夫／筑摩書房
筑摩世界文學大系7　史記Ⅱ／／小竹文夫、小竹武夫／筑摩書房
チタ／グリセール・ベカール／関田淳子／新書館
中国学芸大事典／近藤春雄／／大修館書店
中国古典文学大系第13巻　漢書・後漢書・三国志列伝選／／本田済／平凡社
中国名詩選(上)／松枝茂夫編／岩波書店
中国名詩選(下)／松枝茂夫編／岩波書店
中国歴史名著全訳叢書　呉越春秋全訳／趙曄／張覚／貴州人民出版社
伝説の王妃　ネフェルティティ／フィリップ・ファンデンベルク／金森誠也／佑学社
頭韻詩　アーサーの死／／清水あや／ドルフィンプレス
唐詩三百首1／／目加田誠／平凡社
徳川千姫哀感／吉田知子／／読売新聞社
トリスタン・イズー物語／ベディエ／佐藤輝夫／岩波文庫
トリスタンとイゾルデ／ゴットフリート・フォン・シュトラースブルク／石川敬三訳／郁分堂
ニーベルンゲンの歌／相良守峰／岩波文庫
ニコライ二世とアレクサンドラ皇后　ロシア最後の皇帝一家の悲劇／ロバート・K・マッシー／佐藤俊二／時事通信社
日本書紀　上・下／井上光貞／中央公論社
日本人の言霊思想／豊田国夫／講談社学術文庫
日本の神話伝説／吉田敦彦、古川のり子／青土社
女人絵巻―歴史を彩った女の肖像／澤田ふじ子／／徳間書店
ねむり姫の謎―糸つむぎ部屋の性愛史／浜本隆志／／講談社
眠れる森の美女　完訳ペロー昔話集／シャルル・ペロー／巌谷國士／筑摩書房
能・狂言事典／西野春雄、羽田昶／／平凡社
八行連詩　アーサーの死／／清水あや／ドルフィンプレス
ハプスブルク愛の物語　王冠に優る恋／ジクリト＝マリア・グレーシング／江村洋／東洋書林
ハプスブルク愛の物語　悲しみの迷宮／ジクリト＝マリア・グレーシング／江村洋／東洋書林
ハプスブルク一千年／中丸明／／新潮社
ハプスブルク家史話／江村洋／／東洋書林
ハプスブルク家　ヨーロッパの一王朝の歴史／アーダム・ヴァントルツカ／江村洋／谷沢書房
ハプスブルクの女たち／テア・ライトナー／関田淳子／新書館
ハプスブルクの子供たち／テア・ライトナー／関田淳子／新書館
ハプスブルク物語／池内紀／南川三治郎／新潮社
ハプスブルク家史話／江村洋／／東洋書林
ハプスブルク家の女たち／江村洋／／講談社
百衲本二十四史(四)後漢書　上／范曄／／台湾商務印書館
百衲本二十四史(五)後漢書　下／范曄／／台湾商務印書館
ブックス・エソテリカ22　天皇の本／／／学研
風土記の神と宗教的世界／風土記を読む会／／おうふう
フランス革命の女たち／池田理代子／／新潮社
フランス革命の主役たち　臣民から市民へ(上、中、下)／サイモン・シャーマ／栩木泰／中央公論社
フランスの歴史を作った女たち／ギー・ブルトン／田代葆／中央公論社
ブルボン家の落日　ヴェルサイユの憂鬱／戸田規子／／人文書院
別冊歴史読本　皇女アナスタシアとロマノフ王朝――数奇な運命を辿った悲運の王家――／／／新人物往来社
別冊歴史読本　世界のプリンセス　王宮を彩ったヒロインたちの光と影／／／新人物往来社
別冊歴史読本　マリーアントワネットとヴェルサイユ――華麗なる宮廷に渦巻く愛と革命のドラマ――／／／新人物往来社
北欧神話／K・クロスリーホランド／山室静　米原まり子／青土社
北欧神話／菅原邦城／／東京書籍
北欧神話と伝説／グレンベック／山室静／新潮社
ポンパドゥール夫人　ロココの開花と革命の予兆／デューク・ド・カストル／小宮正弘／河出書房新社
マリー・アントワネット(上、下)／ツヴァイク／山下肇／角川文庫
マリー・アントワネットとマリア・テレジア　秘密の往復書簡／パウル・クリストフ／藤川芳朗／岩波書店
マリー・アントワネットの生涯／藤本ひとみ／／中央公論社

参考文献

昔話の考古学／吉田敦彦／／中公新書
昔話の深層／河合隼雄著／／福音館書店
昔話の本質と解釈／マックス・リュティ／野村泫／福音館書店
昔話の魔力／ブルーノ・ベッテルハイム／波多野完治・乾侑美子／評論社
メリュジーヌ　蛇女＝両性具有の神話／ジャン・マルカル／中村栄子、末永京子／大修館書店
物語中国史（上）／佐藤鉄章／／河出書房新社
物語中国史（下）／佐藤鉄章／／河出書房新社
物語と史蹟をたずねて　千姫／松本幸子／／成美堂出版
八百万の神々／戸部民夫／／新紀元社
指輪物語1　旅の仲間（上）／J・R・R・トールキン／瀬田貞二／評論社
指輪物語2　旅の仲間（下）／J・R・R・トールキン／瀬田貞二／評論社
指輪物語3　二つの塔（上）／J・R・R・トールキン／瀬田貞二／評論社
指輪物語4　二つの塔（下）／J・R・R・トールキン／瀬田貞二／評論社
指輪物語5　王の帰還（上）／J・R・R・トールキン／瀬田貞二／評論社
指輪物語6　王の帰還（下）／J・R・R・トールキン／瀬田貞二／評論社
指輪物語10　追補編／J・R・R・トールキン／田中明子／評論社
楊貴妃／村山吉廣／中央公論社
ランスロまたは荷車の騎士（フランス中世文学集2）／クレアチャン・ド・トロワ／神沢栄三／白水社
李白詩選／／松浦友久編／岩波書店
龍渓西欧古典叢書②　ペンタメローネ（五日物語）／ジャンバティスタ・バジーレ／塚田孝雄／龍渓書舎
歴代天皇総覧　皇位はどう継承されたか／笠原英彦／中公新書
レコンキスタ　中世スペインの国土回復運動／D.W.ローマックス／林邦夫／刀水書房
ロシア皇帝歴代誌／デヴィッド・ウォーンズ／栗生沢猛夫・月森左知／創元社
ロマーノフ王朝滅亡／マーク・スタインバーグ／ヴラジーミル・フルスタリョーフ／川上洸／大月書店
ロマノフ王家の終焉／ロバート・K・マッシー／今泉菊雄／鳥影社
わたしの古典10　阿部光子の更級日記・堤中納言物語／阿部光子／集英社

著者略歴

稲葉　義明
　1970年生まれ。神奈川県出身。文筆家。執筆活動のため明治学院大学を中退。執筆、翻訳に従事する。著書に『剣の乙女』『甦る秘宝』（新紀元社）、『信長の野望・新軍師録』『信長の野望・新名将録』『信長の野望・下克上伝』（光栄）など、訳書にオスプレイ・メンアットアームズ・シリーズ『百年戦争のフランス軍』『モンゴル軍』『ルイ14世の軍隊』（新紀元社）他多数がある。

佐藤　俊之
　1966年生まれ。東京都出身。東京造形大学中退後、執筆活動に入る。著書に『U-792潜行せよ！』（コスミックインターナショナル）、『アーサー王』『聖剣伝説』『聖剣伝説Ⅱ』（新紀元社）、訳書にオスプレイ・メンアットアームズ・シリーズ『アーサーとアングロサクソン戦争』『サクソン／ヴァイキング／ノルマン　ブリテンへの来寇者たち』『ナポレオンの軽騎兵　華麗なるユサール』（新紀元社）他多数がある。

田中　岳人
　1978年生まれ。神奈川県出身。明治大学文学部中退。在学中より執筆活動を開始し、現在はゲーム設定、シナリオなどを中心に活動中。

田中　天
　1977年生まれ。東京都出身。TVゲームの攻略本スタッフを経て、執筆業に入る。著書に『コスチューム　―中世衣装カタログ―』（新紀元社）などがある。

丹藤　武敏
　1975年生まれ。新潟県出身。帝京大学を卒業後、フリーライターとなる。おもにTRPGのシナリオを手がける。

335

Truth In Fantasy 70

プリンセス

2005年10月5日 初版発行

著者	稲葉義明（いなばよしあき） 佐藤俊之（さとうとしゆき） 田中岳人（たなかたけひと） 田中天（たなかたかし） 丹藤武敏（たんどうたけとし）
編集	株式会社新紀元社編集部 有限会社ファーイースト・アミューズメント・リサーチ
発行者	大貫尚雄
発行所	株式会社新紀元社 〒101-0054　東京都千代田区神田錦町3-19 楠本第3ビル TEL.03-3291-0961　FAX.03-3291-0963 郵便振替00110-4-27618 http://www.shinkigensha.co.jp/
デザイン・DTP	スペースワイ 佐藤たかひろ 田中信二 李重燁 有限会社ファーイースト・アミューズメント・リサーチ 株式会社明昌堂
カバーイラスト	佐嶋真実
本文イラスト	佐嶋真実 添田一平 高梨かりた 原田みどり
印刷・製本	東京書籍印刷株式会社

ISBN4-7753-0375-9
定価はカバーに表示してあります。
Printed in Japan